Jean-Pierre Couwenbergh

AutoCAD 3D

MODÉLISATION ET RENDU

EYROLLES

Éditions Eyrolles
61, bd Saint-Germain
75240 Paris Cedex 05
www.editions-eyrolles.com

Direction de la collection « Guide de référence » : gheorghi@grigorieff.com

Mise en page : Asiatype

© Groupe Eyrolles, 2007, ISBN : 978-2-212-12460-6

Sommaire

Préface

Bienvenue dans AutoCAD 2010, le leader incontesté des systèmes de Dessin Assisté par Ordinateur (DAO) avec plus de 6 millions de licences dans le monde. Premier logiciel de dessin développé sur micro-ordinateur, AutoCAD a vu le jour en Californie en décembre 1982 au sein de la société Autodesk, elle-même fondée en avril de la même année. Depuis cette époque, l'ordinateur devient progressivement le principal outil de travail du dessinateur ou du concepteur, qui peut dessiner ou concevoir en deux ou trois dimensions directement à l'écran grâce aux multiples fonctions d'AutoCAD. Grâce à sa très grande flexibilité et à sa polyvalence, les champs d'application d'AutoCAD sont très variés : architecture, mécanique, cartographie, électronique... Pour chacune de ces disciplines, il existe également une série de modules complémentaires permettant de rendre l'utilisation du logiciel encore plus efficace.

La version 2010 d'AutoCAD offre une interface optimisée du ruban pour la 3D, ainsi qu'une série de nouvelles fonctionnalités dont un nouveau modeleur organique permettant la conception de quasiment n'importe quelle forme imaginable, simplement en poussant ou en tirant des faces ou des arêtes pour modeler des formes complexes. La nouvelle fonction Impression 3D, permet de toucher ses conceptions du bout des doigts. En effet, pour créer un prototype physique, il suffit simplement de l'envoyer vers une imprimante 3D locale ou en réseau. L'optimisation des outils de visualisation permet de présenter ses idées de façon tout à fait professionnelle en recourant à des effets d'éclairage, des bibliothèques de matériaux, des animations de parcours et des rendus de type Mental Ray.

Fidèle à l'esprit de la collection « Guide de référence », cet ouvrage poursuit un but unique : procurer au lecteur, qu'il soit débutant ou déjà expérimenté, tous les éléments indispensables à son travail, lui expliquer les commandes, lui montrer ce qu'elles permettent de réaliser et reprendre, point par point, la marche à suivre pour parvenir à ses fins (modéliser un objet, le modifier, l'habiller avec des matériaux, l'éclairer et effectuer le rendu final). Très pratique, cet ouvrage présente ainsi de manière concise à travers 13 chapitres progressifs et une série d'ateliers toutes les techniques pour concevoir un projet en 3D.

Bonne lecture !

PARTIE 1
LA MODÉLISATION 3D

CHAPITRE 1
L'ENVIRONNEMENT 3D d'AutoCAD

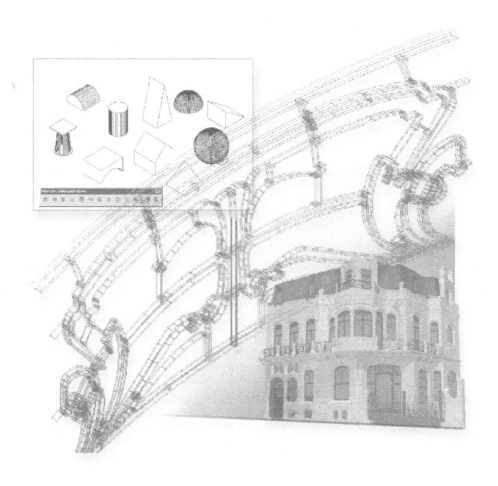

Le dessin en trois dimensions permet à tout concepteur d'étudier et de représenter son projet dans sa réalité tridimensionnelle. Cette possibilité permet d'assurer une meilleure cohérence au projet et d'en fournir une meilleure représentation.

Avant de pouvoir se lancer dans la conception 3D avec AutoCAD, il est important de comprendre avant tout l'environnement 3D disponible. Celui-ci comporte un ensemble d'éléments dont :

▶ L'interface utilisateur composée du Ruban avec les groupes de fonctions pour la 3D.
▶ La création de plusieurs fenêtres à l'écran pour afficher des vues différentes.
▶ L'utilisation des systèmes de coordonnées 3D (statiques et dynamiques) pour pouvoir se repérer dans l'espace.
▶ Les modes de navigation dans le projet.
▶ La génération de vues en projection parallèle ou perspective.
▶ Les styles d'affichage des modèles 3D.

Démarrer AutoCAD et choisir son espace de travail 3D

Lors du premier lancement d'AutoCAD vous pouvez choisir votre domaine d'activité ainsi que les tâches supplémentaires que vous souhaitez ajouter à l'espace de travail par défaut. Dans le cas présent, par exemple : Modélisation 3D. Vous pouvez aussi choisir le fichier de gabarit de dessin existant. Par exemple : acadiso3D.dwt. L'interface ainsi paramétrée aura un aspect différent de l'interface classique. Vous pouvez également obtenir une interface 3D de façon manuelle en sélectionnant d'une part l'espace de travail Modélisation 3D dans la liste Espace de travail de la barre d'état et d'autre part, en sélectionnant le gabarit acadiso3D.dwt lors du démarrage d'un nouveau dessin (fig.1.1).

L'espace de travail Modélisation 3D comprend d'une part une zone de dessin spécifique avec une grille, un repère 3D et le ViewCube pour la navigation et d'autre part un ruban avec des groupes de fonctions pour la 3D (fig.1.2).

Le contenu du Ruban pour la 3D est le suivant (fig.1.3) :

Onglet Début (Home)

▶ Groupe de fonctions **Modélisation** (Modeling) : pour la modélisation de solides 3D
▶ Groupe de fonctions **Maille** (Mesh) : pour la modélisation de maillages

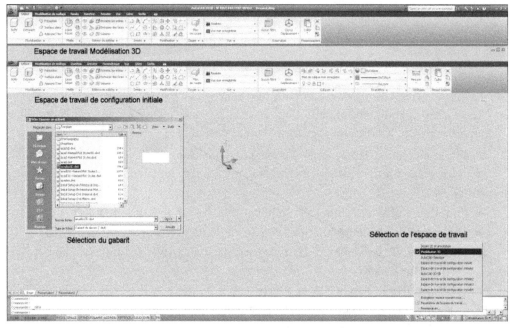

Fig.1.1

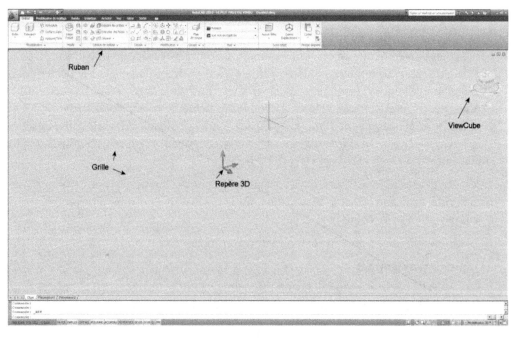

Fig.1.2

Fig.1.3

- ▶ Groupe de fonctions **Edition de solides** (Solid Editing) : pour l'édition de solides 3D
- ▶ Groupe de fonctions **Dessin** (Draw) : pour la création de formes 2D comme base pour la 3D
- ▶ Groupe de fonctions **Modification** (Modify) : pour la modification des objets 3D (déplacement, rotation, alignement, etc.)
- ▶ Groupe de fonctions **Coupe** (Section) : pour les coupes 2D, 3D et la génération de vues aplanies
- ▶ Groupe de fonctions **Vue** (View) : pour les styles visuels et les points de vues
- ▶ Groupe de fonctions **Sous-objet** (Subobject) : pour la sélection de sous-objets (sommet, arête, face)
- ▶ Groupe de fonctions **Presse-papiers** (Clipboard) : pour le copier-coller

Onglet Modélisation de maillage (Mesh Modeling)

- ▶ Groupe de fonctions **Primitives** : pour la création de formes maillées
- ▶ Groupe de fonctions **Maille** (Mesh) : pour le lissage des formes 3D
- ▶ Groupe de fonctions **Edition des maillages** (Mesh Edit) : pour l'édition des formes maillées
- ▶ Groupe de fonctions **Convertir le maillage** (Convert Mesh) : pour la conversion des objets 3D en solide, surface ou maillage
- ▶ Groupe de fonctions **Coupe** (Section) : pour les coupes 2D, 3D et la génération de vues aplanies
- ▶ Groupe de fonctions **Sous-objet** (Subobject) : pour la sélection de sous-objets (sommet, arête, face)

Ajouter des barres d'outils pour les fonctions 3D

Dans le cas de l'espace de travail AutoCAD classique, l'interface d'AutoCAD permet également d'ajouter une série de barres d'outils utiles pour le travail en 3D. Il s'agit de :

Ajustement de la caméra : pour modifier la position de la caméra (pivot, distance)

Edition de solides : pour la modification des objets solides.

Fenêtres : pour la gestion des fenêtres dans l'espace objet et dans l'espace de présentation.

Lisser le maillage : pour créer et lisser des objets maillés

Primitives de maillage : pour créer des primitives de maillage (cube, sphère...)

Lumières : pour la création des lumières ponctuelles, dirigées, distantes...

Mappage : pour la définition du type de mappage (planaire, sphérique, cylindrique...)

Modélisation : pour la création d'objets 3D solides et surfaciques.

Navigation et mouvement : pour naviguer dans le projet à l'aide du clavier ou de la souris.

Navigation 3D : pour afficher le projet à l'aide d'un panoramique 3D, d'un zoom 3D, de l'orbite, du pivot...

Orbite : pour un affichage dynamique des objets ou scènes 3D.

Rendu : pour le calcul du rendu de l'image et la définition des lumières, des matériaux, du mappage...

SCU I & II : pour la gestion des systèmes de coordonnées.

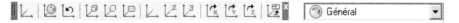

Styles visuels : pour un affichage filaire, avec faces cachées, conceptuel ou réaliste des objets de la scène.

Vue : pour l'affichage des vues dans les différentes fenêtres.

Pour sélectionner ces différentes barres d'outils, il convient d'effectuer un clic droit de la souris sur n'importe quelle icône de l'interface d'AutoCAD et de sélectionner la barre d'outils souhaitée (fig.1.4).

Pour placer les barres d'outils sur votre écran, il suffit de pointer avec la touche gauche de la souris sur la ligne du titre de la barre et de glisser celle-ci à l'endroit souhaité puis de relâcher la souris (fig.1.5).

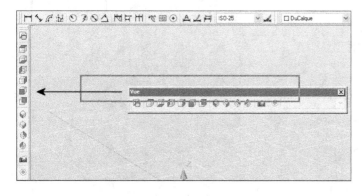

Fig.1.5

Fig.1.4

La configuration de l'interface AutoCAD ainsi réalisée peut être sauvegardée sous la forme d'un espace de travail utilisateur. La procédure est la suivante :

1. Dans la liste déroulante **Espace de travail** (Workspace) faire défiler la liste déroulante et sélectionner **Enregistrer espace courant sous...** (Save Current As).

2. Entrer un nom dans la boîte de dialogue **Enregistrer l'espace de travail** (Save Workspace).

3. Cliquer sur le bouton **Enregistrer** (Save). Le nouvel espace de travail est à présent disponible dans la liste.

Gérer l'écran pour travailler en trois dimensions

Les fenêtres écran

Pour travailler confortablement en trois dimensions, AutoCAD permet de diviser l'écran de travail en plusieurs fenêtres distinctes et de visualiser des vues différentes d'un projet dans chacune d'elles. Toute modification dans une fenêtre se répercute automatiquement dans les autres (fig.1.6).

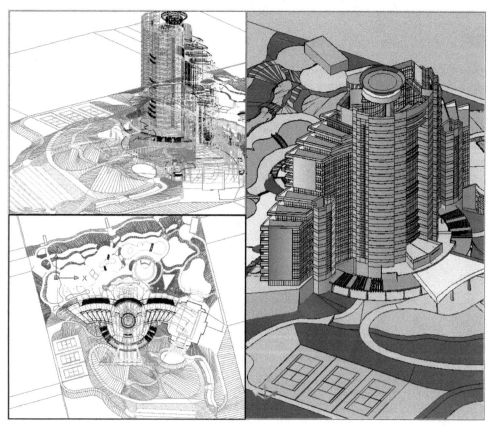

Fig.1.6

La fenêtre courante

Il est possible de travailler dans chacune des fenêtres, néanmoins une seule est active à la fois. Le curseur est représenté par deux axes dans la fenêtre active et par une flèche dans les autres fenêtres. Il suffit de pointer avec le stylet ou la souris dans une autre fenêtre pour la rendre active.

Les commandes actives

La plupart des commandes admettent le passage d'une fenêtre à l'autre. Ainsi il est possible de tracer une ligne dont l'origine est dans une fenêtre et l'extrémité dans une autre. Cela peut être utile pour des objets de grandes tailles où chaque fenêtre visualise une partie de l'objet (fig.1.7).

Cependant, il y a des situations où cela n'a pas de sens de changer de fenêtre au milieu d'une commande. Il s'agit par exemple des commandes : **RESOL** (SNAP) – **ZOOM** – **POINTVUE** (VPOINT) – **GRILLE** (GRID) – **PAN** – **VUEDYN** (DVIEW) – **FENETRES** (VPORTS).

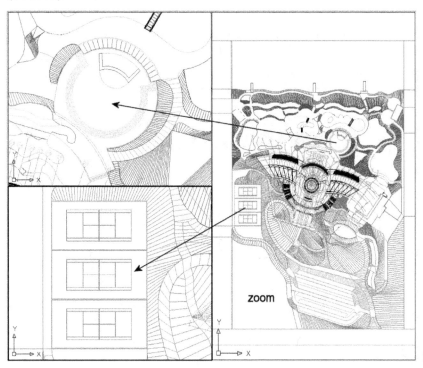

zoom

Fig.1.7

Créer une configuration de fenêtres dans l'espace objet

☐1 Exécuter la commande de création de fenêtres à l'aide de l'une des méthodes suivantes (fig.1.8) :

Ruban : choisir le groupe de fonctions **Fenêtres** (Viewports) de l'onglet **Vue** (View) puis l'option **Nouvelles** (New).

Icône : choisir l'icône **Afficher la boîte de dialogue Fenêtres** (Display Viewports Dialog) dans la barre d'outils **Fenêtres** (Viewports).

Clavier : taper la commande **Fenetres** (Vports).

☐2 Sélectionner l'option souhaitée : **Nouvelles fenêtres** (New Viewports) ou **1, 2, 3, 4 Fenêtres** (Viewports). Dans le premier cas, la boîte de dialogue **Fenêtres** (Viewports) s'affiche à l'écran.

☐3 Sélectionner **3D** dans le champ **Configuration** (Setup).

☐4 Dans la liste de gauche cliquer sur la configuration d'écran souhaitée. Par exemple : **Quatre : Egal à** (Four :Equal).

☐5 Dans la partie **Aperçu** (Preview), cliquer dans une fenêtre et sélectionner le style visuel à partir de la liste déroulante du même nom.

☐6 Cliquer sur OK.

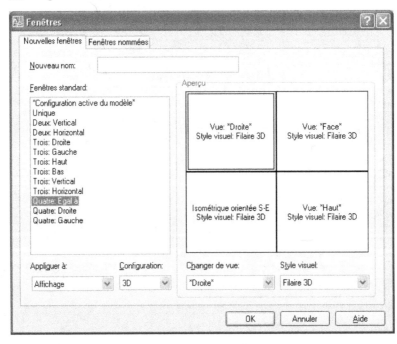

Fig.1.8

OPTIONS

- ▸ **Nouvelles fenêtres** (New Viewports) : permet de choisir une configuration d'écran pré-programmée.
- ▸ **1,2,3,4 Fenêtres** (Viewports) : divise la fenêtre courante en 1, 2, 3 ou 4 fenêtres qui héritent des caractéristiques de **Resol** (Snap), **Grille** (Grid) et **Vue** (View) de la fenêtre originale. La fenêtre originale est bloquée pendant cette opération (fig.1.9).
- ▸ **Joindre** (Join) : permet de joindre deux fenêtres écran en une fenêtre plus grande.

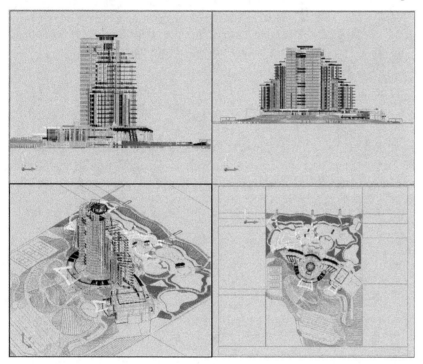

Fig.1.9

Il faut pointer la fenêtre dominante, puis la fenêtre à joindre. Les deux fenêtres doivent être adjacentes et former un rectangle.

- ▸ **1 Fenêtre** (Single) : permet de retourner à une fenêtre unique.
- ▸ **Fenêtres existantes** (Named Viewports) : affiche la configuration écran en cours et donne la liste des configurations sauvées.

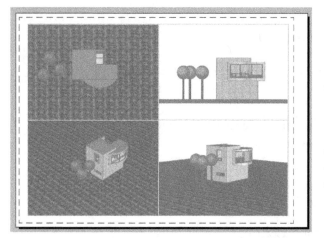

Fig.1.10

REMARQUE

Pour imprimer directement une configuration de plusieurs fenêtres, il est indispensable de passer dans
l'espace papier et de sélectionner **Configuration active
du modèle** (Active Model Configuration) disponible à
partir du chemin suivant : Groupe de fonctions
Fenêtres (Viewports) – **Nommee** (Named) – onglet
Fenêtres nommées (Named Viewports). Pointer
ensuite deux points pour délimiter la zone d'affichage. La configuration affichée dans l'espace-objet
est reportée dans l'espace-papier (fig.1.10).

Dans l'interface utilisateur, les onglets **Objet** et **Présentation** sont masqués par défaut.
Pour afficher les onglets, il suffit d'effectuer un clic droit sur l'icône **Modèle** (Model) et de
choisir **Afficher les onglets Présentation et Objets** (Display Layout and Model Tabs)
dans le menu contextuel (fig.1.11).

Fig.1.11

Sauvegarder une configuration de fenêtres

[1] Exécuter la commande de création de fenêtres à l'aide de l'une des méthodes suivantes :

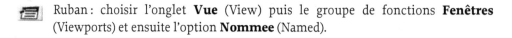 Ruban : choisir l'onglet **Vue** (View) puis le groupe de fonctions **Fenêtres**
(Viewports) et ensuite l'option **Nommee** (Named).

Icônes : cliquer sur l'icône **Afficher la boîte de dialogue Fenêtres** (Display
Viewports Dialog) de la barre d'outils **Fenêtres** (Viewports).

Clavier : taper la commande **Fenetre** (Vports).

[2] Sélectionner l'onglet **Nouvelles fenêtres** (New Viewports) et entrer un nom dans le champ **Nouveau nom** (New name) pour sauvegarder la configuration. Par exemple : Quatre fenêtres (fig.1.12).

[3] Cliquer sur OK.

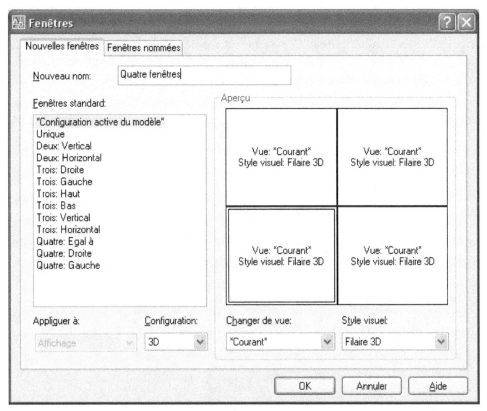

Fig.1.12

OPTIONS

Dans l'onglet Fenêtres nommées, cliquer avec le bouton droit de la souris sur le nom de la configuration pour y accéder :

▶ **Renommer** (Rename) : permet de changer le nom de la configuration.

▶ **Supprimer** (Delete) : permet de détruire une configuration qui a été sauvée auparavant.

Utiliser les systèmes de coordonnées

Les systèmes de coordonnées

Il est très important avant de travailler en 3D de comprendre le fonctionnement du système de coordonnées utilisateur afin de pouvoir saisir des coordonnées, créer des objets 3D sur des plans de construction 2D et pour pivoter des objets en 3D.

Au départ, le système de coordonnées utilisateur correspond au système cartésien avec le point (0,0,0) comme origine et les axes X et Y comme plan de l'écran (fig.1.13). L'axe Z se dirige de l'écran vers l'utilisateur. Ce système est appelé le système de coordonnées générales (SCG/WCS). Dès que l'utilisateur déplace ce système pour l'orienter selon ses besoins, il prend le nom de système de coordonnées utilisateurs (SCU/UCS).

L'origine de ce nouveau système peut être choisie librement par l'utilisateur, et les axes peuvent avoir une orientation quelconque. Ce système permet de dessiner dans n'importe quel plan de l'espace avec beaucoup de facilités (fig.1.14).

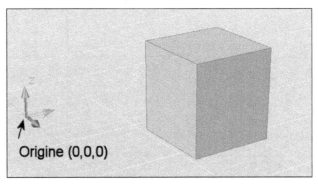

Origine (0,0,0)

Fig.1.13

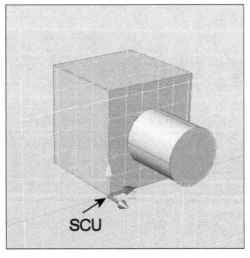

SCU

Fig.1.14

Le système SCU peut être défini manuel-lement à l'aide d'une série d'options ou dynamiquement en mode temporaire par sélection d'un plan sur un modèle solide. Dans ce dernier cas il convient d'activer le bouton SCUD sur la barre d'état (fig.1.15).

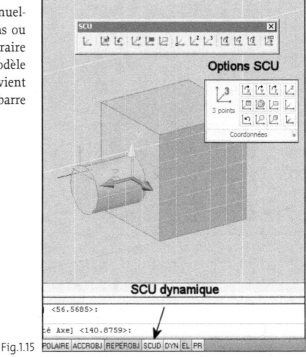

Fig.1.15

Les symboles d'orientation des repères

Pour aider l'utilisateur à visualiser le système **SCU** (UCS) dans lequel il se trouve, AutoCAD affiche à l'écran un symbole représentant l'orientation des systèmes de coordonnées XYZ. L'aspect de ce symbole dépend du style visuel en cours. Dans le cas du style Filaire 2D (2D Wireframe) le repère est représenté par 3 axes filaires de couleur noire, dans les autres cas il s'agit d'un repère 3D coloré en rouge (axe X), vert (axe Y) et bleu (axe Z) (fig.1.16).

L'icône **SCU** (UCS) peut être visible ou non et placée ou non à l'origine du système **SCU** (UCS) en cours. Ces options sont disponibles à partir de l'onglet **Paramètres** (Settings) de la boîte de dialogue **SCU** (UCS) accessible via l'option **SCU Paramètres** (UCS Settings) du groupe de fonctions **Coordonnées** (Coordinates) (fig.1.17).

OPTIONS

▸ **ACtif** (ON) : active le système des symboles.

▸ **Origine** (Origin) : place le symbole à l'origine du système **SCU** (UCS) en cours.

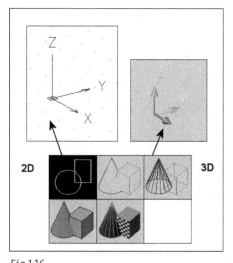

Fig.1.16

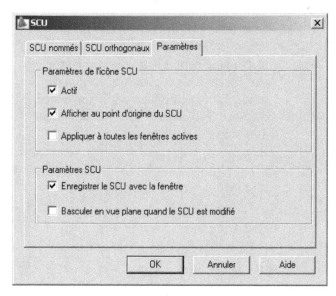

Fig.1.17

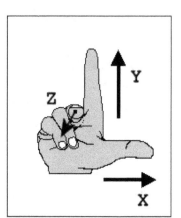

Fig.1.18

La règle de la main droite

Le système des coordonnées XYZ est défini dans AutoCAD suivant la règle de la main droite. Il faut placer la main droite devant l'écran, pointer le pouce dans le sens de l'axe OX positif, pointer l'index dans le sens de l'axe OY positif. Les autres doigts repliés donnent le sens de l'axe OZ.

La main droite permet également de définir le sens de rotation positif autour d'un axe. Il faut placer la main droite autour de l'axe, pointer le pouce dans le sens positif de l'axe. Les autres doigts repliés sur l'axe donnent le sens de rotation positif (fig.1.18).

La création d'un système SCU (UCS) statique

Il existe plusieurs manières pour définir un système de coordonnées utilisateur **SCU** (UCS) :

▶ En spécifiant une nouvelle origine, un nouveau plan XY ou un nouvel axe Z.

▶ En adoptant l'orientation d'un objet existant.

▶ En alignant le système **SCU** (UCS) avec la direction de vision.

▶ En faisant tourner le système **SCU** (UCS) autour d'un de ses axes.

Ces différentes options sont contrôlées par la commande **SCU** (UCS). La procédure est la suivante.

[1] Exécuter la commande de création d'un nouveau système **SCU** (UCS) à l'aide de l'une des méthodes suivantes :

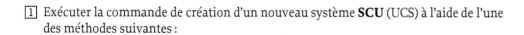 Ruban : choisir l'onglet **Vue** (View) puis le groupe de fonctions **Coordonnées** (Coordinates).

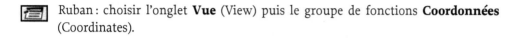 Icône : choisir l'icône souhaitée dans la barre d'outils **SCU** (UCS).

Clavier : taper la commande **SCU** (UCS).

[2] Sélectionner l'option souhaitée pour définir l'emplacement du nouveau système de coordonnées :

▶ **Origine (Origin) :**

Permet de déplacer l'ori-gine du système SCU (UCS), les axes X,Y,Z restant inchangés. La nouvelle origine (P1) peut être déterminée en pointant graphiquement dans le plan à l'aide des outils d'accrochage ou éventuellement à l'aide des coordonnées absolues (ex : 5, 6, 7) (fig.1.19).

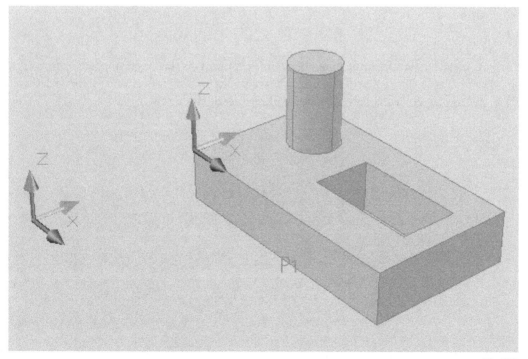

Fig.1.19

▸ **Axe Z (Zaxis) :**

Permet de déplacer l'origine du système SCU (P1) et de spécifier une direction Z particulière (P2). Le système détermine lui-même l'orientation des axes X et Y (fig.1.20).

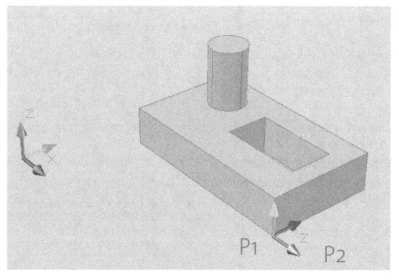

Fig.1.20

▸ **3 points :**

Permet de déterminer une nouvelle origine (P1) ainsi que la direction positive des axes X et Y (P2 et P3). L'axe Z se détermine par la règle de la main droite. Cette méthode des trois points peut être considérée comme la plus générale (fig.1.21).

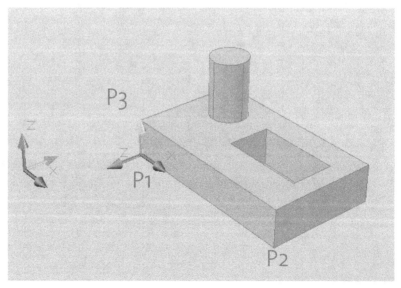

Fig.1.21

▸ **Face :**

Permet de définir un nouveau système de coordonnées en fonction d'une face sélectionnée. La sélection peut s'effectuer sur une face ou sur une arête (P1) de l'objet (fig.1.22).

▸ **Objet (Object) :**

Permet de déterminer un nouveau système SCU en pointant un objet. L'origine du SCU sera située au sommet le plus proche de l'endroit où l'objet a été sélectionné (P1) (fig.1.23).

▸ **Vue (View) :**

Permet de déterminer un système dont le plan XY est perpendiculaire à la direction de vision (fig.1.24).

▸ **Rotation d'axe X, Y, Z (X/Y/Z Rotate) :**

Permet de faire tourner le système SCU autour des axes X, Y ou Z (fig.1.25-1.26-1.27).

▸ **Précédent (Previous) :**

Permet de retourner au système SCU précédent.

▸ **Général (World) :**

Superpose le système SCU (UCS) en cours au système SCG (WCS).

▸ **Appliquer (Apply) :**

Permet d'appliquer le système de coordonnées courant à la fenêtre sélectionnée.

▸ **NOMmé (Named) :** contient les options suivantes :

■ **Restaurer (Restore) :**

Permet de rappeler une configuration SCU sauvée au préalable.

■ **Enregistrer (Save) :**

Permet de sauver la configuration SCU en cours.

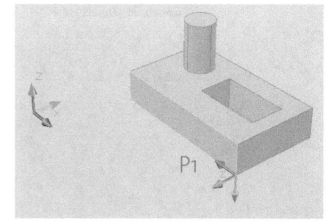

Fig.1.22

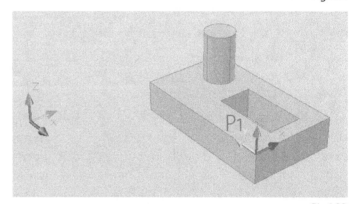

Fig.1.23

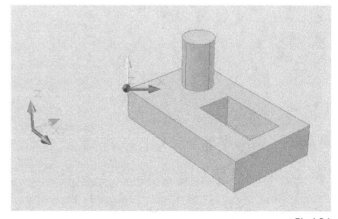

Fig.1.24

▸ **Supprimer (Delete) :**

Permet de supprimer une configuration SCU (UCS) sauvegardée.

▸ **? :**

Donne la liste des configurations SCU (UCS) enregistrées.

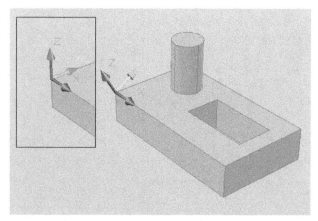

Fig.1.25

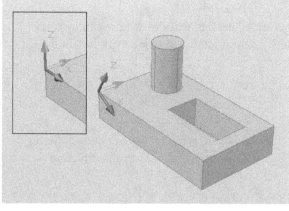

Fig.1.26

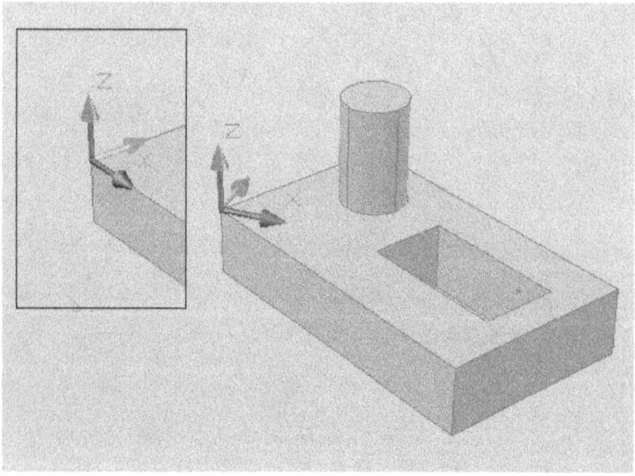

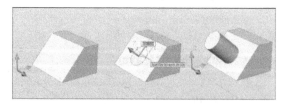

Fig.1.27

Comment utiliser le système SCU (UCS) dynamique ?

La fonction SCU dynamique vous permet d'aligner temporairement et automatiquement le plan XY du SCU avec une face d'un modèle solide lors de la création d'objets.

Ainsi, lorsqu'une commande de dessin est en cours, alignez le SCU en déplaçant votre pointeur sur une face, plutôt qu'en utilisant la commande SCU classique. A la fin de la commande, le SCU retrouve l'emplacement et l'orientation qu'il avait précédemment.

Dans l'illustration de gauche de la figure 1.28, le SCU n'est pas aligné avec la face inclinée. Au lieu de repositionner le SCU manuellement, activez le SCU dynamique sur la barre d'état ou appuyez sur F6.

Fig.1.28

Lorsque vous déplacez le pointeur sur une face, comme le montre l'illustration du centre, le curseur change afin d'indiquer la direction des axes SCU dynamiques. Vous pouvez alors créer aisément des objets sur la face d'angle, comme le montre l'illustration de droite.

REMARQUES

Pour afficher les étiquettes XYZ sur le curseur, cliquez avec le bouton droit de la souris sur le bouton SCUD et choisissez Afficher les étiquettes XY sur le réticule (Display Crosshair labels).

L'axe X du SCU dynamique est situé le long d'une arête de la face et la direction positive de l'axe X pointe toujours vers la moitié droite de l'écran. Seules les faces avant d'un solide sont détectées par le SCU dynamique.

Si les modes Grille et Accrochage sont activés, ils sont temporairement alignés sur le SCU dynamique. Les limites de l'affichage de la grille sont définies automatiquement.

Les types de commandes pouvant utiliser un SCU dynamique sont les suivants :

- Géométrie simple : Ligne, polyligne, rectangle, arc, cercle
- Texte : Texte, texte multiligne, tableau
- Références : Insertion, xréf
- Solides : Primitives et POLYSOLIDE
- Modification : Rotation, copie miroir, alignement
- Autre : SCU, aire, manipulation des outils poignées

Comment modifier l'aspect du réticule en 3D ?

Le réticule qui constitue le pointeur de la souris dans la zone de dessin d'AutoCAD peut être paramétré à l'aide des options de l'onglet **Modélisation 3D** (3D Modeling) de la boîte de dialogue **Options** (Menu Application › Options). Les options sont les suivantes (fig.1.29) :

▶ **Afficher l'axe Z dans le réticule** (Show Z axis in crosshairs) : contrôle si l'axe **Z** est affiché par le réticule.

▶ **Etiqueter les axes dans le réticule standard** (Label axes in standard crosshairs) : contrôle si les étiquettes d'axe sont affichées avec le réticule.

▶ **Afficher les étiquettes pour le SCU dynamique** (Show labels for dynamic UCS) : affiche les étiquettes d'axe sur le réticule pour le SCU dynamique, même si les étiquettes d'axe sont désactivées dans la zone Etiqueter les axes dans le réticule standard.

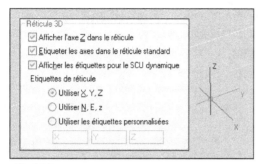

Fig.1.29

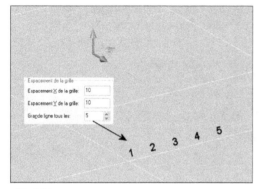

Fig.1.30

▸ **Etiquettes de réticule** (Crosshair labels) : Choisissez les étiquettes à afficher avec le réticule.

▸ **Utiliser X, Y, Z** (Use X, Y, Z) : étiquette les axes X, Y et Z.

▸ **Utiliser N, E, z** (Use N, E, z) : étiquette les axes avec des abréviations pour le nord, l'est et l'élévation Z.

▸ **Utiliser les étiquettes personnalisées** (Use custom labels) : étiquette les axes avec les caractères que vous spécifiez.

L'utilisation de la grille en 3D

La grille classique d'AutoCAD peut aussi être utilisée en 3D. Lorsque le style visuel est autre que Filaire 2D les options suivantes permettent de contrôler l'affichage de la grille :

▸ **Grande ligne tous les** (Major line every) : spécifie la fréquence des grandes lignes de grille par rapport au petites lignes de grille. Les lignes de grille plutôt que les points de grille sont affichées lorsque le style visuel est autre que Filaire 2D (fig.1.30).

▸ **Grille adaptative** (Adaptive grid) : limite la densité de la grille lors d'un zoom arrière ou augmente la densité lors d'un zoom avant (fig.1.31).

▸ **Autoriser la sous-division sous l'espacement de la grille** (Allow subdivision below grid spacing) : génère des lignes de grille supplémentaires, à espacement plus proche, lors d'un zoom avant. La fréquence de ces lignes de grille est déterminée par la fréquence des grandes lignes de grille.

▸ **Afficher la grille au-delà des limites** (Display grid beyond Limits) : affiche la grille au-delà de la zone spécifiée par la commande **LIMITES** (Limits).

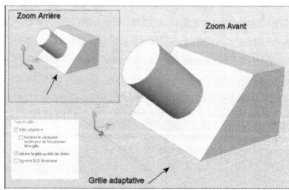

Fig.1.31

▸ **Suivre le SCU dynamique** (Follow Dynamic UCS) : modifie le plan de grille afin qu'il suive le plan XY du SCU dynamique (fig.1.32).

Pour activer ces paramètres il suffit d'effectuer un clic droit sur le bouton **Grille** (Grid) puis de sélectionner l'option **Paramètres** (Settings) du menu contextuel.

Visualiser les objets en 3D

La visualisation en 3D

AutoCAD permet de visualiser les objets 3D sous la forme de projection parallèle et de projection perspective, et cela de n'importe quel point de vue. Les deux méthodes principales sont :

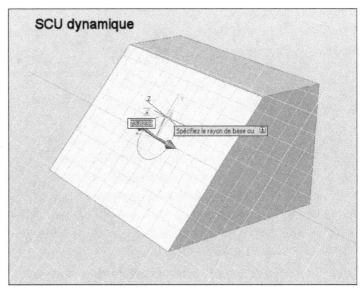

Fig.1.32

▸ La sélection de points de vues prédéfinis à l'aide des options du groupe de fonctions **Vue** (View) ou de la barre d'outils **Vue** (View).

▸ La visualisation dynamique du modèle 3D, en mode isométrique ou perspective, à l'aide de la commande 3DOrbite.

Comment sélectionner un point de vue prédéfini ?

Pour afficher rapidement une vue en projection parallèle, AutoCAD dispose d'une série de points de vue prédéfinis. Le choix s'effectue de la manière suivante :

1 Choisir l'onglet **Vue** (View) puis le groupe de fonctions **Vues** (Views) ou utiliser la barre d'outils **Vue** (View).

2 Choisir l'option souhaitée (fig.1.33) :
   ▸ les six vues planes standard : Avant, arrière... (Top, Bottom...) ;
   ▸ les quatre vues isométriques standard : SO, SE... (SW, SE...).

La visualisation dynamique à l'aide de l'Orbite 3D

L'Orbite 3D permet de se déplacer autour d'une cible. La cible de la vue reste fixe alors que le point de vue se déplace. Le point de visée est le centre de la fenêtre, et non le centre des objets que l'on visualise. Deux options sont disponibles :

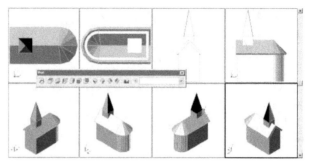

Fig.1.33

▸ **Orbite contrainte** : contraint Orbite 3D le long du plan XY ou de l'axe Z (ORBITE3D).

▸ **Orbite libre** : ne contraint l'orbite dans aucune direction particulière, sans référence aux plans. Le point de vue n'est pas contraint le long du plan XY de l'axe Z (ORBITELIBRE3D).

Comment utiliser l'orbite contrainte ?

L'orbite contrainte est beaucoup plus souple que l'orbite libre dont elle comprend aussi toutes les options. Vous pouvez afficher le dessin entier ou sélectionner un ou plusieurs objets avant de lancer la commande. Elle peut être activée à l'aide de l'une des options suivantes (fig.1.34) :

 Ruban : choisir le groupe de fonctions **Navigation** (Navigate) puis l'option **Orbite** (Orbit) et **Orbite contrainte** (Constrained Orbit).

 Icône : cliquer sur l'icône Orbite contrainte de la barre d'outils **Orbite** (Orbit) ou **Navigation 3D** (3D Navigation).

 Clavier : taper la commande **ORBITE3D** (3DORBIT).

Vous pouvez aussi appuyer sur la touche Maj tout en cliquant sur la molette de la souris pour accéder temporairement au mode Orbite 3D.

Lorsque ORBITE3D est active, la cible de la vue reste stationnaire et le positionnement du point de visée se déplace autour de la cible. Cependant, du point de vue de l'utilisateur, il semble que le modèle 3D pivote à mesure que le curseur de la souris est déplacé. C'est pourquoi vous pouvez spécifier n'importe quelle vue du modèle.

Si vous déplacez le curseur horizontalement, la caméra se déplace parallèlement au plan XY du système de coordonnées général (SCG). Si vous déplacez le curseur verticalement, la caméra se déplace le long de l'axe Z.

REMARQUES

Il est impossible de modifier des objets lorsque la commande ORBITE3D est active.

Pour passer en orbite libre, il suffit d'appuyer sur la touche **Maj** (Shift) (fig.1.34).

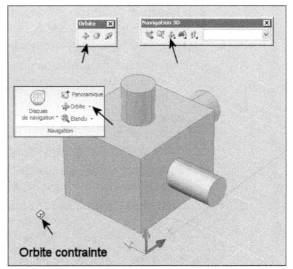

Fig.1.34

Lorsque l'orbite contrainte est active, vous pouvez accéder aux autres options et modes de la commande ORBITE3D depuis le menu contextuel en cliquant dans la zone de dessin avec le bouton droit de la souris. Les options sont les suivantes :

- ▶ **Mode courant** (Current Mode) : affiche le mode courant, c'est-à-dire Orbite contraint.
- ▶ **Activer la cible auto. de l'orbite** (Enable Orbit Auto Target) : maintient la cible sur les objets affichés et non au centre de la fenêtre. Cette option est activée par défaut.
- ▶ **Autres modes de navigation** (Other Navigation Modes) : permet de choisir l'un des modes de navigation 3D suivants :
  - ■ **Orbite contrainte** (Constrained Orbit) (1) : contraint l'orbite au plan XY ou à la direction Z.
  - ■ **Orbite libre** (Free Orbit) (2) : l'orbite n'est plus contrainte au plan XY ni à la direction Z, mais peut prendre toutes les directions.
  - ■ **Orbite continue** (Continuous Orbit) (3) : le curseur prend la forme d'une sphère encerclée par deux lignes continues. Vous pouvez donner aux objets un mouvement continu.
  - ■ **Ajuster la distance** (Adjust Distance) (4) : simule un rapprochement ou un éloignement de la caméra par rapport à l'objet.
  - ■ **Pivot** (Swivel) (5) : donne au curseur la forme d'une flèche courbe, puis simule le pivotement d'une caméra.

- **Navigation** (Walk) (6) : transforme le curseur en signe plus et vous permet de naviguer dans un modèle à une hauteur définie au-dessus du plan XY, en contrôlant de façon dynamique l'emplacement et la cible de la caméra.

- **Mouvement** (Fly) (7) : transforme le curseur en signe plus et vous permet de vous déplacer librement dans un modèle sans être limité à une hauteur définie au-dessus du plan XY.

- **Zoom** (8) : transforme le curseur en loupe avec un signe plus (+) et un signe moins (–), et simule un rapprochement ou un éloignement de la caméra par rapport à l'objet. Cette option fonctionne de la même manière que l'option Ajuster la distance.

- **Panoramique** (Pan) (9) : change la forme du curseur en main et déplace la vue dans la direction de déplacement de la souris.

▶ **Paramètres de l'animation** (Animation Settings) : ouvre la boîte de dialogue Paramètres de l'animation dans laquelle vous pouvez spécifier les paramètres d'enregistrement d'un fichier d'animation (voir chapitre 11).

▶ **Zoom Fenêtre** (Zoom Window) : transforme le curseur en icône de fenêtre pour vous permettre de sélectionner une zone spécifique à zoomer. Une fois le curseur transformé, choisissez un point de départ et un point final pour définir la fenêtre de zoom. Un zoom avant est effectué sur la zone que vous avez sélectionnée.

▶ **Zoom Etendu** (Zoom Extents) : centre la vue et détermine ses dimensions afin que tous les objets soient affichés.

▶ **Zoom Précédent** (Zoom Previous) : affiche la vue précédente.

▶ **Parallèle** (Parallel) : affiche les objets en projection parallèle. Les formes de votre dessin restent toujours identiques et n'apparaissent pas déformées même lorsqu'elles sont rapprochées.

▶ **Perspective** : affiche les objets en projection perspective de sorte que toutes les lignes parallèles convergent. Les objets semblent s'éloigner tandis que certaines portions sont agrandies et paraissent plus proches. Les formes sont légèrement déformées quand l'objet est proche.

▶ **Redéfinir la vue** (Reset View) : renvoie la vue courante avant la première exécution de la commande ORBITE3D.

▶ **Vues prédéfinies** (Preset Views) : affiche la liste des vues prédéfinies telles que Haut, Bas et Isométrique orientée S-O. Choisissez une vue dans la liste afin de modifier la vue courante de votre objet.

▶ **Vues existantes** (Named Views) : affiche la liste des vues existantes dans le dessin. Choisissez une vue existante dans la liste pour modifier la vue courante de votre modèle.

▶ **Styles visuels** (Visual Styles) : propose différentes méthodes pour l'ombrage des objets (voir chapitre 9).

- **Masqué 3D** (3D Hidden) : affiche les objets à l'aide d'une représentation filaire 3D et masque les lignes correspondant aux faces arrière.
- **Filaire 3D** (3D Wireframe) : affiche les objets en matérialisant leurs contours à l'aide de lignes et de courbes.
- **Conceptuel** (Conceptual) : ajoute une ombre aux objets et lisse les arêtes entre les faces des polygones. L'effet est moins réaliste, mais les détails du modèle sont plus faciles à voir.
- **Réaliste** (Realistic) : ajoute une ombre aux objets et lisse les arêtes entre les faces des polygones.
- **Aides de repérage visuel** (Visual Aids) : offre des aides pour la visualisation des objets.
- **Boussole** (Compass) : dessine une sphère 3D composée de trois lignes représentant les axes X, Y et Z.
- **Grille** (Grid) : affiche un réseau de lignes à deux dimensions similaire à du papier millimétré. Cette grille est orientée selon les axes X et Y.
- **Icône de SCU** (UCS Icon) : affiche une icône SCU 3D ombrée. Chaque axe est désigné X, Y ou Z. L'axe X est rouge, l'axe Y est vert et l'axe Z est bleu.

Comment utiliser l'Orbite libre ?

1 Sélectionner l'objet ou les objets à afficher avec l'orbite libre.

 Il est possible d'afficher l'ensemble du modèle : en ne sélectionnant aucun objet. Cependant, ne visualiser que des objets sélectionnés améliore les performances.

2 Exécuter la commande à l'aide de l'une des options suivantes :

 Ruban : choisir le groupe de fonctions **Navigation** (Navigate) puis l'option **Orbite libre** (Free Orbit).

 Icône : cliquer sur l'icône **Orbite libre** (Free orbit) de la barre d'outils **Orbite** (Orbit) ou de la barre d'outils **Navigation 3D** (3D Navigation).

 Clavier : taper la commande **ORBITELIBRE3D** (3DFOrbit).

 Périphérique de pointage : appuyer sur les touches Maj+Ctrl et cliquer sur la roulette de la souris pour accéder temporairement au mode ORBITELIBRE3D.

La vue en orbite libre 3D fait apparaître un arcball, un cercle divisé en quatre quadrants par des cercles de plus petite taille. Lorsque l'option **Activer la cible auto.** de l'orbite est désélectionnée dans le menu contextuel, la cible de la vue reste stationnaire. Le point de visée se déplace autour de la cible. Le point de visée est le centre de l'arcball, et non le centre des objets que vous visualisez. Contrairement à l'orbite contrainte, l'orbite libre n'applique pas de contrainte de changement de vue le long de l'axe XY ou de la direction Z.

[3] Cliquer et faire glisser le curseur de la souris pour donner une rotation à la vue. Au fur et à mesure que le curseur se déplace sur les différentes parties de l'arcball, l'icône du curseur change. Lorsque l'on clique pour effectuer le glissement, l'aspect du curseur indique la rotation de la vue comme suit :

Lorsque le curseur se déplace à l'intérieur de l'arcball, il prend la forme d'une sphère encerclée. En cliquant et en déplaçant le curseur quand il a la forme d'une sphère, il est possible de manipuler librement la vue. Le curseur se comporte comme s'il était accroché à une sphère entourant les objets et qu'il se déplaçait sur les parois de la sphère tout autour du point visé.

Lorsque le curseur se déplace à l'extérieur de l'arcball, il prend la forme d'une flèche circulaire entourant une sphère de petite taille. Si l'on clique à l'extérieur de l'arcball et que l'on fait glisser le curseur autour de l'arcball, la vue se déplace autour d'un axe, perpendiculaire à l'écran, qui passe par le centre de l'arcball. Cette forme de curseur s'appelle « roulis ».

Si l'on glisse le curseur jusqu'à l'intérieur de l'arcball, il prend la forme d'une petite sphère encerclée et la vue se déplace librement, comme décrit ci-dessus. Si l'on ramène le curseur à l'extérieur de l'arcball, on revient à un roulis.

Lorsque l'on fait passer le curseur au-dessus d'un des petits cercles sur le côté gauche ou droit de l'arcball, il prend la forme d'une ellipse horizontale entourant une petite sphère. En cliquant sur l'un de ces points et en déplaçant le curseur, la vue effectue une rotation autour de l'axe vertical, ou axe Y, qui passe par le centre de l'arcball. L'axe Y est représenté sur le curseur par une ligne verticale.

Lorsque l'on fait passer le curseur au-dessus d'un des petits cercles, en haut ou en bas de l'arcball, il prend la forme d'une ellipse verticale entourant une petite sphère. En cliquant sur l'un de ces points et en déplaçant le curseur, la vue effectue une rotation autour de l'axe horizontal, ou X, qui passe par le centre de l'arcball. L'axe X est représenté sur le curseur par une ligne horizontale.

Lorsque la commande est active, vous pouvez accéder aux autres options de la commande Orbite libre 3D depuis le menu contextuel en cliquant dans la zone de dessin avec le bouton droit (voir les options de l'Orbite contrainte).

La visualisation dynamique à l'aide du disque de navigation

Le disque de navigation ou SteeringWheel est composé de menus « suiveurs » divisés en sections. A chaque section d'un disque correspond un outil de navigation. Vous pouvez effectuer des panoramiques ou des zooms, ou manipuler la vue courante d'un modèle de plusieurs façons.

Lorsque le disque de navigation est fixé au démarrage, il ne suit pas le curseur et une bulle d'information est affichée sur le disque. Cette bulle indique le rôle et le fonctionnement d'un disque. Vous pouvez modifier le comportement des disques de navigation au démarrage à partir de la boîte de dialogue **Paramètres des disques de navigation SteeringWheel**.

Pour lancer le disque, vous avez le choix entre l'option **Disque de navigation SteeringWheel** de la barre d'état et un clic droit dans l'interface de dessin avec le choix de l'option **Disque de navigation SteeringWheel** dans le menu contextuel qui s'affiche.

Les options d'utilisation sont les suivantes :

■ Débutant en 3D (grand disque avec affichage des options)

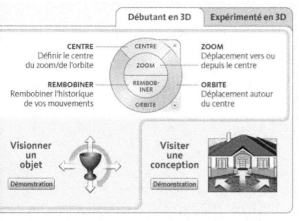

Fig.1.35 Pour visionner un objet : zoomer sur l'objet ou tourner autour de l'objet.

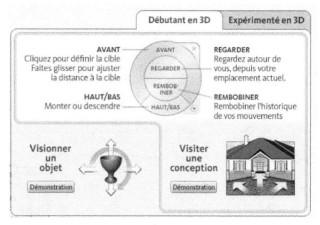

Fig.1.36 Pour visiter une conception : se déplacer en avant ou en arrière, vers le haut ou vers le bas, regarder autour de soi.

■ Expérimenté en 3D (petit disque sans affichage des options)

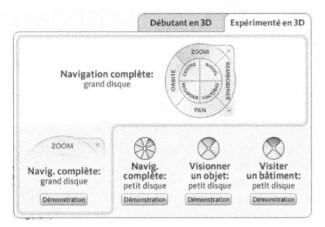

Fig.1.37 Navigation complète avec grand disque

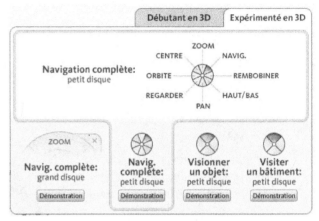

Fig.1.38 Navigation complète avec petit disque

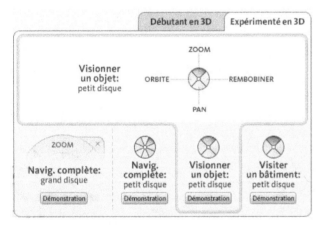

Fig.1.39 Pour visionner un objet : zoomer sur l'objet, se déplacer vers l'objet et tourner autour de l'objet.

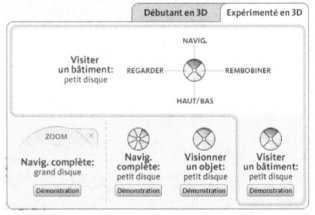

Fig.1.40 Pour visiter un projet comme un bâtiment : se déplacer vers ou depuis le projet, regarder le projet vers le bas ou le haut, regarder autour de soi.

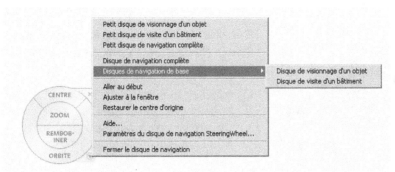

Fig.1.41

Vous pouvez utiliser plus directement chacune de ces différentes méthodes à l'aide d'un clic droit sur le disque (fig.1.41) ou en utilisant les options du disque de navigation situées dans le groupe de fonctions **Navigation** (Navigate) de l'onglet **Vue** (View) (fig.1.42).

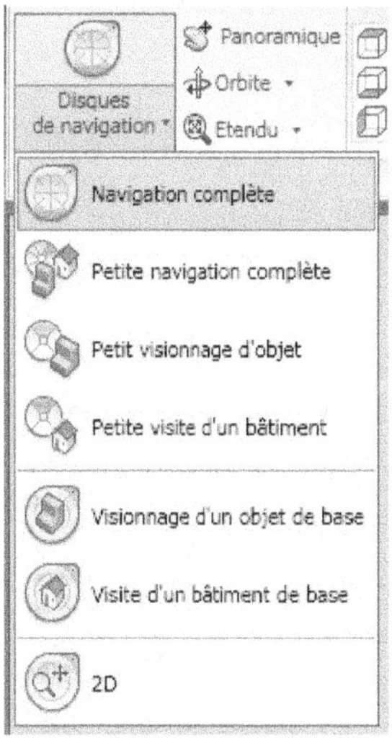

Pour illustrer le fonctionnement du disque, prenons l'exemple de la visite dans un bâtiment avec l'outil **Navigation** (Navigate). Grâce à cet outil, vous pouvez naviguer dans le projet comme si vous le traversiez à pied. Lorsque vous lancez l'outil Navigation, l'icône de cercle central s'affiche près du centre de la vue et le curseur se transforme pour afficher une série de flèches. Pour naviguer dans un modèle, faites glisser le curseur dans la direction dans laquelle vous voulez vous déplacer.

Lorsque vous naviguez dans un projet, vous pouvez aussi contraindre l'angle du mouvement au plan du sol. Si l'option **Contraindre l'angle de mouvement de navigation au plan du sol** est activée, vous pouvez regarder librement autour de vous tandis que la vue courante est déplacée parallèlement au plan du sol. Si l'angle de navigation n'est pas contraint, vous « volerez » dans la direction dans laquelle vous regardez. Pour contraindre l'angle de mouvement au plan du sol, utilisez la boîte de dialogue **Paramètres des disques de navigation SteeringWheel**.

Fig.1.42

Lorsque vous marchez dans un projet, vous pouvez contrôler la vitesse du mouvement. La vitesse du mouvement est contrôlée par la distance parcourue par le curseur à partir de l'icône de cercle central. Pour définir la vitesse du mouvement, utilisez la boîte de dialogue **Paramètres des disques de navigation SteeringWheel** ou les options **Augmenter la vitesse de navigation** et **Diminuer la vitesse de navigation** du menu du disque de navigation.

Enfin, lorsque vous utilisez l'outil Navigation, vous pouvez ajuster l'élévation de la vue en maintenant la touche MAJ enfoncée. Ceci active temporairement l'outil Haut/Bas. Pour changer l'élévation courante d'une vue du modèle, faites glisser le curseur vers le haut ou vers le bas.

Fig.1.43

Fig.1.44

Pour se déplacer dans un modèle avec l'outil Navigation, la procédure est la suivante :

1. Afficher un disque doté de l'outil Navigation via le clic droit dans l'interface ou en utilisant les options du disque de navigation situées dans le groupe de fonctions **Navigation** (Navigate) de l'onglet **Vue** (View).

2. Cliquer sur la section **Navigation** (fig.1.43). Maintenir le bouton de la souris enfoncé.

3. Lorsque l'icône de cercle central est affichée, faire glisser le curseur dans la direction dans laquelle vous voulez vous déplacer (fig.1.44).

4. Relâcher le bouton de la souris pour revenir au disque de navigation.

5. Cliquer sur **Fermer** pour quitter le disque de navigation.

Pour changer l'élévation d'une vue, la procédure est la suivante :

1. Cliquer sur la section **Haut/Bas** du disque. Maintener le bouton de la souris enfoncé.

2. Une fois l'indicateur de distance verticale affiché, faire glisser le curseur vers le haut ou le bas pour changer l'élévation de la vue (fig.1.45).

3. Relâcher le bouton de la souris pour revenir au disque de navigation.

4. Cliquer sur Fermer pour quitter le disque de navigation.

Pour modifier la vitesse de navigation pour l'outil Navigation, la procédure est la suivante :

1. Cliquer avec le bouton droit de la souris sur le disque et choisir **Paramètres du disque de navigation SteeringWheel**.

2 Dans la boîte de dialogue **Paramètres des disques de navigation SteeringWheel**, sous **Outil Navigation**, faire glisser le curseur **Vitesse de navigation** vers la gauche pour diminuer la vitesse ou vers la droite pour l'augmenter. Vous pouvez également entrer une valeur comprise entre 0.1 et 10 dans la zone de texte située à droite du curseur **Vitesse de navigation**.

3 Cliquer sur OK.

Pour contraindre l'angle de navigation au plan du sol, la procédure est la suivante :

1 Cliquer avec le bouton droit de la souris sur le disque et choisir **Paramètres du disque de navigation SteeringWheel**.

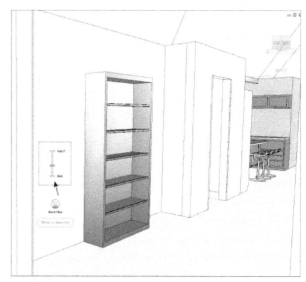

Fig.1.45

2 Dans la boîte de dialogue **Paramètres des disques de navigation SteeringWheel**, sous Outil **Navigation**, sélectionner l'option **Contraindre le mouvement au plan du sol**. Le mouvement de la navigation est parallèle au plan du sol du modèle.

3 Cliquer sur OK.

La visualisation dynamique à l'aide du ViewCube

Le ViewCube est un outil de navigation 3D qui s'affiche à condition qu'un système graphique 3D soit activé (Vue 3D et style d'affichage autre que Filaire 2D). Cet outil vous permet de basculer entre les vues standard et isométrique.

Une fois le ViewCube affiché, il apparaît en mode inactif dans l'un des coins de la fenêtre de dessin sur le modèle. Dans ce mode, il affiche le point de vue courant du modèle en fonction du SCU courant et de la direction du nord définis par le SCG du modèle. Lorsque vous placez le curseur sur le ViewCube, celui-ci devient actif. Vous pouvez basculer de l'une des vues prédéfinies vers une autre, faire défiler la vue courante ou passer à la vue de début du modèle (fig.1.46).

Deux états d'affichage existent pour le ViewCube : actif et inactif. Lorsqu'il est inactif, le ViewCube apparaît par défaut en transparence sur la fenêtre

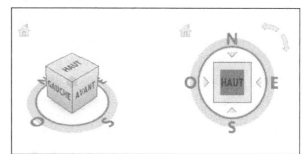

Fig.1.46

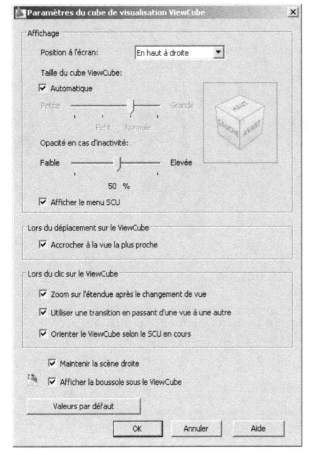

Fig.1.47

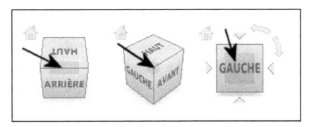

Fig.1.48

de dessin afin de ne pas masquer complète-ment le modèle. Lorsqu'il est actif, il devient opaque et masque les objets du modèle.

Vous pouvez non seulement contrôler le niveau d'opacité du ViewCube lorsqu'il est inactif, mais aussi sa taille et sa position à l'écran. Vous pouvez également afficher ou non le menu SCU et la boussole. Les para-mètres de contrôle de l'apparence du cube ViewCube se trouvent dans la boîte de dia-logue **Paramètres du cube de visualisation ViewCube** (ViewCube Settings) (fig.1.47).

Utilisation de la boussole

La boussole du ViewCube indique la direction du nord définie pour le modèle. La direction du nord indiquée par la boussole est basée sur les directions Nord et Vers le haut définies par le SCG du modèle. La boîte de dialogue Empla-cement géographique permet de définir les directions Nord et Vers le haut d'un modèle. La boîte de dialogue Paramètres du cube de visualisation ViewCube vous permet d'indi-quer si la boussole doit s'afficher ou non sous le ViewCube.

Changer la vue courante

Vous pouvez changer la vue courante d'un modèle en cliquant sur des zones prédéfinies du ViewCube ou en faisant glisser celui-ci.

Le ViewCube fournit vingt-six zones définies sur lesquelles vous pouvez cliquer pour chan-ger la vue courante d'un modèle (fig.1.48). Ces zones sont réparties en trois catégories : coin, arête et face. Sur ces vingt-six zones défi-nies, six d'entre elles représentent les vues orthogonales standard d'un modèle : haut, bas, avant, arrière, gauche et droite. Les vues orthogonales sont définies en cliquant sur l'une des faces du ViewCube.

Les vingt zones restantes servent à accéder à des vues inclinées d'un modèle. Si vous cliquez sur l'un des coins du ViewCube, la vue courante du modèle passe à une vue de trois-quarts, basée sur un point de vue défini par les trois côtés du modèle. Si vous cliquez sur l'une des arêtes, la vue du modèle passe à une vue de trois-quarts basée sur les deux côtés du modèle.

Pour changer la vue d'un modèle, vous pouvez non seulement cliquer sur une zone définie du ViewCube, mais également cliquer et faire glisser le ViewCube. Vous pouvez ainsi changer la vue du modèle et la définir à un point de vue personnalisé autre que l'un des vingt-six points de vue prédéfinis disponibles.

Le menu du ViewCube

Le menu du ViewCube (clic droit sur le ViewCube) fournit des options qui permettent de définir l'orientation du ViewCube, de basculer entre une projection parallèle et en perspective, de définir du modèle et de contrôler l'apparence du ViewCube (fig.1.49).

Les options suivantes sont disponibles à partir du menu contextuel du ViewCube :

- **au début** (Home) : restaure la vue de début enregistrée dans le modèle.
- **Parallèle** (Parallel) : permet de basculer vers une projection parallèle.
- **Perspective** : permet de basculer entre la vue courante et la projection en perspective.
- **Perspective avec faces orthogonales** (Perspective with Ortho Faces) : permet de basculer la vue courante vers une projection en perspective à moins qu'elle soit alignée à une vue de face définie sur le ViewCube.

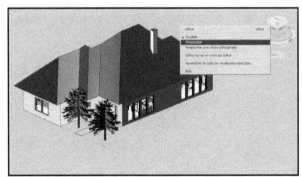

Fig.1.49

- **Définir la vue courante comme vue de début** (Set Current View as Home) : définit la vue de début du modèle selon la vue courante.
- **Paramètres du cube de visualisation ViewCube** (ViewCube Settings) : affiche la boîte de dialogue dans laquelle vous pouvez régler l'apparence et le comportement du ViewCube.
- **Aide** (Help) : lance le système d'aide en ligne et affiche la rubrique relative au ViewCube.

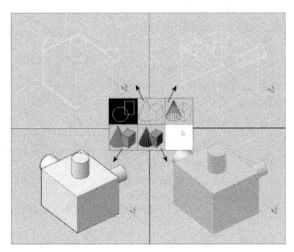

Fig.1.50

L'affichage des objets

Les styles d'affichage

Lors de la création d'objets en 3D, AutoCAD peut afficher ceux-ci de différentes manières appelées Styles visuels. Ceux-ci permettent de personnaliser le style de présentation des objets. Ils sont constitués par un ensemble de paramètres qui définissent l'affichage des arrêtes et des ombres dans la fenêtre d'AutoCAD.

Cinq styles visuels par défaut sont proposés (fig.1.50) :

▶ **Filaire 2D** (2D Wireframe) : affiche les objets en matérialisant leurs contours à l'aide de lignes et de courbes. Les images raster, les objets OLE, les types et les épaisseurs de ligne sont visibles.

▶ **Filaire 3D** (3D Wireframe) : affiche les objets en matérialisant leurs contours à l'aide de lignes et de courbes.

▶ **Masqué 3D** (3D Hidden) : affiche les objets à l'aide d'une représentation filaire 3D et masque les lignes correspondant aux faces arrière.

▶ **Réaliste** (Realistic) : ajoute une ombre aux objets et lisse les arêtes entre les faces des polygones. Les matériaux attachés aux objets sont affichés.

▶ **Conceptuel** (Conceptual) : ajoute une ombre aux objets et lisse les arêtes entre les faces des polygones. L'option Ombrage utilise le style de face Gooch, une transition entre les couleurs froides et les couleurs chaudes plutôt que du foncé au clair. L'effet est moins réaliste, mais les détails du modèle sont plus faciles à voir.

Chacun de ces styles peut être personnalisé à l'aide d'une série de paramètres et il est également possible de créer des nouveaux styles.

Pour activer un de ces styles, vous pouvez utiliser la méthode suivante :

☐1 Cliquer dans la fenêtre pour en faire la fenêtre courante.

☐2 Sélectionner le style visuel par l'une des méthodes suivantes (fig.1.51) :

 Ruban : dans le groupe de fonctions **Vue** (View), cliquer sur l'image d'exemple du style visuel.

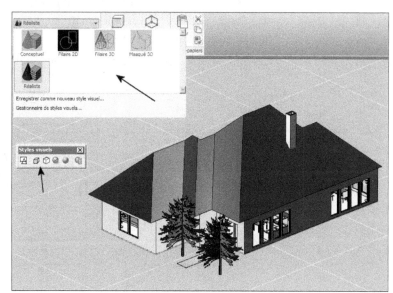

 Icône : sélectionner le style dans la barre d'outils **Styles visuels**.

 Clavier : entrer la commande : **STYLESVISUELS** (VSCURRENT).

Fig.1.51

REMARQUES

Vous pouvez sélectionner un style visuel et modifier ses paramètres à tout moment. Les changements que vous apportez sont répercutés dans les fenêtres dans lesquelles le style visuel est appliqué.

Dans les styles visuels ombrés, les faces sont éclairées par deux sources distantes qui suivent le point de vue à mesure que vous vous déplacez autour du modèle. Cet éclairage par défaut est conçu pour illuminer toutes les faces dans le modèle afin de pouvoir les distinguer visuellement. L'éclairage par défaut n'est disponible que lorsque d'autres sources de lumière, dont le soleil, sont désactivées.

Le processus de modélisation et de visualisation

Qu'il s'agisse de modéliser et de présenter un projet d'architecture, un concept de design ou une pièce mécanique, le processus de conception se compose toujours des mêmes étapes : modélisation, habillage, visualisation, rendu et animation.

A partir de formes géométriques (cube, sphère, cylindre...) ou de techniques plus sophistiquées (lissage, balayage, maillage...), le concepteur va construire un modèle de son projet. Les différentes techniques de rendu permettent ensuite l'habillage, qui assure la réalité physique voire la qualité visuelle du produit : choix des couleurs, détermination et emplacement des sources de lumière, définition des coefficients de réaction de la lumière, simulation ou numérisation des matériaux. Il ne restera plus alors qu'à animer la scène (déplacement d'une caméra).

Ces différentes étapes seront abordées progressivement dans la suite de cet ouvrage selon le processus de la figure 1.52 :

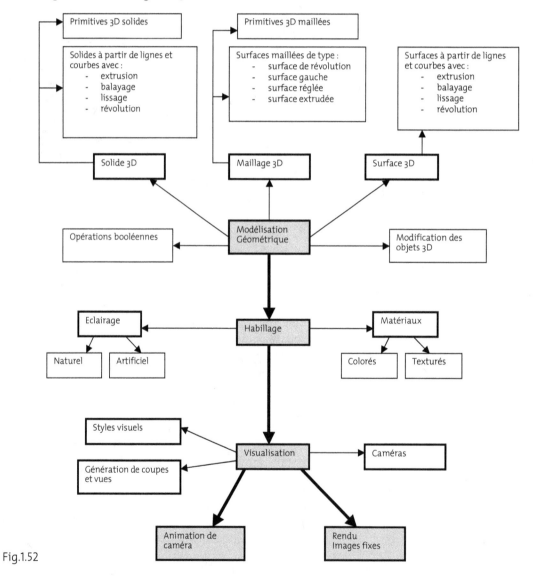

Fig.1.52

CHAPITRE 2
LES OBJETS FILAIRES EN 3D

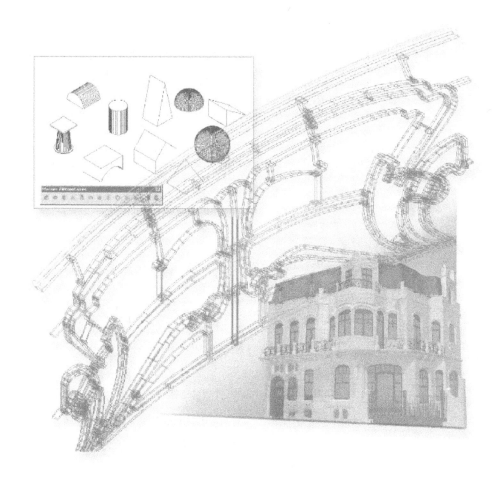

Les entités filaires 2D

La plupart des composants servant à générer des objets 3D sont des entités utilisées couramment en dessin 2D : lignes, arcs, cercles... Les seules entités filaires véritablement 3D sont la Spline, la Polyligne 3D et l'hélice cylindrique. La position des différentes entités est la suivante :

▸ **Arc**

Il est toujours situé dans un plan qui correspond au plan X-Y en cours ou qui lui est parallèle. Le premier point spécifié de l'arc correspond à son élévation. Si les outils d'accrochage sont utilisés pour désigner les autres points, ils sont projetés parallèlement à l'axe Z.

▸ **Cercle**

Il est toujours situé dans un plan qui correspond au plan X-Y en cours ou qui lui est parallèle. Le premier point spécifié du cercle correspond à son élévation. Si les outils d'accrochage sont utilisés pour désigner les autres points (cercles 2P ou 3P), ils sont projetés parallèlement à l'axe Z, sauf si le second point sert à définir la valeur du rayon. Dans ce dernier cas, le rayon est égal à la distance réelle entre les deux points.

▸ **Ellipse**

Elle est toujours située dans un plan qui correspond au plan X-Y en cours ou qui lui est parallèle. Le premier point spécifié de l'ellipse correspond à son élévation. Si les outils d'accrochage sont utilisés pour désigner les autres points, ils sont projetés parallèlement à l'axe Z.

▸ **Ligne**

Une ligne peut être tracée à partir de n'importe quel point dans l'espace 3D vers n'importe quel autre point dans l'espace 3D à l'aide des outils d'accrochage ou des coordonnées.

▸ **Cotations**

Les cotations sont toujours placées dans le plan X-Y courant même si les objets ou les points sélectionnés sont situés dans d'autres plans. Dans le cas d'une cotation linéaire, la dimension horizontale est parallèle à l'axe des X et la cotation verticale à l'axe des Y (fig.2.1).

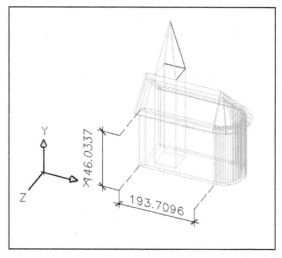

Fig.2.1

► **Point**

Un point peut être placé n'importe où dans l'espace 3D. Le graphisme (par l'option style de point) qui accompagne le point est placé dans un plan parallèle au plan X-Y courant.

► **Polyligne 2D**

Les polylignes et les objets assimilés (rectangle, polygone, anneau) sont situés dans le plan X-Y courant ou dans un plan qui lui est parallèle. Le premier point spécifié de la polyligne correspond à son élévation. Si les outils d'accrochage sont utilisés pour désigner les autres points, ils sont projetés parallèlement à l'axe Z.

► **Droite (Xline) et Demi-droite (Ray)**

La droite et la demi-droite, qui sont habituellement utilisées comme lignes de construction, peuvent être situées n'importe où dans l'espace 3D.

► **Texte**

Le texte est toujours situé dans un plan qui correspond au plan X-Y en cours ou qui lui est parallèle. Le premier d'insertion du texte correspond à son élévation.

Spécifier des points dans l'espace 3D

Il existe plusieurs méthodes pour spécifier des points dans l'espace 3D :

► **Par pointage à l'aide de l'accrochage aux objets (osnap)** : il suffit d'activer les options d'accrochage souhaitées et de pointer les éléments de références dans l'espace 3D. Il convient de souligner que, en fonction du type d'entité et de sa position par rapport au système SCU (UCS), toutes les options d'accrochage ne sont pas disponibles en 3D :

  ■ **Lignes** : toutes les options sont disponibles sauf Tangent et Quadrant ;

  ■ **Courbes parallèles au SCU (UCS)** : toutes les options sont disponibles ;

  ■ **Courbes non parallèles au SCU (UCS)** : toutes les options sont disponibles sauf Tangent, Perpendiculaire, Quadrant et Proche.

► **Par coordonnées absolues X, Y, Z** : il suffit de rentrer les coordonnées X, Y, Z des différents points. L'utilisation du symbole @ permet de désigner un point relativement au point précédent.

Par exemple (fig.2.2) :

Ligne (Line)

Premier point : **2, 2, 0** (coordonnées absolues)

Point suivant : **5, 2, 2** (coordonnées absolues)

Point suivant : **@0, 3** (coordonnées relatives)

Point suivant : **@5, 0** (coordonnées relatives)

Point suivant : **@4<30** (coordonnées polaires)

▸ **Par coordonnées cylindriques** : lors de la définition d'un point, il convient d'entrer les coordonnées en utilisant le format suivant :

X ‹ [angle depuis l'axe X] , Z

- *X* indique la distance depuis l'origine du SCU (0,0,0).

- *Angle depuis axe X* représente l'angle par rapport à l'axe *X* dans le plan *XY*.

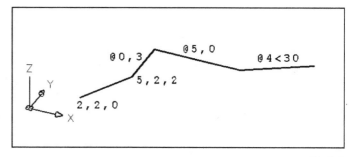

Fig.2.2

- *Z* indique la distance depuis l'origine (0,0,0) le long de l'axe *Z*.

Par exemple, **2‹20,4** représente un emplacement situé à 2 unités le long de l'axe **X** par rapport à l'origine du SCU, mesuré à 20 degrés à partir de l'axe **X** et à 4 unités dans la direction **Z** positive. Pour définir un emplacement par rapport au dernier point mentionné, il suffit de mettre le symbole devant l'expression, soit : **@2‹20,4** (fig.2.3).

▸ **Par coordonnées sphériques** : lors de la définition d'un point, il convient d'entrer les coordonnées en utilisant le format suivant :

X ‹ [angle par rapport à l'axe X] ‹ [angle par rapport au plan XY]

- *X* représente la distance mesurée à partir de l'origine du SCU (0,0,0).

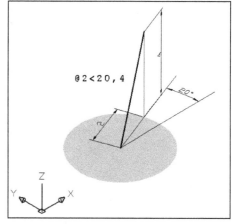

Fig.2.3

- *Angle depuis axe X* représente l'angle par rapport à l'axe *X* dans le plan *XY*.

- *Angle depuis plan XY* représente l'angle par rapport au plan *XY*.

Par exemple, **5‹20 ‹45** représente un point situé à 5 unités par rapport à l'origine du SCU, à un angle de 20 degrés par rapport à l'axe positif *X* dans le plan *XY* et à 45 degrés par rapport au plan *XY*. Pour définir un emplacement par rapport au dernier point mentionné, il suffit de mettre le symbole devant l'expression, soit : **@5‹20‹45** (fig.2.4).

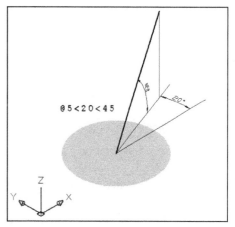

Fig.2.4

▶ **Filtres de coordonnées X, Y, Z** : les filtres de coordonnées sont utiles pour définir un nouveau point à l'aide de la valeur *X* d'un point, de la valeur *Y* d'un second point et de la valeur *Z* d'un troisième point. Les filtres de coordonnées fonctionnent de la même façon en 3D qu'ils le font en 2D. Pour définir un filtre sur la ligne de commande, entrer un point et une ou plusieurs des lettres *X*, *Y* et *Z*. AutoCAD reconnaît les filtres suivants : .X , .Y, .Z, .XY, .XZ, .YZ.

Après avoir indiqué la première coordonnée, AutoCAD demande les suivantes. Si l'on entre .X au message invitant à entrer un point, le système invite à entrer les valeurs *X* et *Y*; si l'on entre .XY le système demande d'entrer la valeur Z.

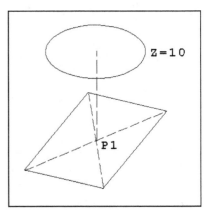

Les filtres de coordonnées sont couramment utilisés pour localiser le centre d'un cercle et la projection d'un point 3D sur le plan *XY* du système SCU (UCS) en cours.

Exemple (fig.2.5) : placez un cercle 10 unités audessus du centre d'un rectangle :

■ **Cercle (Circle)**

Fig.2.5

Centre : .XY

Pointer l'intersection P1

Valeur de Z : 10

Utilisation des accrochages aux objets 3D dans les vues en plan

Par défaut, la valeur Z d'un point d'accrochage aux objets est déterminée par la position de l'objet dans l'espace. Toutefois, lors de l'utilisation des accrochages aux objets sur la vue en plan d'un bâtiment ou la vue de dessus d'une pièce, une valeur Z constante est plus appropriée.

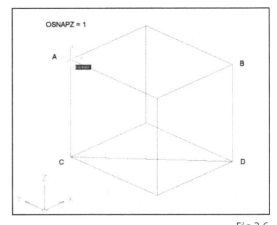

Fig.2.6

Si vous activez la variable système OSNAPZ (valeur = 1), tous les accrochages aux objets sont projetés sur le plan XY du SCU courant ou, si la valeur ELEV est définie sur une valeur différente de zéro, sur un plan parallèle au plan XY, à l'élévation spécifiée.

Lorsque vous dessinez ou modifiez des objets, sachez toujours si la variable OSNAPZ est activée ou désactivée. Etant donné qu'il n'existe aucun rappel visuel, vous pourriez obtenir des résultats inattendus.

Dans l'exemple de la figure 2.6 en pointant les points A et B la ligne se trace entre les points C et D qui sont les projections sur le plan SCU des points A et B.

Les modifications d'entités filaires 2D

La plupart des fonctions de modifications 2D sont également disponibles en 3D avec parfois néanmoins certaines modifications. Les principales fonctions sont les suivantes :

▸ **Déplacer (Move) et Copier (Copy) :**

Les points de base et de destination peuvent être placés n'importe où dans l'espace 3D. Le déplacement ou la copie peut se faire à l'aide des méthodes abordées précédemment. Par exemple, pour déplacer un objet dans la direction des Z de 25 unités, il suffit de définir comme origine la coordonnée (0,0,0) et comme destination la coordonnée (0,0,25). L'objet ne subira donc aucun déplacement dans le plan XY mais bien un déplacement de 25 dans la direction Z (fig.2.7). Pour un déplacement plus élaboré, voir la commande Déplacer 3D.

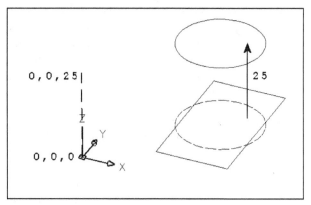

Fig.2.7

D'autre part, il est également possible de déplacer ou de copier des objets en activant le mode polaire qui fonctionne dans la direction Z (+Z ou –Z) (fig.2.8).

▸ **Décaler (Offset) :**

La copie est placée parallèlement à l'objet d'origine. Ce dernier ne doit pas être parallèle au plan X-Y courant.

▸ **Raccord (Fillet) et Chanfrein (Chamfer) :**

Les deux objets à raccorder ou chanfreiner doivent être situés dans le même plan. Il est ainsi possible d'agir sur les couples d'objets suivants (fig.2.9) :

A&B – A&C – A&D – A&E – B&C – C&D – C&E – D&E – E&F – E&G – F&G.

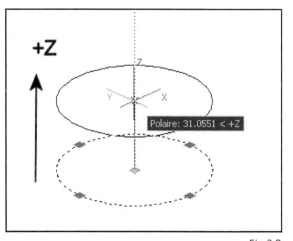

Fig.2.8

Par contre, il n'est pas possible d'agir sur les couples suivants :

A&F – A&G – B&D – B&E – B&F – B&G – C&F – C&G – D&F – D&G.

▸ **Coupure (Break)** :

C'est une fonction pleinement 3D qui permet de couper tout objet filaire en deux points ou en un point comme en 2D.

▸ **Ajuster (Trim) et Prolonger (Extend)** :

Le principe de fonctionnement étant identique pour les deux fonctions, l'explication porte sur **Ajuster** (Trim). Lors de l'utilisation de cette fonction, deux options sont disponibles : **Projection** et **Côté** (Edge). Trois choix sont disponibles pour l'option Projection :

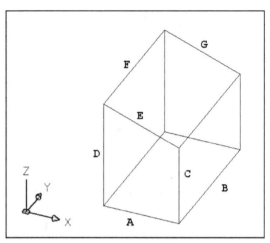

Fig.2.9

- **Aucune** (None) : le bord de coupe et l'objet à ajuster doivent être situés dans le même plan.
- **SCU** (UCS) : le bord de coupe et l'objet à ajuster ne doivent pas être situés dans le même plan. Le bord de coupe est projeté perpendiculairement dans le plan X-Y de l'objet à ajuster (fig.2.10).
- **Vue** (View) : le bord de coupe est projeté dans la direction du point de vue et ajuste l'objet à l'endroit ou aux endroits où ils se coupent visuellement.

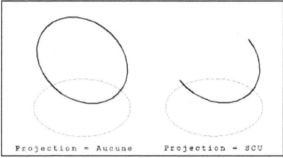

Fig.2.10

L'option **Côté** (Edge) comporte deux choix (fig.2.11) :

- **Prolongement** (Extend) : le bord de coupe et l'objet à ajuster ne doivent pas se couper.
- **Pas de prolongement** (No extend) : le bord de coupe et l'objet à ajuster doivent se couper.

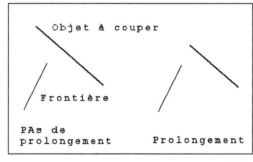

Fig.2.11

> ▶ **Rotation (Rotate)** :

La rotation s'effectue par rapport à un axe perpendiculaire au plan X-Y courant. Le point de base de la rotation indique la position de l'axe de rotation (fig.2.12). Pour une rotation plus élaborée, voir la commande Rotation 3D.

> ▶ **Miroir (Mirror)** :

Le miroir s'effectue par rapport à un plan perpendiculaire au plan X-Y courant. Les deux points spécifiés pour définir l'axe de symétrie, déterminent la position de ce plan (fig.2.13). Pour un effet miroir plus élaboré, voir la commande Miroir 3D.

> ▶ **Réseau (Array)** :

Dans le cas du réseau rectangulaire, les rangées sont situées dans la direction de l'axe Y courant et les colonnes dans la direction de l'axe X courant. Pour le réseau polaire, les copies sont dans le plan X-Y. Il est possible d'effectuer un réseau dans une autre direction en orientant d'abord le plan SCU X-Y dans la direction souhaitée. Pour une copie Réseau plus élaborée, voir la commande Réseau 3D.

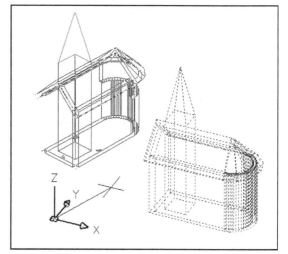

Fig.2.12

Les entités filaires 3D

La polyligne 3D

Comme la polyligne 2D, la polyligne 3D est composée d'une série de segments mais qui ne doivent pas être situés dans le même plan. La polyligne 3D se distingue de la polyligne 2D par quelques autres caractéristiques :

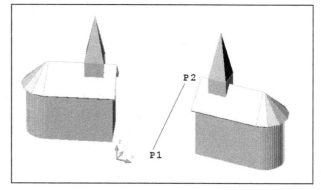

Fig.2.13

> ▶ Elle ne peut comporter de segments d'arc.
> ▶ Il n'est pas possible de définir l'épaisseur d'un segment en particulier.
> ▶ Le type de ligne est toujours **Continu** (Continuous).

Le tracé s'effectue de la manière suivante (fig.2.14) :

> ▶ Le groupe de fonctions **Dessin** (Draw) puis Polyligne 3D ou taper la commande **Poly3D** (3DPoly).
> ▶ Spécifier le point de départ de la polyligne : indiquer un point (P1).

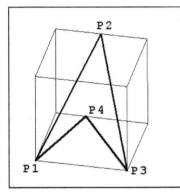

Fig.2.14

▶ Spécifiez l'extrémité de la ligne ou [annUler] : indiquer un point ou entrer une option (P2)

▶ Spécifiez l'extrémité de la ligne ou [annUler] : indiquer un point ou entrer une option (P3)

▶ Spécifiez l'extrémité de la ligne ou [Clore/annUler] : indiquer un point ou entrer une option (P4)

La commande **PEDIT** permet ensuite de transformer la polyligne 3D en une courbe B-spline.

La courbe Spline

Une Spline est une courbe régulière passant par une série donnée de points pouvant être situés n'importe où dans l'espace 3D. Il existe plusieurs types de Splines dont la courbe NURBS utilisée dans AutoCAD. Les courbes splines sont très pratiques pour représenter des courbes de formes irrégulières comme c'est le cas en cartographie ou dans le dessin automobile. La forme de la courbe Spline peut être contrôlée par un facteur de tolérance qui définit l'écart admissible entre la courbe et les points d'interpolation spécifiés à l'écran. Plus la valeur de tolérance est faible, plus le tracé de la spline est fidèle aux points désignés. Pour créer une courbe il suffit de suivre la procédure suivante :

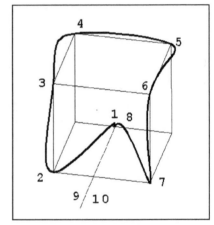

Fig.2.15

1 Exécuter la commande de dessin de spline à l'aide de l'une des méthodes suivantes (fig.2.15) :

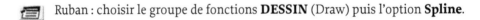

Ruban : choisir le groupe de fonctions **DESSIN** (Draw) puis l'option **Spline**.

Icône : choisir l'icône **Spline** dans la barre d'outils **Dessiner** (Draw).

Clavier : taper la commande **Spline**.

2 Indiquer le point de départ de la spline : pointer le point 1 ou entrer les coordonnées X,Y,Z.

3 Désigner autant de points que nécessaire pour créer la spline (exemple : points 2 à 8) et appuyer sur Entrée pour terminer.

4 Définir l'orientation des tangentes de départ et de fin de la spline (points 9 et 10).

OPTIONS

- **Object** : permet de convertir une polyligne en spline.
- **Clore** (Close) : permet de créer une courbe fermée.
- **Tolérance** (Tolerance) : permet de contrôler la précision de passage de la courbe sur les points de contrôle. Une valeur o force la courbe à passer par chaque point de contrôle.
- **SplFrame** : variable, à entrer au clavier, permettant de contrôler l'affichage du polygone de contrôle de la courbe. Une valeur o n'affiche pas le polygone, tandis qu'une valeur 1 l'affiche.

Une courbe spline peut être modifiée en agissant sur ses points d'interpolation (points de base de la courbe) ou sur ses points de contrôle (reliés par le polygone de contrôle). Ces différents points sont également visibles en activant les poignées (grips). Outre la possibilité d'ajouter, de détruire ou de déplacer des points de contrôle, il est également possible de fermer ou d'ouvrir une spline, de modifier les conditions de tangence et de changer l'ordre des points définissant la courbe. Pour modifier une courbe spline, la procédure est la suivante :

1 Exécuter la commande de modification à l'aide de l'une des méthodes suivantes :

Ruban : choisir le groupe de fonctions **Modification** (Modify) puis l'option **Modifier Spline** (Modify Spline).

Icône : choisir l'icône **Editer Spline** (Edit Spline) dans la barre d'outils **Modifier II** (Modify II).

Clavier : taper la commande **EDITSPLINE** (SPLINEDIT).

2 Sélectionner la spline à modifier. En fonction de la façon dont l'entité a été créée, AutoCAD affiche une série d'options différentes.

3 Sélectionner l'option souhaitée. Ainsi, si l'on souhaite, par exemple, déplacer le quatrième point d'interpolation de la courbe (fig.2.16), il convient de choisir l'option **Lissée** (Fit Data) puis **Déplacer sommet** (Move).

4 Entrer plusieurs fois la lettre « n » (suivNt/next) pour sélectionner le quatrième point d'interpolation.

5 Déplacer ce point à l'aide du curseur ou en spécifiant les coordonnées correspondant à la position voulue.

6 Entrer la lettre « x » (s) pour sortir de la commande.

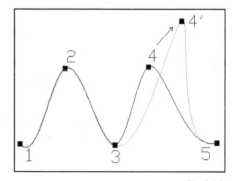

Fig.2.16

OPTIONS

▸ **Lissée** (Fit data) : cette option n'est disponible que pour les splines qui ne proviennent pas d'une polyligne et pour celles qui disposent encore de leurs points d'interpolation. La sélection de cette option conduit à une nouvelle série d'options :

▸ **Ajouter** (Add) : permet d'ajouter des points d'interpolation sur la courbe. Il convient de sélectionner le point qui précède celui à créer, puis de donner la position du point à créer.

▸ **Clore** (Close) : permet de fermer une spline ouverte.

▸ **Ouvrir** (Open) : permet d'ouvrir une spline fermée.

▸ **Supprimer** (Delete) : permet d'enlever des points d'interpolation.

▸ **Déplacer** (Move) : permet de changer la position des points d'interpolation.

▸ **Purger** (Purge) : permet de supprimer les données de tolérance et de tangence définies lors de la création de la spline.

▸ **Tangentes** (Tangents) : permet de modifier les points de tangence du début et de la fin de la courbe.

▸ **Tolerance** : permet de changer le degré de tolérance.

▸ **Clore** (Close) : permet de fermer une spline ouverte.

▸ **Déplacer sommet** (Move vertex) : permet de déplacer les points de contrôle.

▸ **Affiner** (Refine) : permet d'adoucir la courbe par l'ajout de points de contrôle. Cette option offre les possibilités suivantes :

▪ **Ajouter point de contrôle** (Add control point) : permet d'ajouter un point de contrôle après le point sélectionné.

▪ **Elever ordre** (Elevate Order) : permet d'augmenter d'une façon uniforme le nombre de points de contrôle sur la spline.

▪ **Poids** (Weight) : permet de modifier le poids relatif du point de contrôle sélectionné. Plus le poids est élevé, plus le point de contrôle exercera une traction sur la spline (fig.2.17).

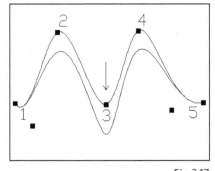

Fig.2.17

▸ **Inverser** (rEverse) : permet d'inverser l'ordre des points de contrôle.

▶ **Annuler** (Undo) : permet d'annuler les effets de la dernière commande.

▶ **Sortie** (eXit) : permet de terminer la commande.

L'hélice

Une hélice est une spirale 2D ou 3D ouverte. Elle peut être utilisée comme une trajectoire pour la création de solides. Par exemple, vous pouvez avoir besoin de balayer un cercle le long de la trajectoire hélicoïdale afin de créer un modèle solide d'un ressort.

Lorsque vous créez une hélice, vous pouvez spécifier ce qui suit :

▶ Rayon de base

▶ Rayon supérieur

▶ Hauteur

▶ Nombre de tours

▶ Hauteur des tours

▶ Direction du basculement

Si vous spécifiez la même valeur pour le rayon de base et le rayon supérieur, vous créez une **hélice cylindrique**. Par défaut, le rayon supérieur est défini avec la même valeur que le rayon de base. Vous ne pouvez pas spécifier la valeur 0 pour le rayon de base et le rayon supérieur. Si vous indiquez des valeurs différentes pour le rayon supérieur et le rayon de base, vous créez une **hélice conique**. Si vous définissez une valeur de hauteur de 0, vous créez une spirale 2D plate.

Pour créer une hélice, la procédure est la suivante (fig.2.18) :

1. Utiliser l'une des méthodes suivantes pour activer la fonction :

   Ruban : cliquer sur la fonction Hélice (Helix) du groupe de fonctions **Dessin** (Draw).

   Icône : cliquer sur l'icône **Hélice** (Helix) de la barre d'outils de modélisation.

   Clavier : entrer la commande **HELICE** (HELIX).

2. Indiquer le centre pour la base de l'hélice.

3. Choisir le rayon de base.

4. Spécifier le rayon supérieur ou appuyer sur Entrée pour choisir la même valeur que pour le rayon de base.

5. Entrer la hauteur de l'hélice.

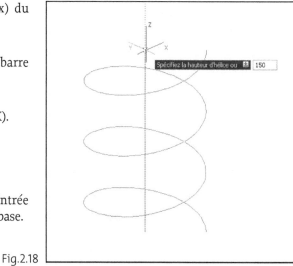

Fig.2.18

▸ **Modifications d'une hélice**

Vous pouvez utiliser les poignées d'une hélice pour changer les paramètres suivants :

▪ Point de départ

▪ Rayon de base

▪ Rayon supérieur

▪ Hauteur

▪ Emplacement

Lorsque vous utilisez une poignée pour changer le rayon de base d'une hélice, le rayon supérieur est mis à l'échelle pour maintenir le rapport courant. Utilisez la palette Propriétés pour changer le rayon de base indépendamment du rayon supérieur.

Vous pouvez utiliser la palette **Propriétés** (fig.2.19) pour changer d'autres propriétés d'hélice, comme :

▸ Nombre de tours (Tours)

▸ Hauteur des tours

▸ Direction du basculement – Sens horaire ou trigonométrique

▸ Avec la propriété Contrainte, vous pouvez spécifier que les propriétés Hauteur, Tours ou Hauteur des tours de l'hélice soient contraintes. La propriété Contrainte a une incidence sur la manière dont l'hélice change lorsque ces propriétés sont modifiées.

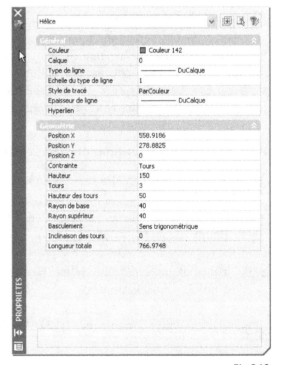

Fig.2.19

CHAPITRE 3

CRÉATION ET ASSEMBLAGE DE SOLIDES PRIMITIFS 3D

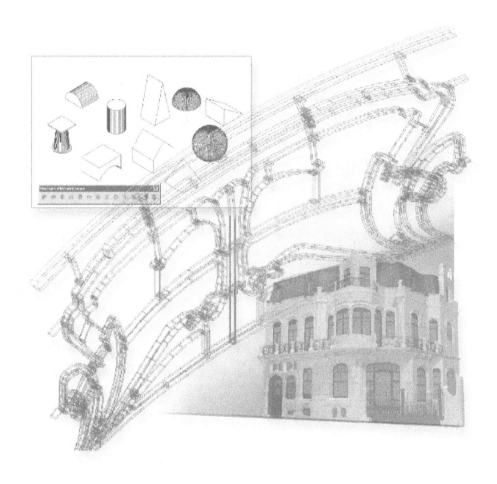

Vous pouvez créer les formes solides de base du parallélépipède, du cône, du cylindre, de la sphère, du tore, du biseau et de la pyramide. Ces formes sont appelées des solides primitifs. Les options sont les suivantes (fig.3.1) :

- **Solide en forme de parallélépipède.** La base du parallélépipède est toujours dessinée parallèlement au plan XY du SCU courant (plan de construction).

- **Solide en forme de biseau.**

- **Solide en forme de cône.** Il peut avoir une base circulaire ou elliptique s'estompant vers un point. Il est aussi possible de créer un tronc de cône s'estompant vers une face plane circulaire ou elliptique parallèle à sa base.

- **Solide en forme de cylindre.** La base peut être circulaire ou elliptique.

- **Solide en forme de sphère.**

- **Solide en forme de pyramide.** Le nombre de côtés peut être compris entre 3 et 32.

- **Solide en forme de tore.** Il peut se présenter sous la forme d'un anneau comparable aux chambres à air de pneumatiques.

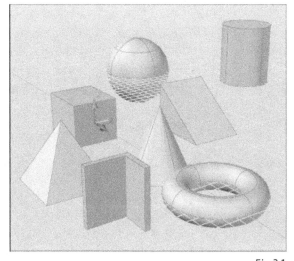

Les dimensions de chacun des solides peuvent être définies par l'utilisateur grâce à une série de paramètre. Chaque solide peut ensuite être modifié ou redimensionné à l'aide des poignées. Les solides peuvent ensuite être assemblés à l'aide d'opérations booléennes.

Fig.3.1

La création de solides primitifs 3D

La création d'un solide en forme de parallélépipède

PRINCIPE

Vous pouvez créer un solide en forme de parallélépipède. La base du parallélépipède est toujours dessinée parallèlement au plan XY du SCU courant (plan de construction).

Vous pouvez utiliser l'option **Cube** de la commande pour créer un parallélépipède ayant des côtés de même longueur.

Si vous utilisez l'option **Cube** ou **Longueur** lors de la création d'un parallélépipède, vous pouvez également spécifier la rotation de ce dernier dans le plan XY lorsque vous cliquez pour indiquer la longueur.

Vous pouvez également utiliser l'option **Centre** pour créer un parallélépipède à l'aide du centre spécifié.

Vous pouvez créer le solide en entrant des valeurs au clavier ou en pointant des points à l'écran.

Pour créer un solide en forme de parallélépipède, la procédure est la suivante :

1. Exécuter la commande de création du solide à l'aide d'une des méthodes suivantes :

    Ruban : dans le groupe de fonctions **Modélisation** (Modeling), cliquer sur **Boîte** (Box).

   Icône : cliquer sur l'icône **Boîte** (Box) de la barre d'outils **Modélisation** (Modeling).

   Clavier : entrer la commande **BOITE** (BOX).

2. Si vous utilisez la méthode de pointage, spécifier le premier point de la base : A.

3. Spécifier le coin opposé de la base : B (fig.3.2).

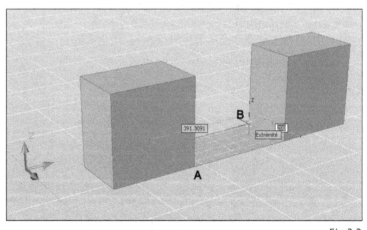

Fig.3.2

[4] Spécifier la hauteur : C (fig.3.3).

[5] Si vous entrez les dimensions, activer le mode dynamique en cliquant sur le bouton DYN sur la barre d'état.

[6] Spécifier le premier point de la base : A.

[7] Entrer la longueur en tapant la dimension. Exemple : 200 (fig.3.4).

[8] Appuyer sur la touche Tab pour passer à l'autre dimension.

[9] Entrer la largeur en tapant la dimension. Par exemple : 300 (fig.3.5).

[10] Entrer la hauteur en tapant la dimension. Par exemple : 300 (fig.3.6).

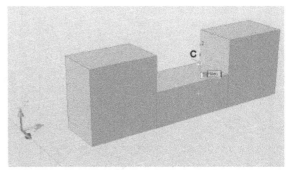

Fig.3.3

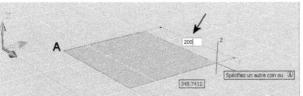

Fig.3.4

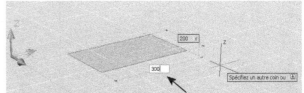

Fig.3.5

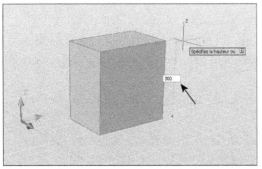

Fig.3.6

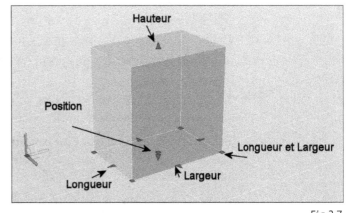

Fig.3.7

Modification des dimensions du parallélépipède

Vous pouvez utiliser les poignées disponibles (fig.3.7) ou la palette Propriétés (fig.3.8) pour modifier la forme et la taille du solide tout en conservant sa forme de base originale.

Si vous utilisez les poignées, AutoCAD affiche la valeur du déplacement et la nouvelle valeur totale. Vous pouvez passer d'une valeur à l'autre par la touche Tab (fig.3.9).

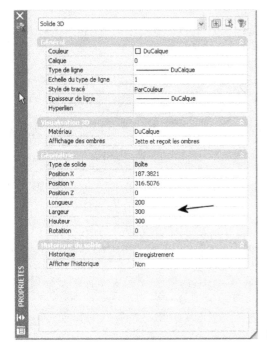

Fig.3.8

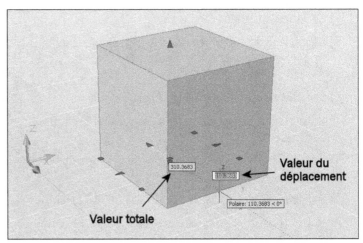

Fig.3.9

La création d'un solide en forme de biseaux

PRINCIPE

La base des biseaux est dessinée parallèlement au plan XY du SCU courant et la face inclinée se trouve sur le côté opposé au premier coin spécifié. La hauteur du biseau est parallèle à l'axe Z.

Vous pouvez utiliser l'option **Cube** de la commande **BISEAU** (Wedge) pour créer un biseau ayant des côtés de même longueur.

Si vous utilisez l'option **Cube** ou **Longueur** lors de la création d'un biseau, vous pouvez également spécifier la rotation de ce dernier dans le plan XY lorsque vous cliquez pour indiquer la longueur.

Vous pouvez également utiliser l'option **Centre** pour créer un biseau à l'aide du centre spécifié.

Pour créer un solide en forme de biseau, la procédure est la suivante :

1 Exécuter la commande de création du solide à l'aide d'une des méthodes suivantes :

 Ruban : dans le groupe de fonctions **Modélisation** (Modeling) cliquer sur **Biseau** (Wedge).

 Icône : cliquer sur l'icône **Biseau** (Wedge) de la barre d'outils **Modélisation** (Modeling).

 Clavier : entrer la commande **BISEAU** (WEDGE).

[2] Si vous utilisez la méthode de pointage, spécifier le premier point de la base.

[3] Spécifier le coin opposé de la base.

[4] Spécifier la hauteur.

[5] Si vous entrez les dimensions, activer le mode dynamique en cliquant sur le bouton DYN sur la barre d'état.

[6] Spécifier le premier point de la base : A.

[7] Entrer la longueur en tapant la dimension. Exemple : 200 (fig.3.10).

[8] Appuyer sur la touche Tab pour passer à l'autre dimension.

[9] Entrer la largeur en tapant la dimension. Par exemple : 300 (fig.3.11).

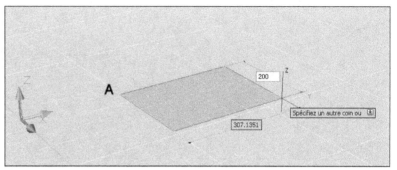

Fig.3.10

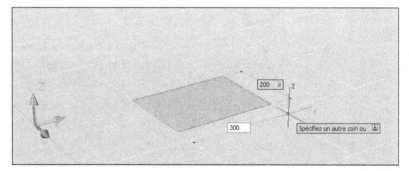

Fig.3.11

[10] Entrer la hauteur en tapant la dimension. Par exemple : 250 (fig.3.12).

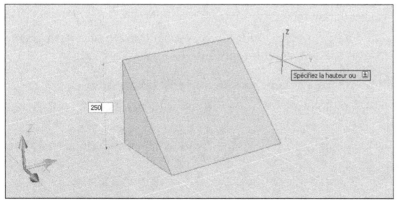

Fig.3.12

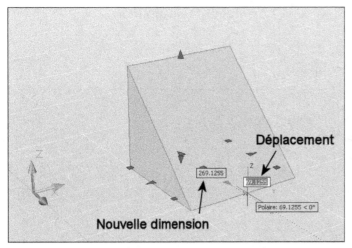

Fig.3.13

Modification des dimensions du biseau

Vous pouvez utiliser les poignées disponibles ou la palette Propriétés pour modifier la forme et la taille du solide tout en conservant sa forme de base originale.

Si vous utilisez les poignées, AutoCAD affiche la valeur du déplacement et la nouvelle valeur totale. Vous pouvez passer d'une valeur à l'autre par la touche Tab (fig.3.13).

La création d'un solide en forme de cône

PRINCIPE

Vous pouvez créer un solide en forme de cône avec une base circulaire ou elliptique s'estompant vers un point. Vous avez également la possibilité de créer un tronc de cône s'estompant vers une face plane circulaire ou elliptique parallèle à sa base.

Par défaut, la base du cône repose sur le plan XY du SCU courant. La hauteur du cône est parallèle à l'axe Z.

Dans le cas d'un cône à base circulaire, le cercle de base peut être défini de différentes façons :

▸ un point central et un rayon.
▸ 3 points.
▸ 2 points.
▸ 2 points de tangence plus un rayon.

Dans le cas d'un cône à base elliptique, l'ellipse de base peut être définie en pointant les extrémités des deux axes ou en pointant le centre et deux extrémités d'axes.

Pour créer un solide en forme de cône, la procédure est la suivante :

1 Exécuter la commande de création du solide à l'aide d'une des méthodes suivantes :

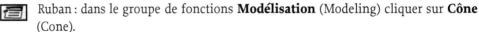 Ruban : dans le groupe de fonctions **Modélisation** (Modeling) cliquer sur **Cône** (Cone).

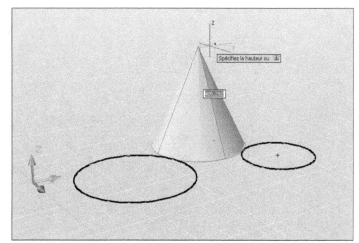

Icône : cliquer sur l'icône **Cône** (Cone) de la barre d'outils **Modélisation** (Modeling).

Clavier : entrer la commande **CONE**.

2 Dans le cas d'un cône avec une base circulaire, sélectionner l'option souhaitée (Centre + rayon, 2 points, 3 points ou Ttr). Par exemple l'option par défaut.

3 Spécifier le centre de la base.

4 Indiquer le rayon ou le diamètre de la base.

5 Spécifier la hauteur du cône.

6 Dans le cas de l'option Ttr, sélectionner les deux points de tangence puis entrer la valeur du rayon.

7 Spécifier la hauteur (fig.3.14).

Fig.3.14

Pour créer un solide en forme de tronc de cône, la procédure est la suivante :

1 Exécuter la commande de création du solide à l'aide d'une des méthodes mentionnées au point précédent.

2 Spécifier le centre de la base.

3 Indiquer le rayon ou le diamètre de la base.

4 Entrer r (Rayon supérieur).

5 Spécifier le rayon supérieur (fig.3.15).

6 Spécifier la hauteur du cône.

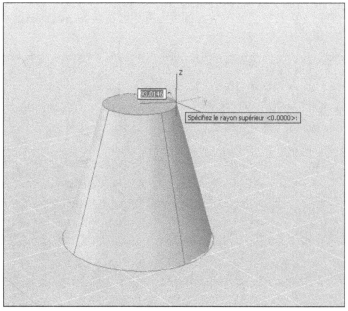

Fig.3.15

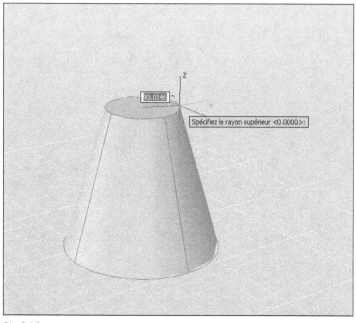

Fig.3.16

Pour créer un solide en forme de cône avec la hauteur et l'orientation spécifiées par l'extrémité de l'axe, la procédure est la suivante :

1. Exécuter la commande de création du solide à l'aide d'une des méthodes mentionnées au point précédent.

2. Spécifier le centre de la base.

3. Indiquer le rayon ou le diamètre de la base.

4. Sur la ligne de commande, entrer A.

5. Spécifier l'extrémité de l'axe du cône. L'extrémité peut se situer n'importe où dans l'espace 3D (fig.3.16).

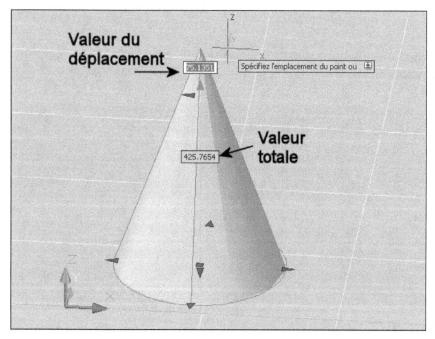

Fig.3.17

Modification des dimensions du cône

Vous pouvez utiliser les poignées disponibles ou la palette Propriétés pour modifier la forme et la taille du solide tout en conservant sa forme de base originale.

Si vous utilisez les poignées, AutoCAD affiche la valeur du déplacement et la nouvelle valeur totale. Vous pouvez passer d'une valeur à l'autre par la touche Tab (fig.3.17).

La création d'un solide en forme de cylindre

PRINCIPE

Vous pouvez créer un solide en forme de cylindre avec une base circulaire ou elliptique. Par défaut, la base du cône repose sur le plan XY du SCU courant. La hauteur du cône est parallèle à l'axe Z.

Dans le cas d'un cylindre à base circulaire, le cercle de base peut être défini de différentes façons :

▶ un point central et un rayon

▶ 3 points

▶ 2 points

▶ 2 points de tangence plus un rayon

Dans le cas d'un cylindre à base elliptique, l'ellipse de base peut être définie en pointant les extrémités des deux axes ou en pointant le centre et deux extrémités d'axes.

Pour créer un solide en forme de cylindre, la procédure est la suivante :

1️⃣ Exécuter la commande de création du solide à l'aide d'une des méthodes suivantes :

Ruban : dans le groupe de fonctions **Modélisation** (Modeling) cliquer sur **Cylindre** (Cylinder).

Icône : cliquer sur l'icône **Cylindre** (Cylinder) de la barre d'outils Modélisation (Modeling)

Clavier : entrer la commande **CYLINDRE** (Cylinder)

2️⃣ Dans le cas d'un cylindre avec une base circulaire, sélectionner l'option souhaitée (Centre + rayon, 2 points, 3 points ou Ttr). Par exemple l'option par défaut.

3️⃣ Spécifier le centre de la base.

4️⃣ Indiquer le rayon ou le diamètre de la base.

5️⃣ Spécifier la hauteur.

Pour créer un solide en forme de cylindre avec la hauteur et l'orientation spécifiées par l'extrémité de l'axe, la procédure est la suivante :

1️⃣ Exécuter la commande de création du cylindre à l'aide d'une des méthodes mentionnées au point précédent.

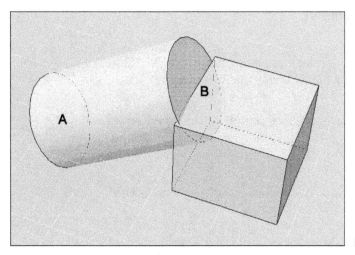

2 Spécifier le centre de la base.

3 Indiquer le rayon ou le diamètre de la base.

4 Sur la ligne de commande, entrer A.

5 Spécifier l'extrémité de l'axe du cylindre. L'extrémité peut se situer n'importe où dans l'espace 3D (fig.3.18).

Fig.3.18

Pour créer un solide en forme de cylindre avec la hauteur définie par deux points, la procédure est la suivante :

1 Exécuter la commande de création du cylindre à l'aide d'une des méthodes mentionnées au point précédent.

2 Spécifier le centre de la base.

3 Indiquer le rayon ou le diamètre de la base.

4 Sur la ligne de commande, entrer 2P.

5 Spécifier le premier point : A, puis le second point : B (fig.3.19).

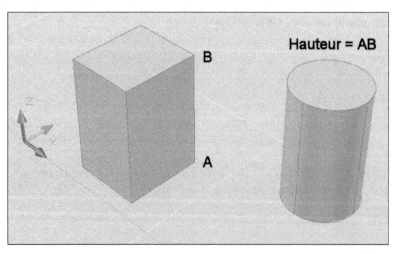

Fig.3.19

Modification des dimensions du cylindre

Vous pouvez utiliser les poignées disponibles ou la palette Propriétés pour modifier la forme et la taille du solide tout en conservant sa forme de base originale.

Si vous utilisez les poignées, AutoCAD affiche la valeur du déplacement et la nouvelle valeur totale. Vous pouvez passer d'une valeur à l'autre par la touche Tab (fig.3.20).

La création d'un solide en forme de sphère

PRINCIPE

Lorsque vous spécifiez le centre, la sphère est positionnée de manière à ce que son axe central soit parallèle à l'axe Z du système de coordonnées utilisateur (SCU) courant.

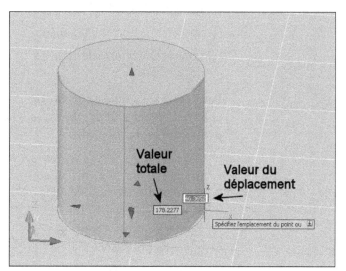

Fig.3.20

Vous pouvez utiliser l'une des options suivantes pour définir la sphère :

▶ 3P (Trois points). Définit la circonférence de la sphère en spécifiant trois points dans l'espace 3D. Les trois points spécifiés définissent également le plan de la circonférence.

▶ 2P (Deux points). Définit la circonférence de la sphère en spécifiant deux points dans l'espace 3D. Le plan de la circonférence est défini par la valeur Z du premier point.

▶ TTR (Tangente tangente rayon). Définit la sphère comme étant tangente à deux objets, plus une valeur de rayon. Les points de tangence spécifiés sont projetés dans le SCU courant.

Pour créer un solide en forme de sphère, la procédure est la suivante :

1 Exécuter la commande de création du solide à l'aide d'une des méthodes suivantes :

Ruban : dans le groupe de fonctions **Modélisation** (Modeling) cliquer sur Sphère (Sphere).

Icône : cliquer sur l'icône **Sphère** (Sphere) de la barre d'outils **Modélisation** (Modeling)

Clavier : entrer la commande **SPHERE**.

② Sélectionner l'option souhaitée (Centre + rayon, 2 points, 3 points ou Ttr). Par exemple l'option par défaut.

③ Spécifier le centre de la sphère.

④ Indiquer le rayon ou le diamètre de la sphère.

Pour créer un solide en forme de sphère tangent à deux objets, la procédure est la suivante :

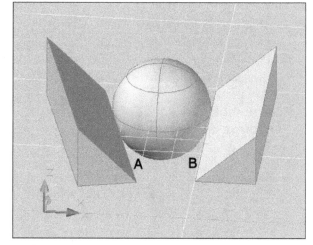

① Exécuter la commande de création de la sphère à l'aide d'une des méthodes mentionnées au point précédent.

② Pointer le premier point de tangence : A (fig.3.21).

③ Pointer le second point de tangence : B.

④ Entrer la valeur du rayon.

Fig.3.21

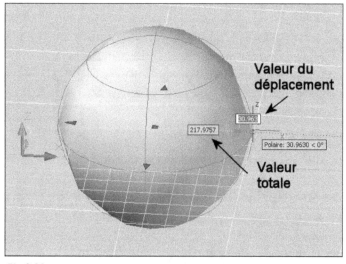

Fig.3.22

Modification des dimensions de la sphère

Vous pouvez utiliser les poignées disponibles ou la palette Propriétés pour modifier la forme et la taille du solide tout en conservant sa forme de base originale.

Si vous utilisez les poignées AutoCAD affiche la valeur du déplacement et la nouvelle valeur totale. Vous pouvez passer d'une valeur à l'autre par la touche Tab (fig.3.22).

La création d'un solide en forme de pyramide

PRINCIPE

Vous pouvez créer un solide en forme de pyramide avec un nombre de côtés compris entre 3 et 32. La valeur par défaut est 4.

Outre la spécification de la hauteur de la pyramide, vous pouvez utiliser l'option **Extrémité Axe** de la commande pour spécifier l'emplacement de l'extrémité de l'axe de la pyramide. Cette extrémité correspond au point supérieur de la pyramide ou au centre de la face supérieure si l'option Rayon supérieur est utilisée. L'extrémité de l'axe peut se trouver n'importe où dans l'espace 3D. L'extrémité de l'axe définit la longueur et l'orientation de la pyramide.

Vous pouvez aussi utiliser l'option **Rayon supérieur** pour créer un tronc de cône d'une pyramide se terminant en face plane comportant le même nombre de côtés que la base.

Pour créer un solide en forme de pyramide, la procédure est la suivante :

1. Exécuter la commande de création du solide à l'aide d'une des méthodes suivantes :

Ruban : dans le groupe de fonctions **Modélisation** (Modeling) cliquer sur **Pyramide** (Pyramid).

Icône : cliquer sur l'icône **Pyramide** (Pyramid) de la barre d'outils **Modélisation** (Modeling)

Clavier : entrer la commande **PYRAMIDE** (Pyramid)

2. Sélectionner l'option souhaitée (Centre + rayon, Arête, Côté). Par exemple l'option par défaut.

3. Spécifier le centre de la base.

4. Indiquer le rayon.

5. Spécifier la hauteur de la pyramide ou sélectionner l'option souhaitée (2Point, extrémité Axe, rayon Supérieur).

Pour créer un solide en forme de tronc de cône d'une pyramide, la procédure est la suivante :

1. Exécuter la commande de création de la pyramide à l'aide d'une des méthodes mentionnées au point précédent.

2. Spécifier le centre de la base ou sélectionner une autre option. Par exemple : **Côté** (Edge).

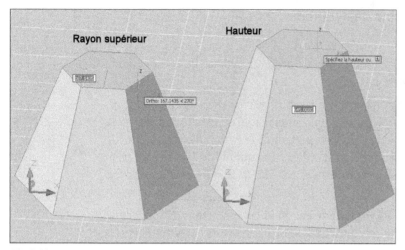

Fig.3.23

3. Entrer le nombre de côtés : 6

4. Pointer le centre et indiquer le rayon ou le diamètre de la base.

5. Entrer r (Rayon supérieur).

6. Spécifier le rayon supérieur.

7. Spécifier la hauteur de la pyramide (fig.3.23).

Modification des dimensions de la pyramide

Vous pouvez utiliser les poignées disponibles ou la palette Propriétés pour modifier la forme et la taille du solide tout en conservant sa forme de base originale.

Si vous utilisez les poignées AutoCAD affiche la valeur du déplacement et la nouvelle valeur totale. Vous pouvez passer d'une valeur à l'autre par la touche Tab (fig.3.24).

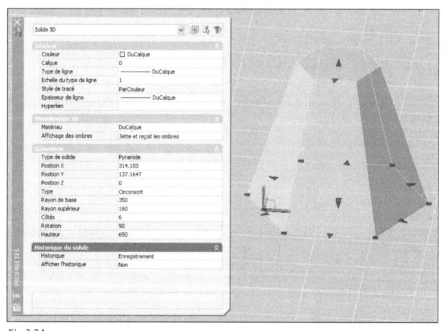

Fig.3.24

La création d'un solide en forme de tore

PRINCIPE

Un tore est défini par deux valeurs de rayon, l'une pour le tube et l'autre pour la distance entre le centre du tore et le centre du tube.

L'option 3P (Trois points) de la commande **TORE** permet de définir la circonférence du tore par spécification de trois points dans l'espace 3D.

Le tore est tracé parallèlement et à la bissection du plan XY du SCU courant (ce n'est pas forcément vrai si vous utilisez l'option **3P** [Trois points] de la commande **TORE**).

Un tore peut présenter une intersection. Ce type de tore n'est pas creux au centre car le rayon du tube est supérieur à celui du tore.

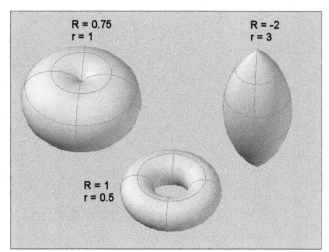

Fig.3.25

Un tore peut avoir la forme d'un ballon de rugby, il convient dans ce cas d'indiquer un rayon négatif pour le tore et un rayon positif de valeur supérieure pour le tube (fig.3.25).

Pour créer un solide en forme de tore, la procédure est la suivante :

1. Exécuter la commande de création du solide à l'aide d'une des méthodes suivantes :

   Ruban : dans le groupe de fonctions **Modélisation** (Modeling) cliquer sur **Tore** (Torus).

   Icône : cliquer sur l'icône **Tore** (Torus) de la barre d'outils **Modélisation** (Modeling)

   Clavier : entrer la commande **TORE** (Torus).

2. Spécifier le centre du tore.
3. Spécifier le rayon ou le diamètre du tore.
4. Spécifier le rayon ou le diamètre du tube.

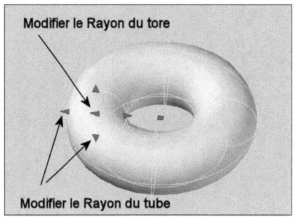

Modifier le Rayon du tore

Modifier le Rayon du tube

Fig.3.26

Modification des dimensions du tore

Vous pouvez utiliser les poignées disponibles ou la palette Propriétés pour modifier la forme et la taille du solide tout en conservant sa forme de base originale.

Si vous utilisez les poignées, AutoCAD affiche la valeur du déplacement et la nouvelle valeur totale. Vous pouvez passer d'une valeur à l'autre par la touche Tab (fig.3.26).

La création d'un polysolide

PRINCIPE

Un polysolide est un solide ayant un profil rectangulaire et qui est tracé de la même manière qu'une polyligne. Il sert à créer des murs par exemple. Vous pouvez spécifier la hauteur et la largeur du profil ainsi que la justification (gauche, centre, droite).

La commande **POLYSOLIDE** vous permet également de créer un polysolide à partir d'une ligne existante, d'une polyligne 2D, d'un arc ou d'un cercle.

Dessin d'un polysolide

Pour créer un polysolide, la procédure est la suivante :

1 Exécuter la commande de création du solide à l'aide d'une des méthodes suivantes :

Ruban : dans le groupe de fonctions **Modélisation** (Modeling) cliquer sur **Polysolide** (Polysolid).

Icône : cliquer sur l'icône **Polysolide** (Polysolid) de la barre d'outils **Modélisation** (Modeling)

Clavier : entrer la commande **POLYSOLIDE** (POLYSOLID)

2 Spécifier les paramètres de largeur, hauteur et justification.

3 Spécifier un point de départ.

4 Spécifier le point suivant.

5. Répéter l'étape 4 pour continuer le tracé ou sélectionner l'option Arc pour tracer un segment courbe.

6. Appuyer sur Entrée pour terminer (fig.3.27).

Dessin d'un polysolide à partir de courbes

Pour créer un polysolide à partir d'un objet existant, la procédure est la suivante :

1. Exécuter la commande de création d'un polysolide à l'aide d'une des méthodes mentionnées au point précédent.

2. Entrer O, puis appuyer sur Entrée.

3. Sélectionner une ligne, une polyligne 2D, un arc ou un cercle (fig.3.28).

4. Une fois le solide créé, l'objet d'origine peut être supprimé ou conservé en fonction du paramètre défini pour la variable système **DELOBJ**.

Modification d'un polysolide

Vous pouvez utiliser les poignées disponibles pour modifier la forme et la taille du polysolide. Dans le cas de la figure 3.29, la poignée inférieure gauche a été déplacée horizontalement pour élargir la base du polysolide.

Dans le cas de la figure 3.30, la poignée supérieure droite a été déplacée vers le bas pour biseauter la partie supérieure du polysolide.

Dans le cas de la figure 3.31, les deux poignées supérieures du profil ont été sélectionnées en même temps (garder la touche Maj enfoncée) pour augmenter la hauteur du polysolide.

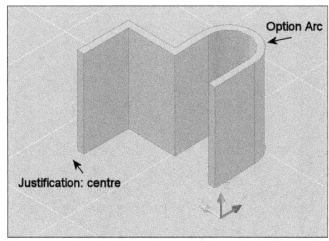

Fig.3.27

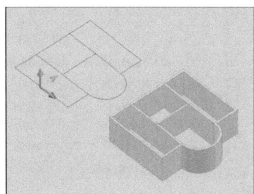

Fig.3.28

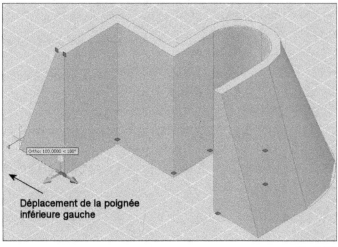

Fig.3.29

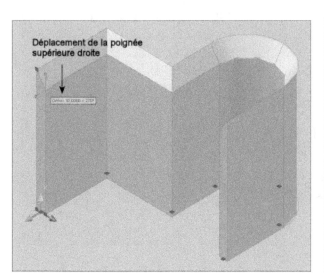

Fig.3.30

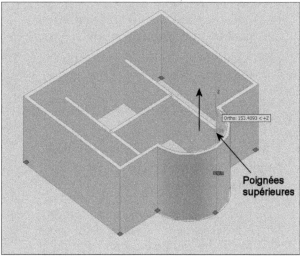

Fig.3.31

L'assemblage de solides primitifs 3D

PRINCIPE

Un solide composite est créé par l'assemblage de solides existants à l'aide d'opérations booléennes de type Union, Soustraction ou Intersection. Il s'agit d'une technique très simple qui permet de créer facilement des objets plus complexes.

Comment créer un solide composite par union d'autres solides ?

L'union de plusieurs objets solides engendre un objet unique avec fusion des volumes. Il n'y a donc pas superposition de matière comme dans le simple assemblage de solides. La procédure d'union est la suivante :

1 Exécuter la commande d'union de solides à l'aide de l'une des méthodes suivantes :

Ruban : choisir le groupe de fonctions **Edition des solides** (Solids Editing) puis **Union**.

Icône : choisir l'icône **Union** de la barre d'outils **Modélisation** (Modeling).

Clavier : taper la commande **UNION**.

 Désigner les objets à réunir puis appuyer sur Enter. Par exemple : un cône et un cube (fig.3.32).

Comment créer un solide composite par soustraction de solides ?

La soustraction de solides permet de supprimer la partie commune entre un objet (ou un ensemble d'objets) et un autre. La procédure de soustraction est la suivante :

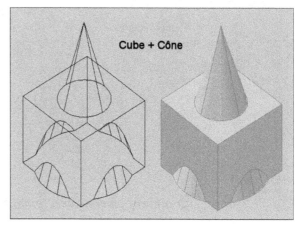

Fig.3.32

 Exécuter la commande de soustraction de solides à l'aide de l'une des méthodes suivantes :

Ruban : choisir le groupe de fonctions **Edition des solides** (Solids Editing) puis **Soustraction** (Subtract).

Icône : choisir l'icône **Soustraction** (Subtract) de la barre d'outils **Modélisation** (Modeling).

Clavier : taper la commande **SOUSTRACTION** (SUBTRACT).

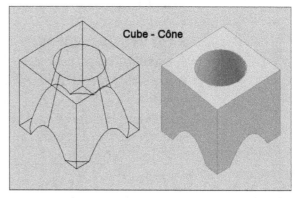

Fig.3.33

 Désigner le ou les objets auxquels vous souhaitez appliquer une opération de soustraction. Appuyer sur Entrée. Par exemple un cube.

 Sélectionner le ou les objets à retrancher. Par exemple un cône (fig.3.33).

Comment créer un solide composite par intersection de solides ?

L'intersection de solides permet de créer un solide composite en conservant uniquement la partie commune entre deux ou plusieurs solides. La procédure est la suivante :

1 Exécuter la commande d'intersection de solides à l'aide de l'une des méthodes suivantes :

Ruban : choisir le groupe de fonctions **Edition de solides** (Solids Editing) puis **Intersection**.

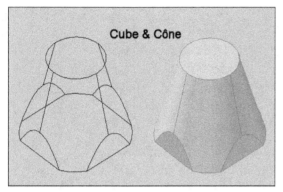

Cube & Cône

Fig.3.34

 Icône : choisir l'icône **Intersection** de la barre d'outils **Modélisation** (Modeling).

 Clavier : taper la commande **INTERSECT**.

2 Sélectionner les objets dont on souhaite conserver la partie commune. Par exemple un cube et un cône (fig.3.34).

Comment placer correctement les solides ?

Pour rappel, il existe une série d'outils d'aide dans AutoCAD pour placer facilement des objets par rapport à d'autres :

▸ **SCUD** (DUCS) : le SCU dynamique, pour activer interactivement le plan de construction

▸ **Polaire** (Polar) : pour définir les directions

▸ **Accrobj** (Osnap) : pour capter des points caractéristiques des objets

▸ **Reperobj** (Otrack) : pour repérer des points dans le dessin à l'aide de chemins d'alignements.

Dans l'exemple de la figure 3.35 ces différents outils ont été activés pour trouver le centre de la face inclinée du biseau afin d'y placer un cylindre (fig.3.36).

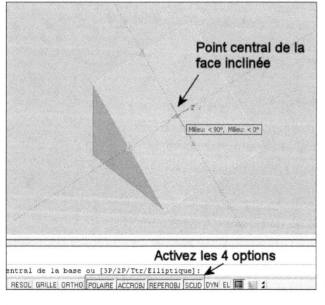

Point central de la face inclinée

Milieu : < 90°, Milieu : < 0°

Activez les 4 options

ntral de la base ou [3P/2P/Ttr/Elliptique] :

RESOL GRILLE ORTHO POLAIRE ACCROBJ REPEROBJ SCUD DYN EL

Fig.3.35

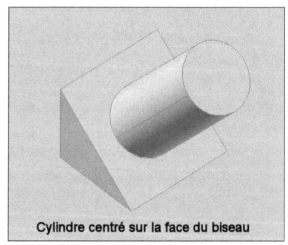

Cylindre centré sur la face du biseau

Fig.3.36

Historique de construction des solides

PRINCIPE

Par défaut, les solides 3D enregistrent un historique de leurs formes d'origine. Cet historique vous permet de visualiser les formes d'origine qui constituent un solide composé et de les modifier en cas de besoin.

Pour qu'un solide composé puisse enregistrer un historique de ses composants d'origine, la propriété Historique des solides individuels d'origine doit être définie sur Enregistrement. Il s'agit de la valeur par défaut, mais celle-ci peut être modifiée dans la zone Historique du solide de la palette Propriétés ou par l'intermédiaire de la variable système **SOLIDHIST**.

Pour les solides composés, définissez la propriété Afficher l'historique sur Oui pour afficher une représentation filaire des formes d'origine (dans un état estompé) des différents solides d'origine qu'utilise le composé. Vous pouvez aussi utiliser la variable système **SHOWHIST** pour afficher les formes d'origine.

Activation de l'historique et de l'affichage

Pour spécifier qu'un solide doit enregistrer un historique de ses formes d'origine (fig.3.37) :

1️⃣ Dans votre dessin, sélectionner un solide.

2️⃣ Effectuer un clic droit et sélectionner **Propriétés** (Properties).

3️⃣ Dans la zone **Historique du solide** (Solid History) de la palette **Propriétés**, sous **Historique** (History), choisir **Enregistrement** (Record).

Pour afficher les solides d'origine qui forment un solide composé (fig.3.38) :

1️⃣ Dans votre dessin, sélectionner un solide 3D composé.

2️⃣ Effectuer un clic droit et sélectionner **Propriétés** (Properties).

3️⃣ Dans la zone **Historique du solide** (Solid History) de la palette Propriétés, sous **Afficher l'historique** (Show History), choisir **Oui** (Yes).

Fig.3.37

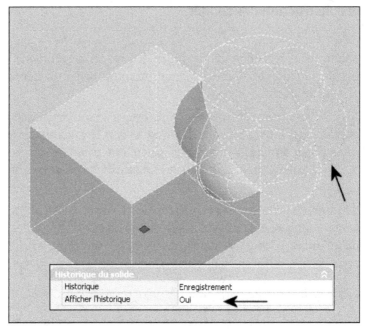

Fig.3.38

Pour supprimer l'historique d'un solide :

1 Dans un dessin, sélectionner un solide 3D.

2 Effectuer un clic droit et sélectionner **Propriétés** (Properties).

3 Dans la zone **Historique du solide** (Solid History) de la palette **Propriétés** (Properties), sous **Historique** (History), choisir **Aucun** (None).

Modification de formes individuelles d'un solide composé

Vous pouvez sélectionner les formes individuelles d'origine d'un solide composé en maintenant la touche Ctrl enfoncée. Si la forme d'origine est un solide primitif, des poignées s'affichent pour vous permettre de modifier sa forme et sa taille dans le composé.

Pour sélectionner et modifier un solide individuel inclus dans un solide composé (fig.3.39) :

1 Appuyer sur la touche Ctrl et maintenez-la enfoncée.

2 Cliquer sur un solide individuel inclus dans un solide composé.

3. Répéter l'étape 2 jusqu'à sélectionner la forme voulue.

4. Utiliser les poignées pour modifier le solide.

5. Désactiver éventuellement l'affichage de l'historique.

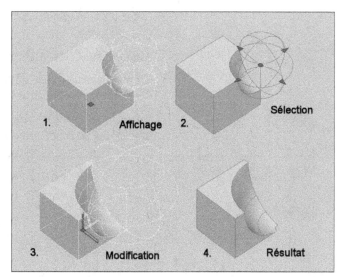

Fig.3.39

Ajout de solides par la fonction Appuyer-tirer sur des zones délimitées

PRINCIPE

Outre les opérations booléennes vous pouvez aussi ajouter ou percer des solides en appuyant ou en tirant sur des zones délimitées tout en maintenant enfoncées les touches Ctrl + Alt. Chaque zone doit être délimitée par des arêtes ou des lignes coplanaires.

Les zones délimitées peuvent être définies par les types d'objets suivants :

▶ Toute zone qui peut être hachurée en sélectionnant un point (avec une tolérance d'espace de zéro).

▶ Zones fermées par des objets linéaires et coplanaires sécants (y compris les arêtes et la géométrie des blocs).

▶ Polylignes fermées, régions, faces 3D et solides 2D qui se composent de sommets coplanaires.

▶ Zones créées par une géométrie (y compris les arêtes des faces) coplanaire à toute face d'un solide 3D.

PROCÉDURE

Pour appuyer sur une zone délimitée ou la tirer, la procédure est la suivante :

1. Modéliser le solide de base. Par exemple une boîte (fig.3.40).

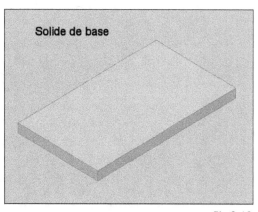

Fig.3.40

② Délimiter les zones. Par exemple à l'aide d'un cercle et d'une ligne (fig.3.41).

③ Appuyer sur Ctrl + Alt et maintenir les touches enfoncées.

④ Cliquer dans une zone délimitée par des arêtes ou des lignes coplanaires. Par exemple la zone droite.

⑤ Faire glisser la souris pour tirer sur la zone délimitée. Cliquer ou entrer une valeur pour spécifier la hauteur (fig.3.42).

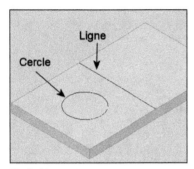

Fig.3.41

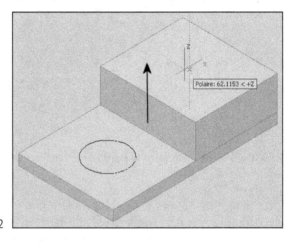

Fig.3.42

⑥ Cliquer dans une autre zone délimitée par des arêtes ou des lignes coplanaires. Par exemple dans le cercle.

⑦ Appuyer sur la zone pour réaliser un percement.

⑧ Cliquer ou entrer une valeur pour spécifier la profondeur (fig.3.43 et 3.44).

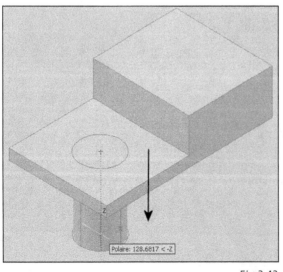

Fig.3.43

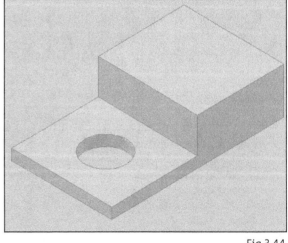

Fig.3.44

CHAPITRE 4
CRÉATION DE SOLIDES ET DE SURFACES À PARTIR DE LIGNES OU DE COURBES

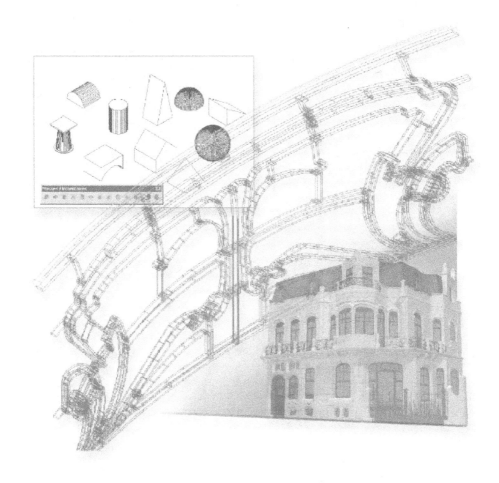

Outre les primitives 3D, vous pouvez aussi créer des solides et des surfaces à partir de lignes et de courbes existantes. Dans ce cas, vous pouvez utiliser ces objets pour définir à la fois le profil et la trajectoire pour le solide ou la surface.

En général une forme fermée engendre un solide et une forme ouverte engendre une surface.

Les principales techniques sont les suivantes (fig.4.1) :

▶ Création d'un solide ou d'une surface par **extrusion** d'un profil de base selon une hauteur, une direction ou un chemin.

▶ Création d'un solide ou d'une surface par **balayage** d'une courbe plane (profil) ouverte ou fermée le long d'une trajectoire 2D ou 3D ouverte ou fermée.

▶ Création d'un solide ou d'une surface par **lissage** via un jeu de deux courbes de coupe ou plus.

▶ Création d'un solide ou d'une surface par **révolution** d'objets ouverts ou fermés autour d'un axe. Les objets ayant subi une révolution définissent le profil du solide ou de la surface.

La création d'un solide ou d'une surface par extrusion

Vous pouvez extruder les objets et sous-objets suivants :

▶ Lignes

▶ Arcs

▶ Arcs elliptiques

▶ Polylignes 2D

▶ Splines 2D

▶ Cercles

▶ Ellipses

▶ Faces 3D

▶ Solides 2D

▶ Arêtes

▶ Régions

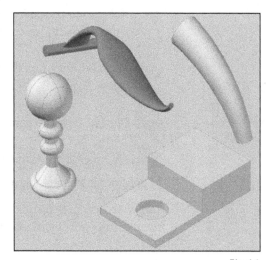

Fig.4.1

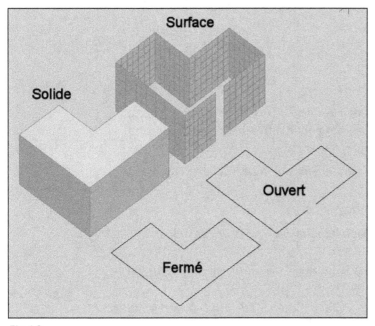

- Surfaces planes
- Faces planes sur des solides

Si vous extrudez un objet fermé, l'objet obtenu sera un solide et si vous extrudez un objet ouvert, l'objet obtenu sera une surface (fig.4.2).

Pour extruder des objets, vous pouvez utiliser l'une des méthodes suivantes :

1. Définir une hauteur d'extrusion.

2. Sélectionner un chemin d'extrusion (trajectoire).

3. Spécifier un angle d'extrusion.

4. Définir une direction et une longueur en pointant 2 points.

Fig.4.2

Extruder un objet suivant une épaisseur

1. Dessiner l'objet de base. Par exemple une polyligne.

   Exécuter la commande d'extrusion à l'aide d'une des méthodes suivantes :

   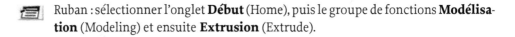 Ruban : sélectionner l'onglet **Début** (Home), puis le groupe de fonctions **Modélisation** (Modeling) et ensuite **Extrusion** (Extrude).

   Icône : cliquer sur l'icône **Extrusion** (Extrude) de la barre d'outils **Modélisation** (Modeling).

   Clavier : entrer la commande **EXTRUSION** (Extrude).

2. Sélectionner le ou les objets à extruder, puis appuyer sur **Entrée**.

3. Spécifier la hauteur (fig.4.3).

Après l'extrusion, l'objet d'origine peut être supprimé ou conservé en fonction du paramètre défini pour la variable système **DELOBJ**.

Extruder un objet suivant une épaisseur et un angle

La création d'une extrusion conique (avec un angle) est particulièrement utile pour concevoir des pièces dont les côtés doivent être inclinés selon un angle donné (par exemple, un moule de fonderie pour des pièces métalliques). Evitez d'utiliser des angles d'extrusion très grands. En effet, si l'angle est trop important, le profil risque de se réduire à un point avant la hauteur de l'extrusion indiquée. La procédure est la suivante :

Dessiner l'objet de base. Par exemple une polyligne.

[1] Exécuter la commande d'extrusion à l'aide d'une des méthodes suivantes :

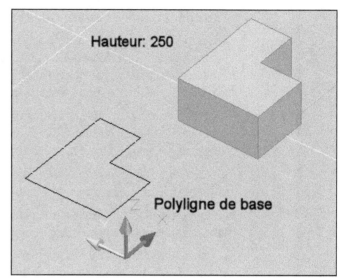

Fig.4.3

[img] Ruban : sélectionner l'onglet **Début** (Home), puis le groupe de fonctions **Modélisation** (Modeling) et ensuite **Extrusion** (Extrude).

[img] Icône : cliquer sur l'icône **Extrusion** (Extrude) de la barre d'outils **Modélisation** (Modeling).

[img] Clavier : entrer la commande **EXTRUSION** (EXTRUDE).

[2] Sélectionner le ou les objets à extruder, puis appuyer sur **Entrée**.

[3] Entrer l'option **E** (T), puis appuyer sur **Entrée**.

[4] Spécifier l'angle d'extrusion (par exemple : 15°), puis appuyer sur **Entrée**.

[5] Spécifier la hauteur, puis appuyer sur **Entrée** (fig.4.4).

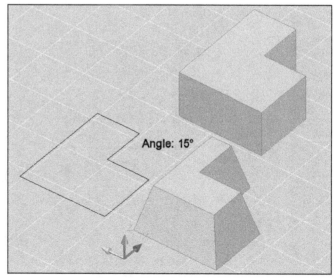

Fig.4.4

Extruder un objet suivant une trajectoire

L'option Chemin vous permet de spécifier un objet comme trajectoire pour l'extrusion. Le profil de l'objet sélectionné est extrudé le long de la trajectoire choisie pour créer un solide ou une surface. Pour obtenir les meilleurs résultats possibles, il est préférable que la trajectoire se trouve sur ou dans les limites de l'objet en cours d'extrusion.

L'extrusion diffère du balayage. Lorsque vous extrudez un profil le long d'une trajectoire, celle-ci est déplacée vers le profil si elle ne le coupe pas encore. Puis le profil est balayé le long de la trajectoire.

Il convient de souligner que l'utilisation d'une trajectoire avec la commande Balayage (Sweep) offre un plus grand contrôle sur l'opération et donne de meilleurs résultats.

Le solide extrudé commence sur le plan du profil et se termine sur un plan perpendiculaire à la trajectoire, à l'extrémité de celle-ci.

Les objets suivants peuvent constituer une trajectoire :

- Lignes
- Cercles
- Arcs
- Ellipses
- Arcs elliptiques
- Polylignes 2D
- Polylignes 3D
- Splines 2D
- Splines 3D
- Arêtes de solides
- Arêtes de surfaces
- Hélices

La procédure est la suivante :

1. Dessiner l'objet de base. Par exemple un cercle.

2. Dessiner la trajectoire. Par exemple un arc situé dans un plan perpendiculaire au cercle.

3. Exécuter la commande d'extrusion à l'aide d'une des méthodes suivantes :

Ruban : sélectionner l'onglet **Début** (Home), puis le groupe de fonctions **Modélisation** (Modeling) et ensuite **Extrusion** (Extrude).

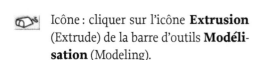 Icône : cliquer sur l'icône **Extrusion** (Extrude) de la barre d'outils **Modélisation** (Modeling).

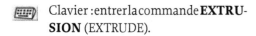 Clavier : entrer la commande **EXTRUSION** (EXTRUDE).

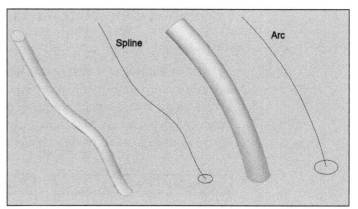

Fig.4.5

4 Sélectionner le ou les objets à extruder, puis appuyer sur **Entrée**.

5 Entrer l'option **C** (P), puis appuyer sur **Entrée**.

6 Sélectionner l'objet à utiliser comme trajectoire (fig.4.5).

Extruder un objet suivant une direction et une longueur

L'option Direction vous permet de spécifier la longueur et la direction de l'extrusion par spécification de deux points. La procédure est la suivante :

1 Dessiner l'objet de base. Par exemple une polyligne.

2 Exécuter la commande d'extrusion à l'aide d'une des méthodes suivantes :

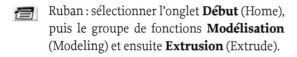 Ruban : sélectionner l'onglet **Début** (Home), puis le groupe de fonctions **Modélisation** (Modeling) et ensuite **Extrusion** (Extrude).

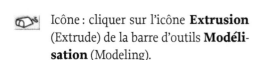 Icône : cliquer sur l'icône **Extrusion** (Extrude) de la barre d'outils **Modélisation** (Modeling).

 Clavier : entrer la commande **EXTRUSION** (EXTRUDE).

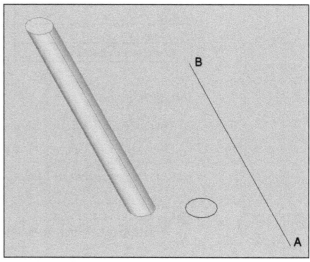

Fig.4.6

3 Sélectionner le ou les objets à extruder, puis appuyer sur **Entrée**.

4 Entrer l'option **D,** puis appuyer sur **Entrée**.

5 Spécifier deux points pour définir la longueur et la direction : A et B (fig.4.6).

La création d'un solide ou d'une surface par balayage

PRINCIPE

La fonction **Balayage** (Sweep) permet de créer un solide ou une surface en procédant au balayage d'une courbe (profil) plane fermée ou ouverte le long d'une trajectoire 2D ou 3D fermée ou ouverte. Elle permet ainsi de dessiner un solide ou une surface dans la forme du profil spécifié le long de la trajectoire définie. Il est possible de réaliser le balayage de plusieurs objets à condition qu'ils figurent tous sur le même plan.

Objets de balayage
Ligne
Arc
Arc elliptique
Polyligne 2D
Spline 2D
Cercle
Ellipse
Face plane 3D
Solide 2D
Trace
Région
Surface plane
Faces planes d'un solide

Objets utilisables en tant que trajectoire de balayage
Ligne
Arc
Arc elliptique
Polyligne 2
Spline 2
Cercle
Ellipse
3Spline 3D
Polyligne 3D
Hélice
Arêtes de solides ou de surface

PROCÉDURE

1. Pour créer un solide ou une surface par balayage, la procédure est la suivante :

2. Dessiner l'objet de base et la trajectoire. Par exemple un cercle et un arc.

Exécuter la commande de balayage à l'aide d'une des méthodes suivantes :

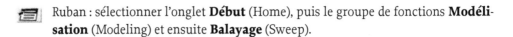

Ruban : sélectionner l'onglet **Début** (Home), puis le groupe de fonctions **Modélisation** (Modeling) et ensuite **Balayage** (Sweep).

Icône : cliquer sur l'icône **Balayage** (Sweep) de la barre d'outils **Modélisation** (Modeling).

 Clavier : entrer la commande **BALAYAGE** (SWEEP).

3. Sélectionner le ou les objets à balayer, puis appuyer sur **Entrée**.

4. Sélectionner la trajectoire ou sélectionner une option (fig.4.7).

OPTIONS

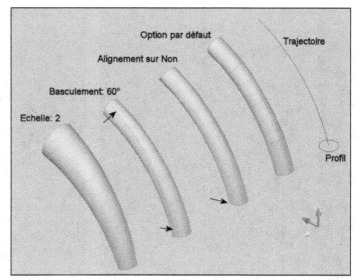

Fig.4.7

▸ **Alignement** (Alignment) : permet de spécifier si le profil à balayer doit être ou non aligné perpendiculairement à la direction de tangente de la trajectoire de balayage. Par défaut, le profil est aligné. Les options **Oui/Non** (Yes/No) permettent de spécifier si l'alignement doit se faire ou pas.

▸ **Point de base (Base point)** : permet de spécifier un point de base pour les objets à balayer. Si le point spécifié ne figure pas sur le plan des objets sélectionnés, il est projeté sur le plan.

▸ **Echelle (Scale)** : permet de spécifier un facteur d'échelle pour l'opération de balayage. Le facteur d'échelle est appliqué de façon uniforme aux objets balayés du début à la fin de la trajectoire de balayage. L'option **Référence** (Reference), met à l'échelle les objets sélectionnés en fonction de la longueur référencée en choisissant des points ou en saisissant des valeurs.

▸ **Basculement (Twist)** : permet de définir un angle de basculement pour les objets balayés. Cet angle spécifie le degré de rotation sur toute la trajectoire de balayage. L'inclinaison spécifie si la ou les courbes balayées s'inclineront naturellement (pivoteront) le long d'une trajectoire de balayage non plane (polyligne 3D, spline 3D ou hélice).

Application : la création d'une porte

Dans cet exemple, nous allons créer une porte comportant la feuille de porte, le chambranle et la clenche. La procédure est la suivante :

1. Dessiner en 2D, à l'aide d'une polyligne fermée, le profil du chambranle. Il servira d'objet de balayage (fig.4.8).

2. Dessiner en 2D, à l'aide d'une polyligne ouverte le contour, de la porte. Il servira de trajectoire de balayage (fig.4.9).

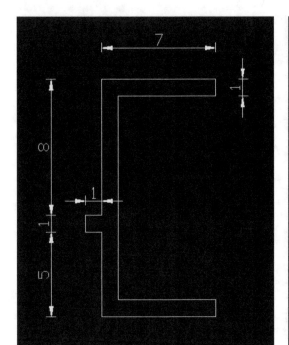

Fig.4.8

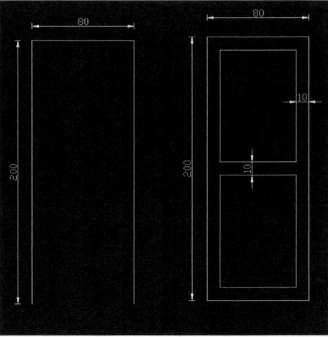

Fig.4.9

3. Dessiner en 2D, à l'aide de polylignes ou de rectangles, la feuille de porte. Ces objets seront extrudés en 3D (fig.4.9).

4. Dessiner en 2D le cercle et la polyligne pour créer la clenche (fig.4.10).

5. Pour créer le chambranle en 3D, il convient d'utiliser la fonction **Balayage** (Sweep).

6. Sélectionner le profil du chambranle et appuyer sur Entrée.

7. Entrer B pour activer l'option **Point de Bas** (Base point) et pointer le point de passage de la trajectoire (fig.4.11).

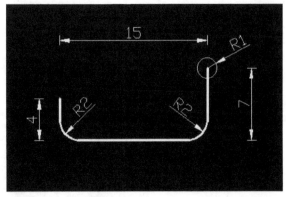

Fig.4.10

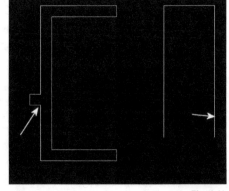

Fig.4.11

8 Sélectionner la trajectoire en pointant le côté droit du contour de la porte. Le chambranle en 3D est à présent créé (fig.4.12).

9 Pour la clenche, utiliser également la fonction **Balayage** (Sweep). Sélectionner ensuite le cercle et appuyer sur Entrée.

10 Sélectionner la trajectoire. La poignée est réalisée (fig.4.13).

La feuille de porte peut être modélisée à l'aide de la fonction **Extrusion** (Extrude) et ensuite d'opérations booléennes de soustraction.

11 Cliquer sur l'icône de la fonction **Extrusion** (Extrude) et sélectionner les trois rectangles. Appuyer sur Entrée.

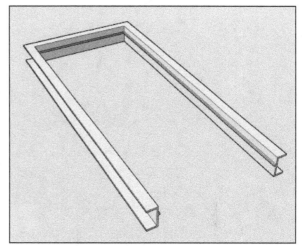

Fig.4.12

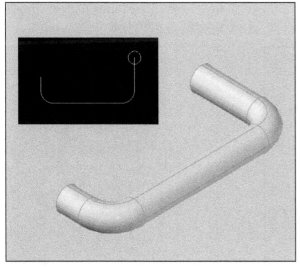

Fig.4.13

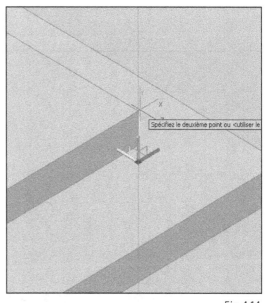

Fig.4.14

12 Entrer la valeur 4 au clavier pour spécifier la hauteur d'extrusion. Appuyer sur Entrée. Les volumes sont ainsi créés.

13 L'étape suivante consiste à creuser partiellement la porte de 1.5 cm de profondeur de part et d'autre. Il convient pour cela de déplacer de 2.5 cm vers le haut les deux rectangles intérieurs. Utiliser pour cela la fonction **Déplacer** 3D (3D Move) (fig.4.14).

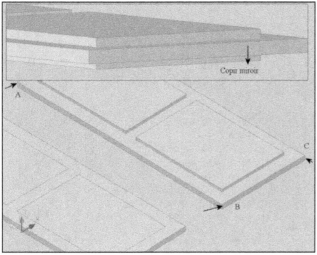

Fig.4.15

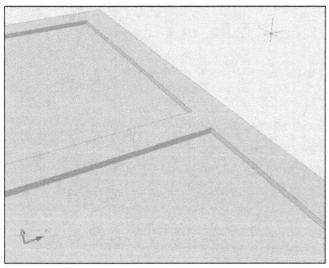

Fig.4.16

14. Les deux volumes intérieurs vont servir à creuser la porte. Avant cela il faut en faire une copie miroir par rapport au plan central de la porte. Utiliser pour cela la fonction **Miroir 3D** (3D Mirror) du groupe de fonctions **Modification** (Modify). L'option par défaut « 3 points » permet de définir le plan de symétrie (fig.4.15).

15. Pour terminer la feuille de porte, il reste à effectuer une opération booléenne de soustraction. Cliquer sur le bouton **Soustraction** (Substract) et sélectionner le volume extérieur.

16. Appuyer sur Entrée et sélectionner les quatre volumes intérieurs. La feuille de porte est à présent terminée (fig.4.16).

17. Il reste à assembler l'ensemble par simples déplacements et rotations (fig.4.17).

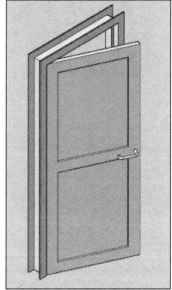

Fig.4.17

La création d'un solide ou d'une surface par lissage

PRINCIPE

La fonction **Lissage** (Loft) permet de créer des formes libres à partir de profils de coupes qui peuvent être ouvertes (création de surfaces) ou fermées (création de solides). Vous devez spécifier au moins deux coupes lorsque vous utilisez cette commande.

La fonction **Lissage** (Loft) peut être utilisée de trois façons différentes (fig.4.18) :

- ▸ Uniquement des coupes
- ▸ Des coupes et une trajectoire
- ▸ Des coupes et des courbes de guidage

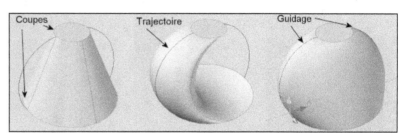

Fig.4.18

Vous pouvez utiliser les objets suivants lors de la création d'une surface ou d'un solide lissé :

Objets pouvant servir de coupes	Objets pouvant servir de trajectoire de lissage	Objets pouvant servir de guidage des lignes
	Ligne	Ligne
Arcs	Arc	Arc
Arc elliptique	Arc elliptique	Arc elliptique
Polyligne 2D	Spline	Spline 2D
Spline 2D	Hélice	Spline 3D
Cercle	Cercle	Polyligne 2D
Ellipse	Ellipse	Polyligne 3D
Points (première et dernière coupe uniquement)	Des polylignes 2D	Polyligne 3D

PROCÉDURE

Pour créer un solide ou une surface par lissage, la procédure est la suivante :

1. Dessiner les objets de base (les coupes) et suivant le cas, une trajectoire ou des courbes de guidage. Par exemple deux cercles comme coupes et deux arcs comme courbes de guidage.

2. Exécuter la commande de lissage à l'aide d'une des méthodes suivantes :

 Ruban : sélectionner l'onglet **Début** (Home), puis le groupe de fonctions **Modélisation** (Modeling) et ensuite **Lissage** (Loft).

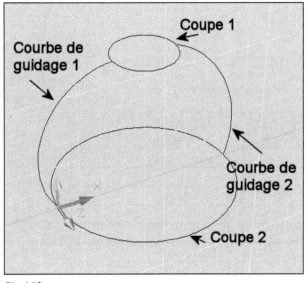 Icône : cliquer sur l'icône **Lissage** (Loft) de la barre d'outils **Modélisation** (Modeling).

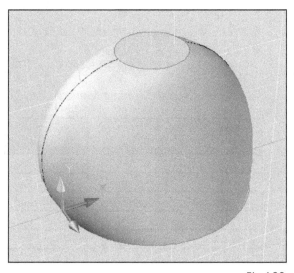 Clavier : entrer la commande **LISSAGE** (Loft).

3 Sélectionner les coupes dans l'ordre de lissage.

4 Entrer G pour sélectionner l'option **Guidages** (Guides).

5 Sélectionner les courbes de guidage et appuyer sur Entrée (fig.4.19-4.20).

Coupe 1

Courbe de guidage 1

Courbe de guidage 2

Coupe 2

Fig.4.19

Fig.4.20

OPTIONS

▶ **Guidages** (Guides) : permet de spécifier les courbes de guidage qui gèrent la forme de la surface ou du solide lissé. Les courbes de guidage sont des lignes ou des courbes qui définissent ensuite la forme du solide ou de la surface en ajoutant des informations filaires supplémentaires à l'objet. Vous pouvez utiliser des courbes de guidage pour contrôler la façon dont les points sont associés aux coupes correspondantes afin d'éviter les résultats inattendus, tels que des plis sur la surface ou la surface le solide obtenu. Chaque courbe de guidage doit correspondre aux critères suivants pour fonctionner correctement :

■ Couper chaque coupe

■ Démarrer sur la première coupe

■ Terminer sur la dernière coupe

Vous pouvez sélectionner un nombre illimité de courbes de guidage pour le solide ou la surface lissé.

▶ **Chemin** (Path) : permet de spécifier la trajectoire de la surface ou du solide lissé. La courbe de la trajectoire doit couper tous les plans des coupes (fig.4.21).

▶ **Coupes uniquement** (Cross-sections only) : permet de ne prendre en compte que les coupes (fig.4.22) et affiche la boîte de dialogue **Paramètres de lissage** (Loft Settings) pour définir d'autres paramètres (fig.4.23).

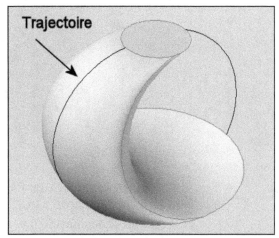

Fig.4.21

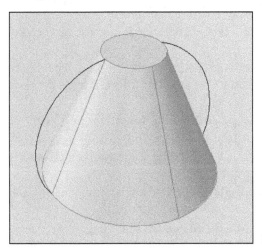

Fig.4.22

Fig.4.23

Les options de la boîte de dialogue Paramètres de lissage :

▶ **Réglée** (Ruled) : indique que la surface ou le solide est réglé (transition droite) entre les coupes et que ces dernières ont des arêtes aiguës (fig.4.24).

▶ **Lissée/ajustée** (Smooth Fit) : indique que la surface ou le solide est dessiné de façon lissée (adoucie) entre les coupes.

▶ **Normal par rapport à** (Normal to) : détermine la normale de la surface du solide ou de la surface lorsqu'elle traverse les coupes.

▶ **Coupe de départ** (Start cross section) : indique que la normale de la surface est perpendiculaire à la coupe de départ.

▶ **Coupe de fin** (End cross section) : indique que la normale de la surface est perpendiculaire par rapport à la coupe de fin.

▶ **Coupes de départ et de fin** (Start and End sections) : indique que la normale de la surface est perpendiculaire par rapport aux coupes de départ et de fin.

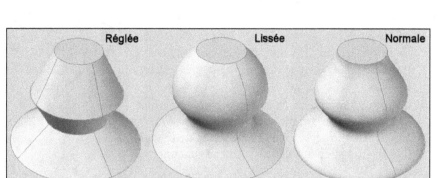

Fig.4.24

- ▸ **Toutes les coupes** (All cross sections) : indique que la normale de la surface est perpendiculaire par rapport à toutes les coupes.
- ▸ **Angles de dépouille** (Draft angles) : détermine l'angle et la magnitude de dépouille de la première et de la dernière coupe de la surface ou du solide lissé. Cet angle donne la direction de début de la surface (fig.4.25).
- ▸ **Angle de départ** (Start angle) : indique l'angle de dépouille de la coupe de départ.
- ▸ **Magnitude de départ** (Start magnitude) : détermine la distance relative de la surface depuis la coupe de départ dans la direction de l'angle de dépouille avant que la surface ne commence à pencher vers la coupe suivante.

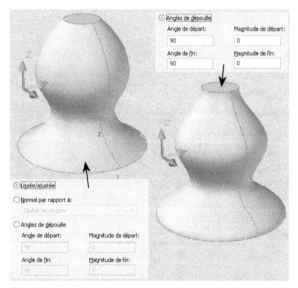

- ▸ **Angle de fin** (End angle) : indique l'angle de dépouille de la coupe de fin.
- ▸ **Magnitude de fin** (End magnitude) : détermine la distance relative de la surface depuis la coupe de fin dans la direction de l'angle de dépouille avant que la surface ne commence à pencher vers la coupe précédente.
- ▸ **Fermer la surface ou le solide** (Close surface or solid) : ferme et ouvre une surface ou un solide. Lorsque cette option est utilisée, les coupes doivent former une forme en tore de manière à ce que la surface ou le solide lissé puisse former un tube fermé.
- ▸ **Afficher l'aperçu des modifications** (Preview changes) : applique les paramètres courants à la surface ou au solide lissé et affiche un aperçu dans la zone de dessin.

Fig.4.25

Application : un rasoir

Dans cet exemple, nous allons créer un rasoir comportant le support de la lame et un manche. Le support sera créé par extrusion et le manche par lissage. La procédure est la suivante :

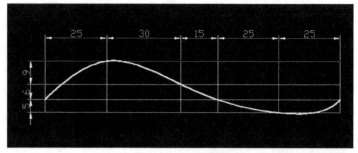
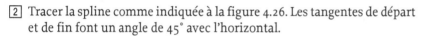

Fig.4.26

1 Pour créer le manche du rasoir nous allons utiliser la fonction **Lissage** (Loft). Le chemin est une spline et les coupes des cercles et des ellipses. Pour démarrer, tracer une grille pour définir les points de passage de la spline. Il suffit pour cela de tracer une ligne horizontale et une ligne verticale et d'effectuer les copies par la fonction **Décaler** (Offset). Les dimensions sont renseignées à la figure 4.26.

2 Tracer la spline comme indiquée à la figure 4.26. Les tangentes de départ et de fin font un angle de 45° avec l'horizontal.

3 Pour le support de la lame du rasoir, tracer un cercle de rayon de 3 mm et avec le centre (point B) situé à 2 mm de l'extrémité de la spline (point A) (fig.4.27).

4 Tracer la droite CD, perpendiculaire à la tangente de la spline et passant par le point A.

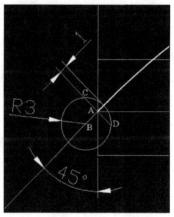

Fig.4.27

5 Couper la partie droite du cercle à l'aide de la fonction **Ajuster** (Trim) et en utilisant la droite que vous venez de créer comme frontière.

6 Transformer la partie restante du cercle et la droite CD en polyligne.

7 Extruder la polyligne ainsi créée d'une hauteur de 36 mm. Le support de la lame du rasoir est ainsi créé en 3D.

8 Placer manuellement le repère SCU (UCS) perpendiculairement à la grille afin de pouvoir tracer correctement les cercles et les ellipses le long de la spline (fig.4.28).

9 Tracer le cercle à droite avec un rayon de 1.5 mm, l'ellipse centrale avec les rayons 10 et 5 mm et le cercle de gauche avec un rayon de 2.5 mm.

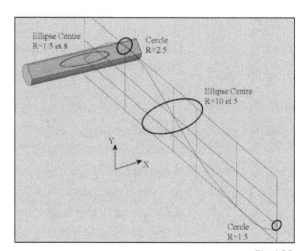

Fig.4.28

10 Replacer le repère SCU (USC) à sa position d'origine en cliquant sur l'icône **Général** du groupe de fonctions **Coordonnées** (Coordinates).

11 Activer le SCU dynamique en cliquant sur l'icône correspondante dans la barre d'état.

12 Tracer une ellipse de rayons 8 et 1.5 sur la face plane du support.

13 Pour créer le manche, utiliser la fonction **Lissage** (Loft) et sélectionner les coupes (cercles et ellipses) dans l'ordre du lissage.

14 Appuyer sur Entrée.

15 Sélectionner l'option **Chemin** (Path) et cliquer sur la spline. Le manche est à présent créé (fig.4.29-4.30).

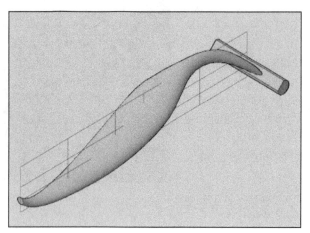

Fig.4.29

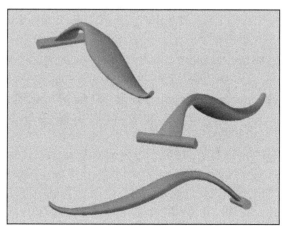

Fig.4.30

La création d'un solide ou d'une surface de révolution

PRINCIPE

Une surface de révolution ou un solide est généré par la révolution d'un objet fermé ou d'un objet ouvert autour d'un axe. Si vous appliquez une révolution à un objet fermé, l'objet obtenu est un solide. Si vous appliquez une révolution à un objet ouvert, l'objet obtenu est une surface.

Vous pouvez appliquer une révolution à plusieurs objets à la fois.

Lorsque vous appliquez une révolution à des objets, vous pouvez spécifier l'un des éléments suivants comme axe autour duquel la révolution des objets va avoir lieu :

▸ Axe défini par deux points que vous indiquez

- ▸ Axe X
- ▸ Axe Y
- ▸ Axe Z
- ▸ Axe défini par un objet (option **Objet**)

Vous pouvez utiliser les objets suivants avec la commande **REVOLUTION** :

Objets pouvant faire l'objet d'une révolution
Ligne
Arc
Arc elliptique
Polyligne 2D
Spline 2D
Cercle
Ellipse
Faces 3D
Solide 2D
Trace
Région
Surface plane
Face plane d'un solide

Objets pouvant être utilisés comme axe de la révolution
Ligne
Segment de polyligne linéaire
Arête linéaire d'une surface
Arête linéaire d'un solide

PROCÉDURE

Pour créer un solide ou une surface de révolution, la procédure est la suivante :

[1] Dessiner les objets de base et éventuellement l'axe de révolution.

[2] Exécuter la commande de révolution à l'aide d'une des méthodes suivantes :

Ruban : sélectionner l'onglet **Début** (Home), puis le groupe de fonctions **Modélisation** (Modeling) et ensuite **Révolution** (Revolve).

Icône : cliquer sur l'icône **Révolution** (Revolve) de la barre d'outils **Modélisation** (Modeling).

Clavier : entrer la commande **REVOLUTION** (REVOLVE).

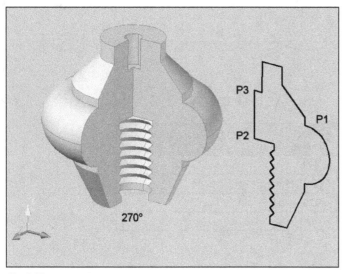

Fig.4.31

3. Sélectionner le ou les objets auxquels appliquer la révolution. Par exemple : p1

4. Désigner deux points pour définir l'axe de révolution (P2 et P3). Lorsque vous définissez l'axe, veillez à désigner des points situés sur le même côté, par rapport à l'objet. La direction positive de l'axe est déterminée par le point de départ et l'extrémité.

5. Spécifier l'angle de révolution : 270° par exemple (fig.4.31).

Application : création d'un verre

Dans cet exemple, nous allons créer un verre en définissant un profil de coupe et en utilisant la fonction révolution. La procédure est la suivante :

1. Tracer une grille pour définir les dimensions principales du verre (fig.4.32).

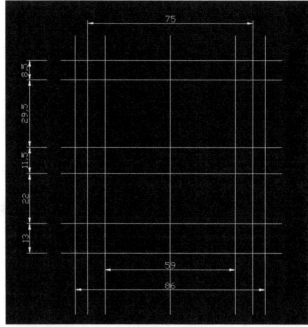

Fig.4.32

2 A l'aide des fonctions **Cercle et Arc**, tracer les férentes courbes du verre (fig.4.33).

3 Découper la partie droite du verre et transformer la partie gauche en polyligne.

4 Donner une épaisseur de 2mm au verre à l'aide de la fonction **Décaler** (Offset) (fig.4.34).

5 Utiliser la fonction **Révolution** (Revolve) pour générer le verre en 3D (fig.4.35). Pour l'axe de révolution pointer deux points en bas à droite du verre.

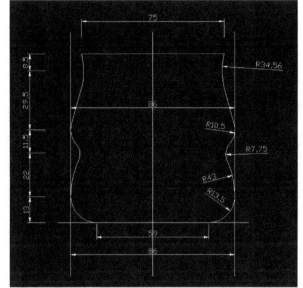

Fig.4.33

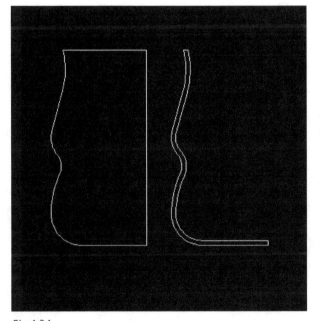

Fig.4.34

Fig.4.35

CHAPITRE 5
LA CRÉATION DE MAILLAGES 3D

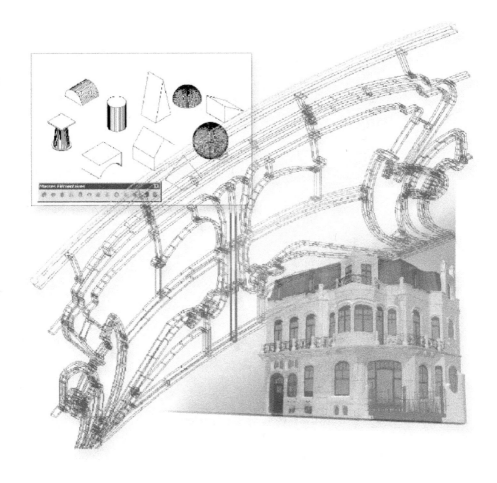

Introduction

AutoCAD 2010 intègre un modeleur organique qui offre la possibilité de concevoir des formes libres grâce à plusieurs nouvelles techniques de modélisation. Ces techniques se basent sur un nouveau type d'objet dénommé « maillage » qui offre davantage de possibilités de création et d'édition que les anciens maillages polyédriques des versions précédentes.

Un maillage se compose de sommets, d'arêtes et de faces qui emploient des représentations polygonales (triangles et quadrilataires) pour définir une forme en 3D. Contrairement aux modèles solides, les maillages n'ont pas de propriétés de masse. Toutefois, vous pouvez créer des formes de maillage primitives telles que des boîtes, des cônes ou des pyramides. Vous pouvez ensuite modifier des maillages en utilisant des méthodes qui ne sont pas disponibles pour les solides et les surfaces 3D. Par exemple, vous pouvez appliquer des plis, des scissions et des niveaux supérieurs de lissage. Vous pouvez faire glisser des sous-objets du maillage (faces, arêtes et sommets) pour déformer l'objet (fig.5.1).

Vous pouvez créer des maillages à l'aide des méthodes suivantes (fig.5.2-5.3) :

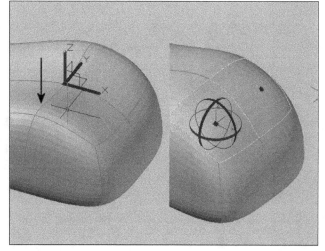

Fig.5.1

- **Création de primitives de maillages** : permet de créer des formes de base telles que des boîtes, des cônes, des cylindres, des pyramides, des coins, des sphères et des tores.

- **Création de maillages à partir de lignes et de courbes** : permet de créer des maillages réglés, tabulés, par révolution ou gauche à partir de lignes et de courbes.

- **Conversion à partir d'autres types d'objet** : permet de convertir des modèles de solides ou de surfaces existants en maillages.

- **Conversion d'anciens maillages polyédriques** : permet de convertir les anciens maillages polyédriques des versions précédentes en nouveau type de maillage.

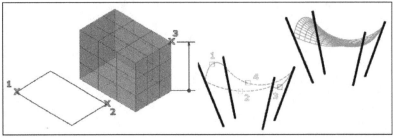

Fig.5.2

La création de primitives de maillage 3D

Les primitives de maillage 3D permettent de créer des formes de base telles que :

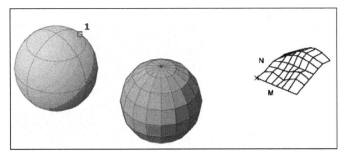

Fig.5.3

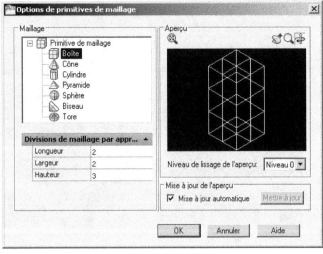

Fig.5.4

- Maillage en forme de parallélépipède : maillage rectangulaire ou cubique.

- Maillage en forme de cône : cône maillé à sommet ou tronqué avec une base circulaire ou elliptique.

- Maillage en forme de cylindre : maillage en forme de cylindre présentant une base circulaire ou elliptique.

- Maillage en forme de pyramide : pyramide maillée possédant jusqu'à 32 côtés.

- Maillage en forme de sphère : sphère maillée à l'aide de l'une des méthodes disponibles.

- Maillage en forme de biseau : biseau maillé avec des faces rectangulaires ou cubiques.

- Maillage en forme de tore : solide en forme d'anneau ressemblant à une chambre à air.

Les paramètres de base sont identiques à ceux des primitives solides. Seule la structure interne des primitives de maillage 3D est différente. Ainsi, avant de créer une de ces primitives, il est possible de définir pour chaque type le nombre par défaut de divisions par côté. Ce paramétrage s'effectue à l'aide de la boîte de dialogue **Options de**

primitives de maillage (Mesh Primitives Options) disponible en cliquant sur la flèche inférieure du groupe de fonctions **Primitives** (Mesh Modeling) de l'onglet **Modélisation de maillage** (Mesh Modeling) (fig.5.4).

Pour chaque type de primitive de maillage sélectionné, le nombre par défaut de divisions par côté peut être spécifié de la manière suivante :

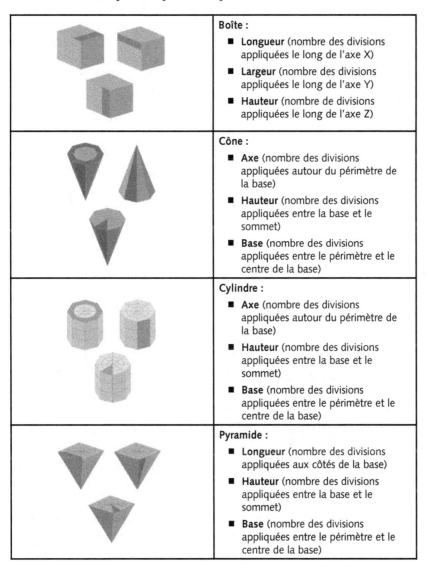

	Boîte : ■ **Longueur** (nombre des divisions appliquées le long de l'axe X) ■ **Largeur** (nombre des divisions appliquées le long de l'axe Y) ■ **Hauteur** (nombre de divisions appliquées le long de l'axe Z)
	Cône : ■ **Axe** (nombre des divisions appliquées autour du périmètre de la base) ■ **Hauteur** (nombre des divisions appliquées entre la base et le sommet) ■ **Base** (nombre des divisions appliquées entre le périmètre et le centre de la base)
	Cylindre : ■ **Axe** (nombre des divisions appliquées autour du périmètre de la base) ■ **Hauteur** (nombre des divisions appliquées entre la base et le sommet) ■ **Base** (nombre des divisions appliquées entre le périmètre et le centre de la base)
	Pyramide : ■ **Longueur** (nombre des divisions appliquées aux côtés de la base) ■ **Hauteur** (nombre des divisions appliquées entre la base et le sommet) ■ **Base** (nombre des divisions appliquées entre le périmètre et le centre de la base)

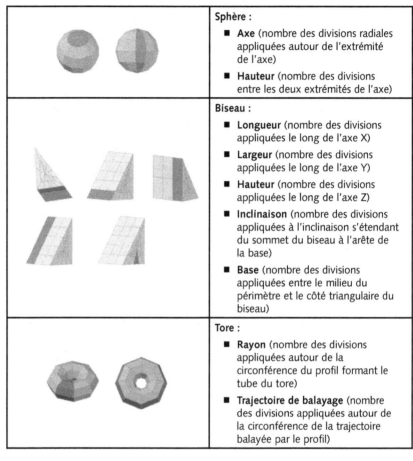

	Sphère : ■ **Axe** (nombre des divisions radiales appliquées autour de l'extrémité de l'axe) ■ **Hauteur** (nombre des divisions entre les deux extrémités de l'axe)
	Biseau : ■ **Longueur** (nombre des divisions appliquées le long de l'axe X) ■ **Largeur** (nombre des divisions appliquées le long de l'axe Y) ■ **Hauteur** (nombre des divisions appliquées le long de l'axe Z) ■ **Inclinaison** (nombre des divisions appliquées à l'inclinaison s'étendant du sommet du biseau à l'arête de la base) ■ **Base** (nombre des divisions appliquées entre le milieu du périmètre et le côté triangulaire du biseau)
	Tore : ■ **Rayon** (nombre des divisions appliquées autour de la circonférence du profil formant le tube du tore) ■ **Trajectoire de balayage** (nombre des divisions appliquées autour de la circonférence de la trajectoire balayée par le profil)

La création de maillages à partir de courbes

La création d'un maillage à surface réglée

Une surface maillée représentant une surface réglée entre deux courbes ou une courbe et un point est un maillage qui s'étend entre ces deux objets. Ces deux courbes peuvent être des lignes, des points, des arcs, des cercles, des ellipses, des splines, des polylignes 2D ou 3D. Si une courbe est fermée, l'autre doit l'être également. Une seule des courbes peut être un Point. La génération de la surface commence à l'extrémité de la courbe la plus proche du point de sélection. Le nombre de divisions peut être contrôlé par la variable SURFTAB1. Si les deux courbes sont fermées, les points de sélection peuvent être quelconques. Par contre, dans le cas de courbes ouvertes, il convient de pointer celles-ci du même côté pour éviter un croisement de la surface.

La procédure est la suivante :

1 Exécuter la commande de création à l'aide de l'une des méthodes suivantes (fig.5.5) :

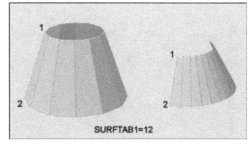

Fig.5.5

 Ruban : dans l'onglet **Modélisation de maillage** (Mesh Modeling), choisir le groupe de fonctions **Primitives** (Primitives) puis l'option **Maillage-Surface réglée** (Meshes-Ruled Surface).

 Clavier : taper la commande **SURFREGL** (RULESURF).

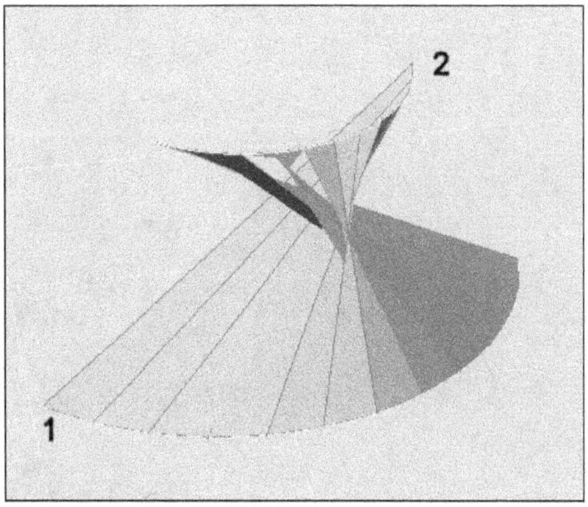

2 Sélectionner la première courbe (1).

3 Sélectionner la deuxième courbe (2).

4 Effacer éventuellement les objets de base.

> ### REMARQUE
>
> Il est important de pointer les deux courbes plus ou moins au même endroit pour éviter le croisement de la surface (fig.5.6).

La création d'un maillage à surface extrudée

Fig.5.6

Une surface maillée par extrusion est générée par l'extrusion d'une entité dans l'espace (la génératrice) le long d'un vecteur de direction (la directrice). La génératrice peut être une ligne, un arc, une ellipse, un cercle, une spline, une polyligne 2D ou 3D.

La directrice peut être une ligne ou une polyligne (2D ou 3D) ouverte. Dans ce dernier cas, seuls les points de début et de fin sont pris en compte. La variable SURFTAB1 contrôle le nombre de divisions de la génératrice. La génératrice et la directrice doivent être dessinées avant de pouvoir générer la surface.

La procédure est la suivante :

[1] Exécuter la commande de création à l'aide de l'une des méthodes suivantes (fig.5.7) :

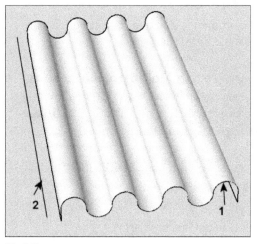

Fig.5.7

Ruban : dans l'onglet **Modélisation de maillage** (Mesh Modeling), choisir le groupe de fonctions **Primitives** (Primitives) puis l'option **Maillage-Surface extrudée** (Meshes-Tabulated Surface).

Clavier : taper la commande **SURFEXTR** (TABSURF).

[2] Sélectionner le profil à extruder (1).

[3] Sélectionner le vecteur de direction (2).

[4] Effacer éventuellement les objets de base (profil, vecteur).

La création d'un maillage à surface de révolution

Une surface de révolution est une surface créée par la rotation d'un profil (direction N) autour d'un axe central (direction M). Ce profil peut être une ligne, un arc, un cercle, une ellipse, une spline, une polyligne 2D ou 3D.

L'axe de révolution peut être une ligne ou une polyligne 2D ou 3D ouverte. Dans le cas de la polyligne, l'axe est déterminé par une ligne passant par les premier et dernier sommets. La densité du maillage est contrôlée par les variables SURFTAB1 (direction M) et SURFTAB2 (direction N) qu'il convient de définir avant de générer la surface. Le profil et l'axe doivent être dessinés avant la création de la surface.

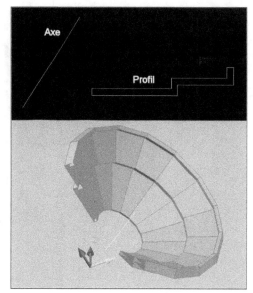

Fig.5.8

La procédure est la suivante :

1. Exécuter la commande de création à l'aide de l'une des méthodes suivantes (fig.5.8) :

   Ruban : dans l'onglet **Modélisation de maillage** (Mesh Modeling), choisir le groupe de fonctions **Primitives** (Primitives) puis l'option **Maillage-Surface de révolution** (Meshes-Revolved Surface).

   Clavier : taper la commande **SURFREV** (REVSURF).

2. Sélectionner le profil de la surface.

3. Sélectionner l'axe de révolution.

4. Spécifier l'angle de départ puis l'angle décrit par la révolution.

5. Effacer éventuellement les objets de base (profil, axe) après la création de la surface.

La création d'un maillage à surface gauche

Une surface maillée gauche est une surface interpolée à partir de quatre courbes de contrôle qui délimitent la surface en question. Les courbes peuvent être des lignes, des arcs, des splines ou des polylignes ouvertes 2D ou 3D qui doivent se joindre à leurs extrémités pour former un contour fermé. La première courbe sélectionnée donne la direction M, les deux courbes partant des extrémités de la première donnent la direction N.

La variable SURFTAB1 contrôle les divisions de la direction M, et la variable SURFTAB2 contrôle les divisions de la direction N.

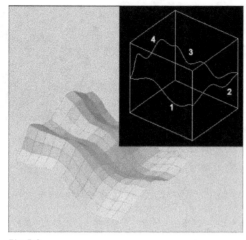

Fig.5.9

La procédure est la suivante :

[1] Exécuter la commande de création à l'aide de l'une des méthodes suivantes (fig.5.9) :

Ruban : dans l'onglet **Modélisation de maillage** (Mesh Modeling), choisir le groupe de fonctions **Primitives** (Primitives) puis l'option **Maillage-Surface gauche** (Meshes-Edge Surface).

Clavier : taper la commande **SURFGAU** (EDGESURF).

[2] Sélectionner les quatre courbes dans l'ordre souhaité. La première frontière sélectionnée détermine la direction M du maillage.

[3] Effacer éventuellement les objets de base.

Le lissage et l'affinement d'un maillage

Un maillage est composé de facettes ou cellules de forme plane. La densité des cellules peut être augmentée par des opérations de lissage et d'affinement :

▸ **Lissage** : augmente l'adhésion de la surface du maillage à une forme arrondie. Vous pouvez augmenter les niveaux de lissage pour des objets sélectionnés par incréments, ou en modifiant le niveau de lissage dans la palette des Propriétés. Le niveau de lissage nul (zéro) n'applique aucun lissage au maillage. Le niveau de lissage 4 applique un degré élevé de lissage (fig.5.10).

▸ **Affinement** : quadruple le nombre de subdivisions dans un maillage sélectionné ou dans un sous-objet sélectionné tel une face. L'affinement réinitialise également le niveau de lissage courant à 0, de sorte que l'objet ne peut pas être rendu plus anguleux. Comme l'affinement augmente grandement la densité d'un maillage, vous trouverez sans doute préférable de limiter cette option aux seules zones qui exigent des modifications finement détaillées. L'affinement vous permet également de modeler de plus petites sections en limitant les effets sur la forme globale du modèle. Si un maillage hautement affiné vous donne la possibilité de réaliser des modifications très détaillées, cela a un coût et peut réduire les performances du programme (fig.5.11).

En résumé, le lissage augmente le nombre de faces d'un objet maillé pour rendre la forme plus arrondie et l'affinement transforme ces faces en faces modifiables. Le processus général est le suivant :

Définir le nombre de faces lors de la création du maillage :

- **Pour les primitives de maillage** : définir le nombre de divisions de maillage via la boîte de dialogue **Options de primitives de maillage** (Mesh Primitive Options)
- **Pour les maillages à partir de courbes** : utiliser les variables **SURFTAB1** et **SURFTAB2**.

Modifier le nombre de faces après la création du maillage :

- Modifier d'abord le niveau de lissage via les options du groupe de fonctions **Maille** (Mesh) ou via les propriétés de l'objet.
- Affiner le maillage pour rendre les faces modifiables via le groupe de fonctions **Maille** (Mesh).

Les modifications des maillages

Plusieurs types de modifications peuvent être apportés à un maillage :

- La modification des sous-objets via les gizmos de déplacement, de rotation et d'échelle
- L'ajout et la suppression de plis
- L'extrusion et la division d'une face

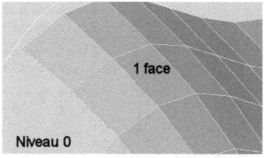
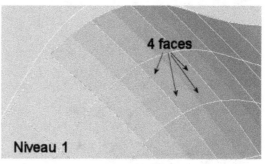
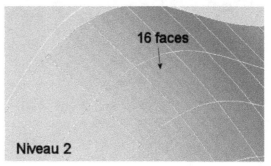

Fig.5.10

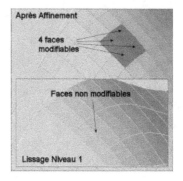

Fig.5.11

La modification des sous-objets via les gizmos de déplacement, de rotation et d'échelle

Pour illustrer cette option prenons l'exemple d'une boite que nous allons quelque peu modifier. Les étapes sont les suivantes :

[1] Ouvrir la boîte de dialogue **Options de primitives de maillage** (Mesh Primitive Options) et sélectionner Boîte.

[2] Entrer les valeurs 3 x 2 x 2 comme valeurs de divisions (fig.5.12)

[3] Dessiner la boîte.

[4] Sélectionner la boîte et ouvrir le panneau des propriétés. Dans le champ **Lissage** (Smoothness), sélectionner Niveau 3. La boîte est à présent plus arrondie (fig.5.13).

Fig.5.12

Fig.5.13

[5] Appuyer sur la touche Ctrl et sélectionner les deux faces arrière. Déplacer les faces dans la direction Z positive. La boîte se déforme (fig.5.14).

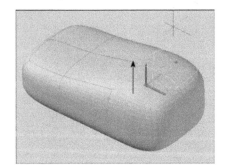

Fig.5.14

[6] Sélectionner à nouveau les deux faces arrière, effectuer un clic droit sur le gizmo et sélectionner Rotation. Tourner les faces de 45° autour de l'axe Y (fig.5.15).

[7] Appuyer sur la touche Ctrl et sélectionner les deux faces avant. Déplacer les faces dans la direction Z négative (fig.5.16).

[8] Appuyer sur la touche Ctrl et sélectionner le sommet arrière. Déplacer le sommet dans la direction Z négative (fig.5.17).

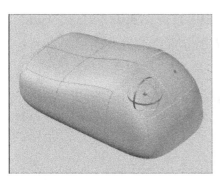

Fig.5.15

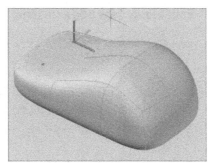

Fig.5.16

[9] Affiner le maillage en cliquant sur l'option **Affiner le maillage** (Refine Mesh) du groupe de fonctions **Maille** (Mesh). Le nombre de facettes modifiables augmente.

[10] Sélectionner le maillage et ouvrir le panneau Propriétés. Dans le champ **Lissage** (Smoothness), sélectionner Niveau 3, afin d'avoir une forme plus arrondie lors des modifications ultérieures.

[11] Dans le groupe de fonctions **Sous-objet** (Subobject), sélectionner le filtre **Arête** (Edge).

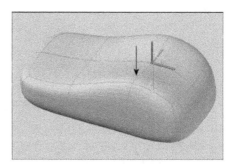

Fig.5.17

[12] Appuyer sur la touche Ctrl et sélectionner les arêtes sur le coté gauche. Déplacer les arêtes dans la direction Y négative (fig.5.18).

L'ajout et la suppression de plis

L'ajout de plis a pour effet d'accentuer des arêtes. Vous pouvez ajouter des plis à des objets maillés qui ont un niveau de lissage de 1 ou plus.

Le résultat des plis diffère selon le type de sous-objet que vous sélectionnez :

▶ **Arête :** l'arête sélectionnée est accentuée. Les faces adjacentes sont déformées pour s'adapter au nouvel angle de pli.

▶ **Face :** la face sélectionnée est aplanie et toutes les arêtes qui sont liées à cette face sont accentuées. Les faces adjacentes sont déformées pour s'adapter à la nouvelle forme de la face.

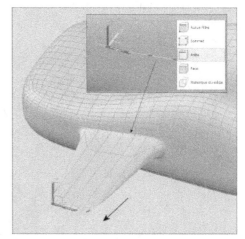

Fig.5.18

▶ **Sommet :** le point du sommet et toutes les arêtes sécantes sont accentués. Les faces adjacentes sont déformées pour s'adapter au nouvel angle de sommet.

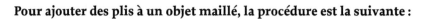

Pour ajouter des plis à un objet maillé, la procédure est la suivante :

1. Exécuter la commande de création d'un pli à l'aide de l'une des méthodes suivantes (fig.5.19) :

Ruban : dans l'onglet **Modélisation de maillage** (Mesh Modeling), choisir le groupe de fonctions **Maille** (Mesh) puis l'option **Ajouter un pli** (Add Crease).

Icône : dans la barre d'outils **Lisser le maillage** (Smooth Mesh), sélectionner l'icône **Pli** (Mesh Crease).

Clavier : taper la commande **PLIMAILLE** (MESHCREASE).

2. Sélectionner les arêtes, faces, ou sommets de maillage à plier. (Si vous avez mis en place un filtre de sélection de sous-objet, vous ne pouvez sélectionner qu'un seul type de sous-objet.)

Pour retirer un sous-objet d'un jeu de sélection, cliquer sur le sous-objet en appuyant sur la touche Maj.

3. Spécifier la valeur de pli : entrer une valeur 1 ou plus élevée. L'option **Toujours** (Always) permet de conserver le pli à tous les niveaux de lissage. Les sous-objets spécifiés sont pliés. Un pli n'est pas visible sur les objets qui ne sont pas lissés (niveau de lissage = 0).

Pour modifier la valeur d'un pli de maillage existant, la procédure est la suivante :

1. Sélectionner l'objet à modifier. Faire un clic droit pour afficher le menu contextuel. Cliquer sur Propriétés.

2. En maintenant la touche Ctrl enfoncée, cliquer sur le sous-objet maillé que vous souhaitez modifier.

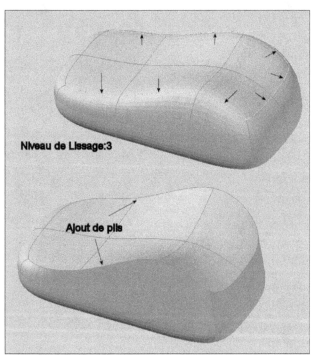

Niveau de Lissage:3

Ajout de plis

Fig.5.19

REMARQUE

Si vous ne pouvez pas sélectionner un sous-objet spécifique, vérifiez si le filtrage de sélection de sous-objet n'est pas activé pour un type de sous-objet différent.

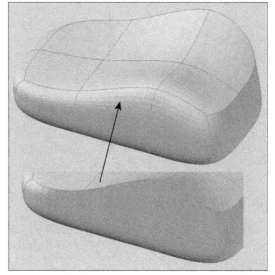

Fig.5.20

3. Dans la palette Propriétés, section Plis, dans le champ Type, modifier la valeur de pli :

- **Aucun** (None) : élimine le pli et établit le sous-objet au niveau de lissage courant.

- **Toujours** (Always) : permet de conserver le pli à tous les niveaux de lissage.

- **Jusqu'au niveau** (By level) : établit le niveau de lissage qui commence à affecter le pli. Lorsque ce réglage est sélectionné, vous pouvez spécifier le niveau de pli dans la boîte Niveau.

Par exemple : Aucun, pour supprimer le pli (fig.5.20).

Diviser une face maillée

Vous pouvez diviser une face maillée pour créer des subdivisions personnalisées. La procédure est la suivante :

1. Exécuter la commande de division d'une face maillée à l'aide de l'une des méthodes suivantes (fig.5.21) :

- Ruban : dans l'onglet **Modélisation de maillage** (Mesh Modeling), choisir le groupe de fonctions **Edition des maillages** (Mesh Edit) puis l'option **Scinder la face maillée** (Split Mesh Face)

- Clavier : taper la commande **SCINDERMAILLE** (MESHSPLIT).

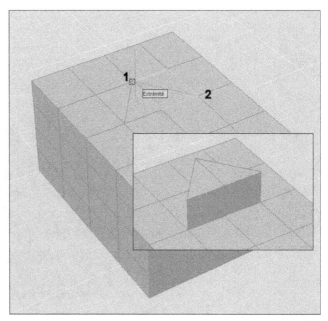

Fig.5.21

2. En maintenant la touche Ctrl enfoncée, cliquer sur la face que vous souhaitez diviser.

REMARQUE

Si vous ne pouvez pas sélectionner une face, vérifiez si le filtrage de sélection de sous-objet n'est pas activé pour un type de sous-objet différent.

3. Cliquer sur le point de l'arête où vous voulez commencer la division (1).

4. Cliquer sur le point de l'arête où vous voulez terminer la division (2).

La face maillée est divisée selon le contour que vous avez spécifié. Vous pouvez ensuite profiter de cette division pour extruder la face (voir point suivant).

Extruder une face maillée

Vous pouvez ajouter des parties à un objet maillé en extrudant une de ses faces. La procédure est la suivante :

1. Exécuter la commande extrusion à l'aide de l'une des méthodes suivantes (fig.5.22-5.23) :

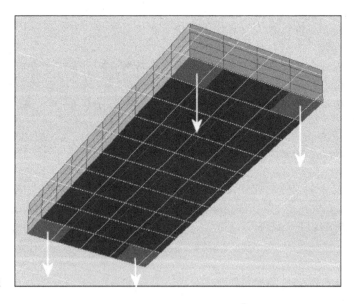

Fig.5.22

Ruban : dans l'onglet **Modélisation de maillage** (Mesh Modeling), choisir le groupe de fonctions **Edition des maillages** (Mesh Edit) puis l'option **Extruder la face** (Extrude face)

Clavier : taper la commande **EXTRUSION** (EXTRUDE).

[2] Tout en maintenant la touche Ctrl enfoncée, cliquer sur une face maillée.

[3] Faire glisser la face dans la direction de l'extrusion. Spécifier ensuite la quantité d'extrusion en utilisant l'une des méthodes suivantes :

- Appuyer sur la touche Entrée pour fixer dynamiquement l'extrusion.
- Entrer une valeur pour spécifier la hauteur ou la profondeur de l'extrusion.

La face sélectionnée est subdivisée et extrudée. Les nouvelles faces subdivisées sont créées autour des contours pour connecter l'extrusion avec les faces adjacentes d'origine.

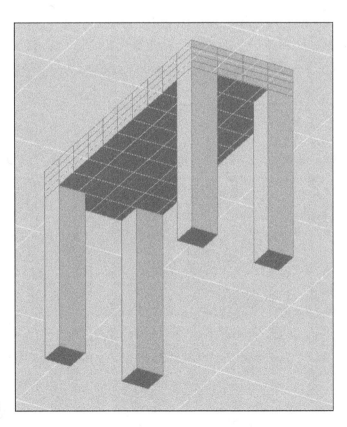

Fig.5.23

CHAPITRE 6

CRÉATION DE SOLIDES, DE SURFACES ET DE MAILLAGES PAR CONVERSION D'OBJETS

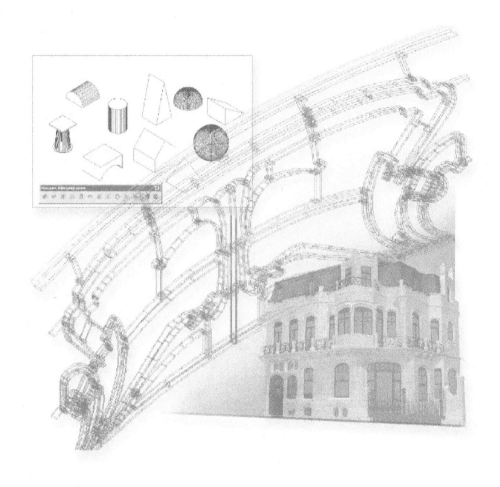

Outre les primitives 3D et la création de solides et de surfaces à partir de lignes et de courbes existantes, vous pouvez aussi créer des solides et des surfaces par simple conversion d'objets existants déjà dans le dessin. Les principales options sont les suivantes :

- ▶ Conversion d'objets en surfaces
- ▶ Conversion de solides en surfaces
- ▶ Conversion d'objets en solides
- ▶ Conversion de surfaces en solides

La création de surfaces à partir d'objets existants dans le dessin

PRINCIPE

Vous pouvez créer des surfaces à partir de différents types d'objets existants dans votre dessin. Trois fonctions sont disponibles pour la conversion en surfaces :

- ▶ **CONVENSURFACE** (Convtosurface) : permet de convertir l'un des objets suivants en surfaces
  - Solides 2D
  - Régions
  - Polylignes ouvertes de largeur nulle avec épaisseur
  - Lignes avec épaisseur
  - Arcs avec épaisseur
  - Objets maillés
  - Faces planes 3D
- ▶ **DECOMPOS** (Explode) : permet de créer des surfaces à partir de solides 3D.
- ▶ **SURFPLANE** (Planesurf) : permet de créer une surface plane à l'aide de l'une des méthodes suivantes :
  - Sélectionnez un ou plusieurs objets formant une ou plusieurs zones fermées.
  - Spécifiez les coins opposés d'un rectangle.

Convertir un ou plusieurs objets en surfaces

1 Exécuter la commande d'extrusion à l'aide d'une des méthodes suivantes :

Ruban : cliquer sur l'onglet **Début** (Home), puis le groupe de fonctions **Edition de solides** (Solid Edition) et ensuite **Convertir en surface** (Convert to Surface).

Clavier : entrer la commande **CONVENSURFACE** (Convtosurface).

2 Sélectionner les objets que vous voulez convertir.

3 Appuyer sur Entrée (fig.6.1).

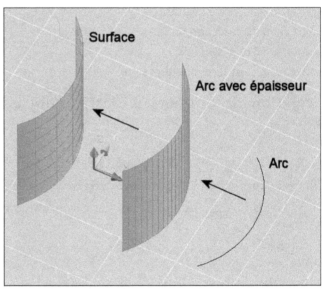

Surface

Arc avec épaisseur

Arc

Fig.6.1

Créer une surface plane à partir d'un objet existant

1 Exécuter la commande de conversion à l'aide d'une des méthodes suivantes :

Ruban : cliquer sur l'onglet **Début** (Home), puis le groupe de fonctions **Modélisation** (Modeling) et ensuite **Surface plane** (Plane Surface).

Icône : cliquer sur l'icône **Surface plane** (Planar Surface) de la barre d'outils **Modélisation** (Modeling).

Clavier : entrer la commande **SURFPLANE** (Planesurf).

2 Entrer o.

3 Cliquer sur l'objet.

4 Appuyer sur Entrée (fig.6.2).

Créer une surface plane en spécifiant les coins de la surface

1 Sélectionner la fonction **Surface plane** (Planesurf) à l'aide de l'une des méthodes précédentes.

2 Spécifier le premier coin de la surface : A.

3 Spécifier le deuxième angle de la surface : B (fig.6.3).

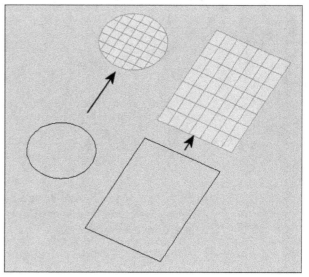

Fig.6.2

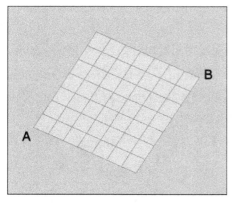

Fig.6.3

Convertir un maillage en surface

Lorsque vous convertissez des objets maillés en surfaces, la forme du nouveau solide est une approximation et non une duplication du maillage d'origine. Vous pouvez tout de même contrôler la différence en spécifiant si le résultat doit être lisse ou à facettes à l'aide de la variable SMOOTHMESHCONVERT. Vous pouvez également spécifier si les faces résultantes doivent être fusionnées (optimisées). La procédure est la suivante :

1 Cliquer sur onglet **Modélisation de maillage** (Mesh modeling) puis sur le groupe de fonctions **Convertir des maillages** (Convert Mesh) puis ouvrir la liste des options de lissage.

2 Spécifier l'une des options de lissage suivantes :

- **Lisser, optimisé.** Le modèle résultant est lissé, et les surfaces sont fusionnées (valeur de la variable SMOOTHMESHCONVERT = 0).

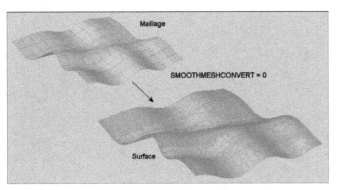

Fig.6.4

■ **Lisser, non optimisé.** Le modèle résultant est lissé, et possède le même nombre de faces que le maillage d'origine (valeur = 1).

■ **Avec facettes et optimisé.** Le modèle résultant est angulaire, et les surfaces sont planes et fusionnées (valeur = 2).

■ **Avec facettes et non optimisé.** Le modèle résultant est angulaire, et possède le même nombre de faces que le maillage d'origine (valeur = 3).

③ Cliquer sur onglet **Modélisation de maillage** (Mesh modeling) puis sur le groupe de fonctions **Convertir des maillages** (Convert Mesh) puis l'option **Convertir en surface** (Convert to surface).

④ Sélectionner un maillage et appuyer sur Entrée (fig.6.4).

La création de solides à partir d'objets existants dans le dessin

PRINCIPE

Vous pouvez créer des solides à partir de différents types d'objets existants dans votre dessin. Deux fonctions sont disponibles pour la conversion en solides :

▸ **CONVENSOLIDE** (Convtosolid) : pour convertir les objets suivants en solides 3D extrudés

   ▪ Polylignes de largeur uniforme avec épaisseur
   ▪ Polylignes fermées de largeur nulle avec épaisseur
   ▪ Cercles avec épaisseur
   ▪ Objets maillés
   ▪ Surfaces

▸ **EPAISSIR** (Thicken) : pour créer un solide 3D à partir de n'importe quel type de surface en épaississant cette dernière.

Convertir un ou plusieurs objets avec épaisseur en solides

① Exécuter la commande de conversion à l'aide de l'une des méthodes suivantes :

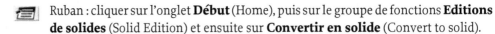 Ruban : cliquer sur l'onglet **Début** (Home), puis sur le groupe de fonctions **Editions de solides** (Solid Edition) et ensuite sur **Convertir en solide** (Convert to solid).

⌨ Clavier : entrer la commande **CONVENSOLIDE** (Convtosolid)

② Sélectionner les objets (polyligne ou cercle avec épaisseur) que vous voulez convertir.

③ Appuyer sur Entrée (fig.6.5).

Convertir une surface en solide

① Exécuter la commande de conversion à l'aide de l'une des méthodes suivantes :

▤ Ruban : cliquer sur l'onglet **Début** (Home), puis le groupe de fonctions **Editions de solides** (Solid Edition) et ensuite **Epaissir** (Thicken).

⌨ Clavier : entrer la commande **EPAISSIR** (Thicken).

② Sélectionner les surfaces à épaissir et appuyer sur Entrée. Par exemple une spline extrudée.

③ Spécifier l'épaisseur et appuyer sur Entrée (fig.6.6).

Application : une couverture pour un immeuble

Dans cet exemple nous allons créer une couverture arrondie pour un immeuble en forme de trapèze. La procédure est la suivante :

① Créer le contour de l'immeuble à l'aide d'une polyligne (fig.6.7).

② Extruder le contour d'une hauteur de 900 cm à l'aide de la fonction **Extrusion** (Extrude).

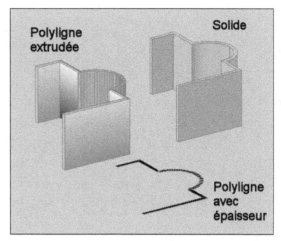

Fig.6.5

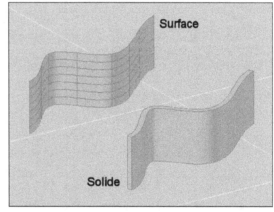

Fig.6.6

Fig.6.7

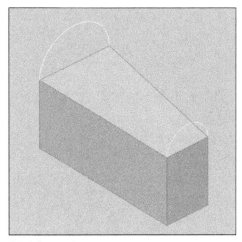

Fig.6.8

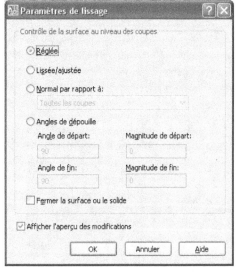

Fig.6.9

3 Activer le SCU dynamique sur la barre d'état.

4 Tracer un arc de cercle avec l'option **Départ, Centre, Fin** (Start, Center, End) sur la face avant de l'immeuble.

5 Faire de même pour la face arrière (fig.6.8).

6 Relier les deux arcs par une surface réglée à l'aide de la fonction **Lissage** (Loft) (fig.6.9-6.10).

7 Pour donner une épaisseur à la toiture, utiliser la fonction **Epaissir** (Thicken). Sélectionner la surface et appuyer sur Entrée.

8 Entrer une valeur de 15 cm pour l'épaisseur (fig.6.11).

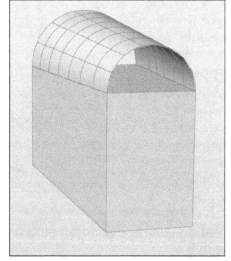

Fig.6.10

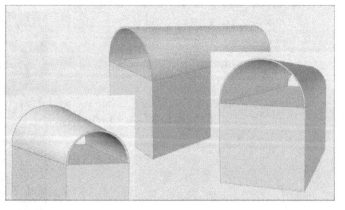

Fig.6.11

Convertir un maillage en solide 3D

Lorsque vous convertissez des objets maillés en solides 3D, la forme du nouveau solide est une approximation et non une duplication du maillage d'origine. Vous pouvez tout de même contrôler la différence en spécifiant si le résultat doit être lisse ou à facettes (variable SMOOTHMESHCONVERT). Vous pouvez également spécifier si les faces résultantes doivent être fusionnées (optimisées). La procédure est la suivante :

1. Cliquer sur onglet **Modélisation de maillage** (Mesh modeling) puis sur le groupe de fonctions **Convertir des maillages** (Convert Mesh) puis ouvrir la liste des options de lissage.

2. Spécifier l'une des options de lissage suivantes :
   - **Lisser, optimisé.** Le modèle résultant est lissé, et les surfaces sont fusionnées (valeur de la variable SMOOTHMESHCONVERT = 0).
   - **Lisser, non optimisé.** Le modèle résultant est lissé, et possède le même nombre de faces que le maillage d'origine (valeur = 1).
   - **Avec facettes et optimisé.** Le modèle résultant est angulaire, et les surfaces sont planes et fusionnées (valeur = 2).
   - **Avec facettes et non optimisé.** Le modèle résultant est angulaire, et possède le même nombre de faces que le maillage d'origine (valeur = 3).

3. Cliquer sur onglet **Modélisation de maillage** (Mesh modeling) puis sur le groupe de fonctions **Convertir des maillages** (Convert Mesh) puis l'option **Convertir en solide** (Convert to solid).

4. Sélectionner un objet maillé sans vides ni faces intersécantes et appuyer sur Entrée (fig.6.12).

Convertir un solide ou une surface en maillage

Vous pouvez convertir des solides et des surfaces en maillage. En fonction de la forme de l'objet, les résultats de la conversion peuvent parfois être différents de ce à quoi vous vous attendez. Vous obtiendrez les résultats les plus prévisibles lorsque vous convertissez des solides primitifs en maillages. Cela signifie que le maillage résultant adhère étroitement à la forme du solide d'origine.

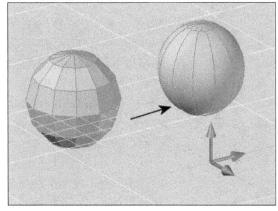

Fig.6.12

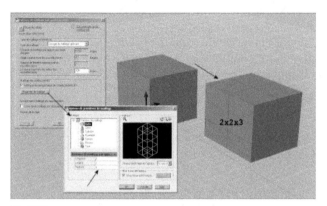

Fig.6.13

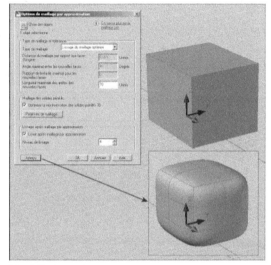

Fig.6.14

Si la conversion ne donne pas les résultats attendus, essayez de modifier les paramètres de la boîte de dialogue **Options de maillage par approximation**. Par exemple, si le type de maillage Lissage optimisé donne des résultats incorrects, vous pouvez demander Triangles ou Quadrilatères comme forme de cellule. Vous pouvez également contrôler l'adhésion à la forme d'origine en ajustant le décalage maximum, les angles, les ratios d'aspect et les longueurs d'arêtes pour les nouvelles faces.

Pour convertir des objets en maillages à partir des valeurs par défaut, la procédure est la suivante (fig.6.13) :

☐1 Cliquer sur l'onglet **Modélisation de maillage** (Mesh Modeling) puis dans le groupe de fonctions **Maille** (Mesh) sélectionner **Lisser l'objet** (Smooth Object).

☐2 Sélectionner un objet tel qu'une surface ou un solide 3D. Les objets sont convertis en maillages selon les paramètres de la boîte de dialogue **Options de maillage par approximation** (Mesh Tessellation Options).

Pour modifier les paramètres de conversion d'objets en maillages, la procédure est la suivante :

☐1 Cliquer sur l'onglet **Modélisation de maillage** (Mesh Modeling) puis dans le groupe de fonctions **Maille** (Mesh) cliquer sur la flèche en bas à droite.

☐2 Dans la boîte de dialogue **Options du maillage par approximation** (Mesh Tessellation Options), modifier les paramètres de votre choix (fig.6.14).

☐3 Cliquer sur **Choix des objets** (Select objects) pour sélectionner les objets qui vont subir un maillage par approximation.

☐4 Sélectionner un objet tel qu'une surface ou un solide 3D et appuyer sur Entrée.

5. Pour afficher un aperçu de l'objet converti, cliquer sur **Aperçu** (Preview). L'objet modifié est affiché dans la zone de dessin.

6. Effectuer l'une des opérations suivantes :

   - Pour ajuster les paramètres, appuyer sur Echap pour afficher à nouveau la boîte de dialogue.

   - Pour accepter la conversion, appuyer sur Entrée.

Les options sont les suivantes :

Type du maillage (Mesh type) : spécifie le type du maillage à utiliser lors de la conversion.

   - **Lissage du maillage optimisé :** définit la forme des faces maillées à adapter à la forme de l'objet maillé.

   - **Majorité de quadrants :** définit la forme des faces maillées en majorité quadrilatérales.

   - **Triangles :** définit la forme des faces maillées en majorité triangulaires.

Distance du maillage par rapport aux faces d'origine : définit l'écart maximal des faces maillées par rapport à la surface ou à la forme de l'objet d'origine. Les valeurs les plus petites génèrent un moindre écart mais créent un plus grand nombre de faces et risquent ainsi de ralentir les performances du programme.

Angle maximal entre les nouvelles faces : définit l'angle maximal de la normale de surface de deux faces adjacentes. Lorsque vous augmentez cette valeur, la densité du maillage des zones de haute courbure s'accroît et celle des zones planes diminue. Si la valeur de l'option Distance du maillage par rapport aux faces d'origine est élevée, vous pouvez augmenter la valeur d'angle maximale. Ce paramètre s'avère utile si vous souhaitez affiner l'apparence des détails de petite taille, tels que les trous et les raccords.

Rapport de linéarité maximal pour les nouvelles faces : définit le rapport de linéarité (hauteur/largeur) maximal des nouvelles faces maillées. Cette valeur permet d'éviter les longues faces fines. Vous pouvez spécifier les valeurs suivantes :

   - **0 (zéro) :** ignore la limitation du rapport de linéarité.

   - **1 :** spécifie une hauteur et une largeur identiques.

   - **Supérieur à 1 :** définit un rapport de linéarité selon lequel la hauteur peut dépasser la largeur.

   - **Supérieur à 0 mais inférieur à 1 :** définit un rapport de linéarité selon lequel la largeur peut dépasser la hauteur.

Longueur maximale des arêtes des nouvelles faces : définit la longueur maximale des arêtes créées lors de la conversion d'un objet maillé. Lorsque cette option est définie sur la valeur par défaut (zéro), la taille du modèle détermine celle des faces maillées. Des valeurs supérieures entraînent un nombre inférieur de faces et un respect moins précis de la forme initiale. En revanche, elles augmentent les performances du programme. Diminuez cette valeur pour améliorer les conversions générant des faces longues et fines.

Maillage des solides primitifs : spécifie les paramètres à utiliser pour la conversion des solides primitifs 3D en objets maillés.

Optimiser la représentation des solides primitifs 3D : spécifie les paramètres à utiliser pour la conversion des solides primitifs en objets maillés. Cochez la case pour utiliser les paramètres de maillage spécifiés dans la boîte de dialogue Options de primitives de maillage. Décochez la case pour utiliser les paramètres de maillage spécifiés dans la boîte de dialogue Options de maillage par approximation.

Primitives de maillage : ouvre la boîte de dialogue Options de primitives de maillage. Ce bouton est uniquement disponible lorsque vous sélectionnez Optimiser la représentation des solides primitifs 3D.

Lissage après maillage par approximation : spécifie le niveau de lissage à appliquer aux objets après leur conversion en objets maillés. Lorsque l'option Type du maillage est définie sur Majorité de quadrants ou Triangles, les objets maillés convertis ne sont pas lissés. Les paramètres suivants ne sont pas disponibles pour ces conversions.

Lisser après maillage par approximation : indique si les nouveaux objets maillés sont lissés après leur conversion. Cochez la case pour appliquer le lissage.

Niveau du lissage après maillage par approximation : définit le niveau de lissage des nouveaux objets maillés. Entrez o pour éliminer le lissage. Entrez un entier positif pour augmenter le degré de lissage. Cette option est uniquement disponible lorsque vous sélectionnez Lisser après maillage par approximation.

Aperçu : affiche l'effet des paramètres courants dans la zone de dessin. Appuyez sur Entrée pour accepter les modifications. Pour afficher à nouveau la boîte de dialogue, appuyez sur Echap.

CHAPITRE 7

MODIFICATION DES SURFACES ET DES SOLIDES

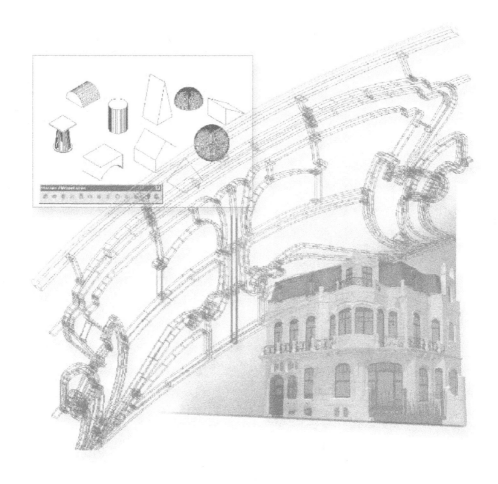

Le principe

Après avoir créé un modèle volumique, vous pouvez modifier son aspect en manipulant les solides et les surfaces de différentes façons : en cliquant et en faisant glisser les poignées, en utilisant les outils poignées disponibles, en modifiant les propriétés des objets dans la palette Propriétés, etc. Plusieurs modes de modification ont déjà été abordés dans les chapitres précédents. Il s'agit en particulier des modifications dimensionnelles des primitives 3D, des opérations booléennes et de l'historique des modifications. Dans ce chapitre nous aborderons donc les autres types de modifications concernant les objets et les sous-objets.

La manipulation des surfaces et des solides

Pour modifier facilement la forme et la taille de solides et de surfaces individuels, vous pouvez utiliser les poignées disponibles sur les objets après leur sélection ou utiliser la palette Propriétés. La façon dont vous manipulez le solide ou la surface à l'aide des poignées ou de la palette Propriétés dépend du type de solide ou de surface. On a ainsi les cas suivants :

- **Les primitifs solides 3D (boîte, biseau, pyramide, sphère, cylindre, cône et tore) :** vous pouvez utiliser les poignées disponibles ou la palette Propriétés pour modifier la forme et la taille de vos solides primitifs tout en conservant leur forme de base originale. Par exemple, vous pouvez modifier la hauteur d'un cône et le rayon de sa base, mais l'objet restera un cône.

- **Les solides et surfaces d'extrusion :** lorsque vous sélectionner des solides ou des surfaces d'extrusion ils affichent des poignées sur leur profil. Le profil est la silhouette originale utilisée pour créer le solide ou la surface d'extrusion et qui définit la forme de l'objet. Vous pouvez utiliser ces poignées pour manipuler le profil de l'objet, ce qui modifie la forme de l'ensemble du solide ou de la surface (fig.7.1). Si une trajectoire a été utilisée pour l'extrusion, elle s'affiche et peut être manipulée avec des poignées (fig.7.2). En l'absence de trajectoire, une poignée de hauteur s'affiche au sommet du solide ou de la surface d'extrusion, qui vous permet de redéfinir la hauteur de l'objet.

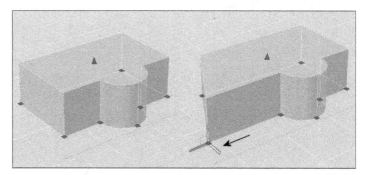

Fig.7.1

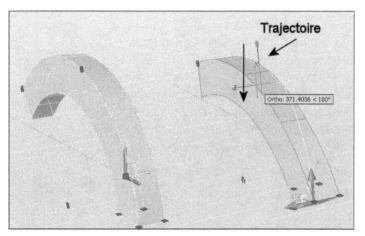

Fig.7.2

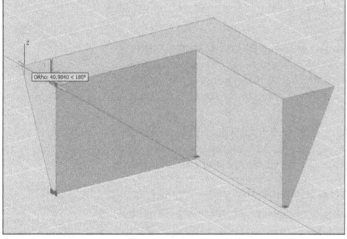

Fig.7.3

▸ **Polysolides** : vous pouvez utiliser les poignées disponibles pour modifier la forme et la taille des polysolides, y compris leur profil (fig.7.3). Les poignées peuvent être déplacées dans le plan XY du solide. Le profil d'un polysolide est toujours angulaire (rectangulaire par défaut).

▸ **Solides et surfaces de balayage** : les solides et les surfaces de balayage affichent des poignées sur le profil de balayage ainsi que sur la trajectoire de balayage. Vous pouvez utiliser ces poignées pour modifier le solide ou la surface (fig.7.4). Lorsque vous cliquer sur une poignée et la faire glisser sur le profil, les changements sont contraints en fonction du plan de la courbe du profil.

▸ **Solides et surfaces de lissage** : selon la façon dont le solide ou la surface de lissage a été créé, l'objet affiche des poignées sur les lignes ou les courbes de définition à savoir les coupes et la trajectoire. Vous pouvez cliquer et faire glisser les poignées sur les lignes ou les courbes de définition pour modifier le solide ou la surface (fig.7.5). Si le solide ou la surface de lissage contient une trajectoire, vous pouvez uniquement modifier la partie de la trajectoire qui se trouve entre la première et la dernière coupe.

Vous pouvez également utiliser la zone Géométrie de la palette Propriétés pour modifier le contour d'un solide ou d'une surface de lissage au niveau de ses coupes. Lorsque vous sélectionner un solide ou une surface de lissage pour la première fois, la zone Géométrie de la palette Propriétés affiche les paramètres définis à l'aide de la boîte de dialogue Paramètres de lissage au moment de la création de l'objet. Vous ne pouvez pas utiliser des poignées pour modifier des surfaces ou des solides de lissage qui sont créés avec des courbes de guidage.

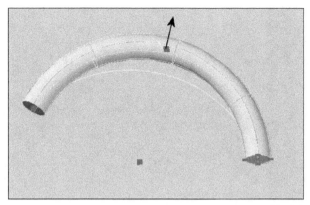

Fig.7.4

▶ **Solides et surfaces de révolution** : les solides et les surfaces de révolution affichent des poignées sur leur profil de révolution au début du solide ou de la surface. Vous pouvez utiliser ces poignées pour modifier le profil du solide ou de la surface. Une poignée est également affichée à l'extrémité de l'axe de révolution. Vous pouvez repositionner l'axe de révolution en sélectionnant cette poignée et en choisissant un autre emplacement (fig.7.6).

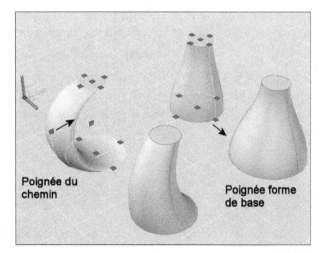

Fig.7.5

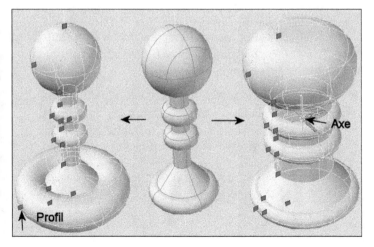

Fig.7.6

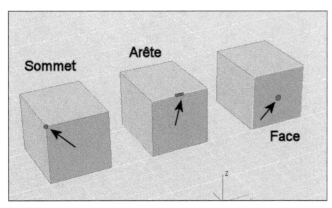

Fig.7.7

La sélection et les modifications des sous-objets 3D

La sélection des sous-objets

Chaque solide que vous créez est composé d'une série de sous-objets qui sont des faces, des arêtes et des sommets. Vous pouvez sélectionner et modifier ces sous-objets individuellement, ou créer un jeu de sélection comprenant un ou plusieurs types de sous-objets et modifier ce jeu de sélection.

Vous pouvez sélectionner ces différents sous-objets en maintenant la touche Ctrl enfoncée, puis en cliquant sur ces sous-objets. Lorsque vous les sélectionnez, les faces, les arêtes et les sommets affichent différents types de poignées (fig.7.7).

Dans les vues 3D, certains objets ou sous-objets peuvent être cachés derrière d'autres. Vous pouvez appuyer sur Ctrl+Espace pour naviguer dans les sous-objets masqués jusqu'à ce que l'objet de votre choix soit mis en surbrillance.

Par exemple, lorsque vous sélectionnez des faces sur une boîte, la face de premier plan est détectée en premier. Pour sélectionner une face masquée, appuyez sur la barre d'espace (tout en maintenant la touche Ctrl enfoncée). Relâchez la barre d'espace et cliquez sur la face à sélectionner.

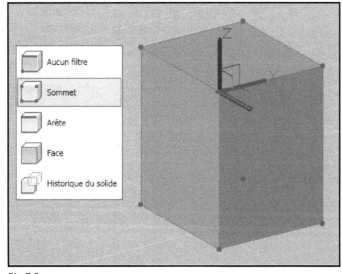

Fig.7.8

Le filtrage des sous-objets

Il peut être difficile de sélectionner un type spécifique de sous-objet sur les objets complexes tels que les maillages. Vous pouvez limiter la sélection à une face, une arête, un sommet ou un sous-objet d'historique en activant un filtre de sélection de sous-objet.

Les filtres de sous-objets sont situés dans le groupe de fonctions **Sous-objet** (Subobject) de l'onglet **Début** (Home). Par exemple, pour sélectionner tous les sommets d'un solide, il suffit d'activer le filtre des sommets, puis d'appuyer sur la touche Ctrl et de sélectionner le solide (fig.7.8).

La modification des sous-objets à l'aide de poignées

Pour modifier un sous-objet à l'aide des poignées, la procédure est la suivante :

1. Appuyer sur la touche Ctrl et cliquer sur un sommet, une arête ou une face.

2. Un trièdre s'affiche sur la poignée (fig.7.9). Il est composé d'un axe X en rouge, d'un axe Y en vert et d'un axe Z en bleu. Chaque axe permet de restreindre le mouvement dans la direction souhaitée. Ainsi pour déplacer la poignée dans la direction X par exemple, il suffit de survoler l'axe X et de déplacer la poignée selon la longueur souhaitée. Le déplacement sera contraint dans la direction X (fig.7.10).

3. Il est aussi possible de restreindre le mouvement dans un des plans suivants : XY, YZ ou ZX. Il suffit pour cela de survoler un des carrés du trièdre pour activer le bon déplacement.

Dans le cas particulier du déplacement d'une face, la forme du solide peut encore être contrôlée par l'utilisation de la touche Ctrl. Ainsi dans l'exemple de la figure 7.11, l'utilisation de la touche Ctrl permet d'effiler d'avantage le solide lors du déplacement de la face.

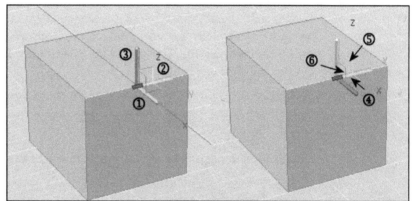

1-2-3 : montre le mouvement linéaire suivant X-Y-Z
4-5-6 : montre le mouvement planaire XY-YZ-ZX

Fig.7.9

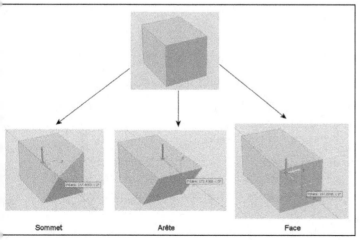

Fig.7.10

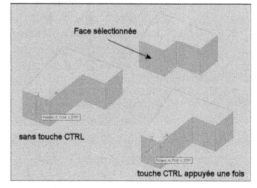

Fig.7.11

Le déplacement, la rotation et la mise à l'échelle des sous-objets

Vous pouvez déplacer, faire tourner ou mettre à l'échelle un sous-objet d'un solide 3D à l'aide de gizmos. Il en existe, en effet, trois types (fig.7.12) :

- **Gizmo Déplacement 3D** : il repositionne les objets sélectionnés selon un axe ou un plan.
- **Gizmo Rotation 3D** : il fait pivoter les objets sélectionnés selon un axe spécifié.
- **Gizmo Echelle 3D** : il redimensionne les objets sélectionnés selon un axe ou un plan spécifié, ou uniformément selon les trois axes.

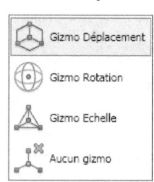

Fig.7.12

Par défaut, les gizmos sont affichés automatiquement lorsque vous sélectionner un objet ou un sous-objet dans une vue dotée d'un style visuel 3D. Comme ils contraignent les modifications selon des plans ou des axes spécifiques, les gizmos permettent d'obtenir des résultats plus prévisibles.

Vous pouvez spécifier dans le groupe de fonctions **Sous-objet** (Subobject) quel gizmo s'affiche par défaut lorsque vous sélectionner un objet, ou bien vous pouvez supprimer leur affichage.

L'utilisation des gizmos s'effectue de la manière suivante :

1. Spécifier quel gizmo 3D s'affiche par défaut lorsqu'un objet est sélectionné. Pour cela, cliquer sur l'onglet **Début** (Home) puis groupe de fonctions **Sous-objet** (Subobject) et enfin sélectionner l'option souhaitée : déplacement, rotation, échelle. Par exemple : Gizmo déplacement.

2. Enfoncer la touche Ctrl et sélectionner le sous-objet à déplacer. Par exemple : une arête. Le gizmo se place sur la poignée.

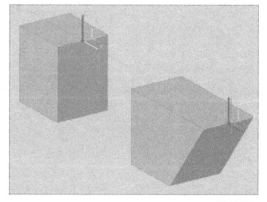

Fig.7.13

3. Vous pouvez utiliser le gizmo de déplacement pour contraindre le déplacement à un axe. Lorsque le curseur passe sur la poignée d'un axe sur le gizmo, un vecteur aligné sur l'axe apparaît et l'axe spécifié devient jaune. Cliquer sur la poignée de l'axe.

4 Lorsque vous faire glisser le curseur, le mouvement du sous-objet sélectionné est contraint selon l'axe spécifié. Vous pouvez cliquer ou entrer une valeur pour spécifier la distance de déplacement à partir du point de base (fig.7.13).

Copier, supprimer et colorer des faces ou des arêtes de solides 3D

Copier des faces d'un solide

Les faces d'un solide 3D peuvent être copiées. AutoCAD copie les faces sélectionnées sous forme de régions ou de corps. Si l'on spécifie deux points, AutoCAD utilise le premier comme point de base et insère une copie unique à un emplacement défini par rapport à ce point de base. Si l'on n'indique qu'un seul point et que l'on appuie ensuite sur la touche Entrée, AutoCAD utilise le premier point sélectionné comme point de base ; le point suivant que l'on sélectionnera sera considéré comme le point de destination de la copie.

Pour copier une face de solide, la procédure est la suivante (fig.7.14) :

1 Exécuter la commande **EDITSOLIDE** (SOLIDEDIT) à l'aide de l'une des méthodes suivantes :

Ruban : dans l'onglet **Début** (Home), choisir le groupe de fonctions **Edition de solides** (Solids Editing) puis l'option **Copier des faces** (Copy faces).

Icônes : cliquer sur l'icône **Copier les faces** (Copy faces) de la barre d'outils **Edition des solides** (Solids Editing).

Clavier : taper la commande **EDITSOLIDE** (SOLIDEDIT).

2 Désigner la face à copier : pointer 1.

3 Sélectionner d'autres faces : pointer 2. Appuyer ensuite sur Entrée pour exécuter la copie.

4 Choisir un point de base : pointer 3.

5 Désigner un second point, correspondant à la destination : pointer 4.

6 Appuyer sur Entrée pour exécuter l'opération.

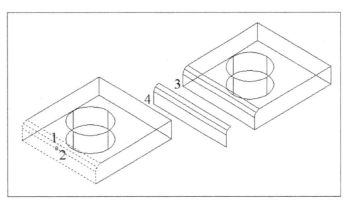

Fig.7.14

Supprimer des faces d'un solide

Les faces et les raccords d'un solide 3D peuvent être supprimés. Par exemple, il est possible de supprimer des orifices et des raccords créés sur un solide 3D à l'aide de la commande **EDITSOLIDE**.

Dans l'exemple suivant, on va supprimer des raccords créés sur un solide.

Pour supprimer une face sur un solide, la procédure est la suivante (fig.7.15) :

1. Exécuter la commande **EDITSOLIDE** (SOLIDEDIT) à l'aide de l'une des méthodes suivantes :

> Ruban : dans l'onglet **Début** (Home), choisir le groupe de fonctions **Edition de solides** (Solids Editing) puis **Supprimer des faces** (Delete faces).

> Icônes : cliquer sur l'icône **Supprimer les faces** (Delete faces) de la barre d'outils **Edition des solides** (Solids Editing).

> Clavier : taper la commande **EDITSOLIDE** (SOLIDEDIT)

2. Désigner la face à supprimer : pointer 1.
3. Sélectionner d'autres faces ou appuyer sur Entrée pour exécuter la suppression.
4. Appuyer sur Entrée pour exécuter l'opération.

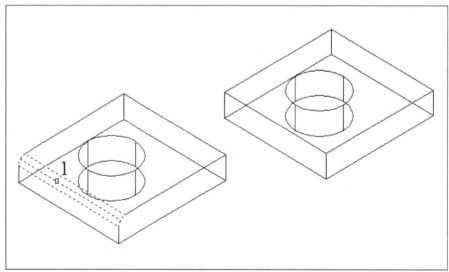

Fig.7.15

Colorier des faces d'un solide

AutoCAD permet de modifier la couleur des faces d'un solide 3D. Il est possible de sélectionner une couleur parmi les sept couleurs standard ou en choisir une autre dans la boîte de dialogue Sélectionner une couleur.

Pour changer la couleur d'une face sur un solide 3D, la procédure est la suivante (fig.7.16) :

1️⃣ Exécuter la commande **EDITSOLIDE** (SOLIDEDIT) à l'aide de l'une des méthodes suivantes :

 Ruban : dans l'onglet **Début** (Home), choisir le groupe de fonctions **Edition de solides** (Solids Editing) puis **Colorer des faces** (Color faces).

Icônes : cliquer sur l'icône **Colorer des faces** (Color faces) de la barre d'outils **Edition des solides** (Solids Editing).

Clavier : taper la commande **EDITSOLIDE** (SOLIDEDIT).

2️⃣ Sélectionner la face dont on souhaite modifier la couleur : pointer 1.

3️⃣ Sélectionner d'autres faces ou désactiver des faces : pointer 2. Appuyer ensuite sur Entrée pour exécuter l'opération.

4️⃣ Dans la boîte de dialogue **Sélectionner une couleur**, choisisser une couleur, puis cliquer sur OK.

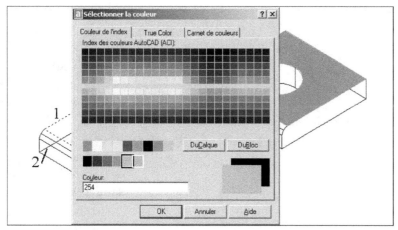

Fig.7.16

⑤ Appuyer sur Entrée pour exécuter l'opération.

REMARQUE

Une autre méthode consiste à sélectionner la face à l'aide de la touche Ctrl puis à modifier la couleur via la palette des propriétés (fig.7.17).

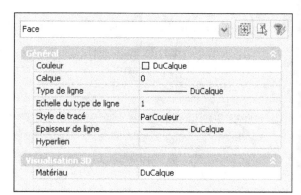

Fig.7.17

Copier des arêtes d'un solide en 3D

Les arêtes d'un solide en 3D peuvent être copiées. Toutes les arêtes des solides 3D se copient sous forme d'objets ligne, arc, cercle, ellipse ou spline. Si l'on spécifie deux points, AutoCAD utilise le premier comme point de base et insère une copie unique à un emplacement défini par rapport à ce point de base. Si l'on n'indique qu'un seul point et que l'on appuie ensuite sur la touche Entrée, AutoCAD utilise le premier point sélectionné comme point de base ; le point suivant que l'on sélectionnera sera considéré comme le point de destination de la copie.

Pour copier une arête d'un solide, la procédure est la suivante (fig.7.18) :

① Exécuter la commande **EDITSOLIDE** (SOLIDEDIT) à l'aide de l'une des méthodes suivantes :

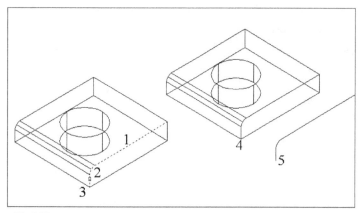

Fig.7.18

Ruban : dans l'onglet **Début** (Home), choisir le groupe de fonctions **Edition de solides** (Solids Editing) puis **Extraire des arêtes** (Copy edges).

Icônes : cliquer sur l'icône **Copier des arêtes** (Copy edges) de la barre d'outils **Edition des solides** (Solids Editing).

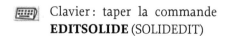

Clavier : taper la commande **EDITSOLIDE** (SOLIDEDIT)

2 Désigner l'arête de la face à copier : pointer 1.

3 Sélectionner d'autres arêtes : pointer 2 et 3. Appuyer ensuite sur Entrée pour exécuter l'opération.

4 Choisir un point de base : pointer 4.

5 Désigner un second point, correspondant à la destination : pointer 5.

6 Appuyer sur Entrée pour exécuter l'opération.

Changer la couleur des arêtes d'un solide

AutoCAD offre la possibilité d'attribuer des couleurs aux différentes arêtes d'un solide en 3D. Il est possible de sélectionner une couleur parmi les sept couleurs standard ou en choisir une autre dans la boîte de dialogue **Sélectionner une couleur**.

Pour changer la couleur d'une arête sur un solide 3D, la procédure est la suivante (fig.7.19) :

1 Exécuter la commande **EDITSOLIDE** (SOLIDEDIT) à l'aide de l'une des méthodes suivantes :

Ruban : dans le ruban **Début** (Home), choisir l'option **Edition de solides** (Solids Editing) puis **Colorer des arêtes** (Color edges).

Icônes : cliquer sur l'icône **Colorer des arêtes** (Color edges) de la barre d'outils **Edition des solides** (Solids Editing)

Clavier : taper la commande **EDITSOLIDE** (SOLIDEDIT)

2 Désigner l'arête de la face à colorer : pointer 1 et 2.

3 Sélectionner d'autres arêtes ou appuyer sur Entrée pour exécuter l'opération.

4 Dans la boîte de dialogue **Sélectionner une couleur**, choisir une couleur, puis cliquer sur OK.

5 Appuyer sur Entrée pour exécuter l'opération.

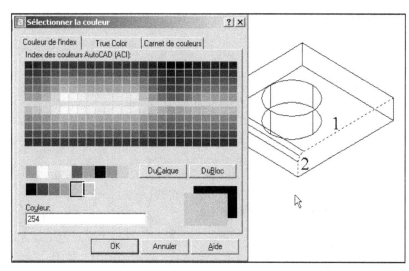

Fig.7.19

Modifications particulières des solides 3D

Les solides peuvent encore être modifiés à l'aide d'une série de fonctions particulières. Il s'agit en particulier de graver des empreintes, de créer un gainage, de séparer des parties du solide et de nettoyer le solide.

Graver des empreintes sur les solides

On peut créer des faces ou des solides en 3D en appliquant des empreintes d'arc, de cercle, de ligne, de polyligne 2D ou 3D, d'ellipse, de spline, de région, de corps et de solide en 3D. Par exemple, si un cercle chevauche un solide en 3D, on peut inscrire sur le solide et sous forme d'empreinte la partie commune aux deux objets, délimitée par l'intersection des courbes. On est libre de supprimer ou de conserver le modèle original imprimé, en vue d'autres modifications. Il doit exister une intersection entre la ou les faces de l'objet à imprimer et le solide sélectionné pour que cette opération soit possible.

Pour appliquer une empreinte sur un solide en 3D, la procédure est la suivante (fig.7.20) :

1. Dessiner l'empreinte sur le solide. Par exemple un cercle.

2. Exécuter la commande **EDITSOLIDE** (SOLIDEDIT) à l'aide de l'une des méthodes suivantes :

   Ruban : dans l'onglet **Début** (Home), choisir l'option **Edition de solides** (Solids Editing) puis **Empreinte** (Imprint).

   Icônes : cliquer sur l'icône **Empreinte** (Imprint) de la barre d'outils **Edition des solides** (Solids Editing)

   Clavier : taper la commande **GRAVER** (Imprint)

3. Sélectionner le solide 3D : pointer 1.

4. Sélectionner l'objet à imprimer : pointer 2.

5. Appuyer sur la touche Entrée pour conserver les objets initiaux ou entrer ‹Y› (O) pour les supprimer : Y (O).

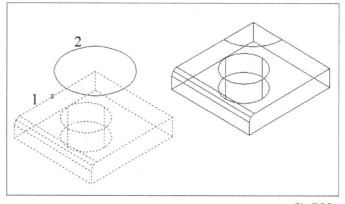

Fig.7.20

6 Sélectionner d'autres objets à imprimer ou appuyer sur Entrée pour exécuter l'opération.

7 Appuyer sur Entrée pour exécuter l'opération. L'empreinte à ajouté une face sur le solide.

Il est ensuite possible d'effectuer des modifications à partir des nouvelles faces générées. Dans l'exemple de la figure 7.21, l'empreinte est une région qui a divisé les faces latérales en deux parties. La modification est un effilement des faces latérales supérieures. Dans l'exemple de la figure 7.22, l'empreinte est une droite verticale et la modification un effilement de la face de droite.

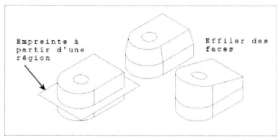

Fig.7.21

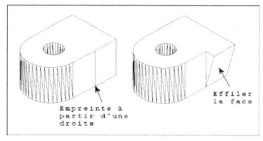

Fig.7.22

Séparer des solides 3D

Il est possible de séparer (décomposer) des solides composés. Il convient de noter que le solide 3D composé ne doit pas partager de zones ou volumes avec d'autres solides. Les solides résultant de la séparation conservent les calques et les couleurs du solide initial, une fois celui-ci décomposé. Les solides 3D imbriqués sont séparés sous leur forme la plus simple.

Pour décomposer un solide 3D composé, la procédure est la suivante (fig.7.23) :

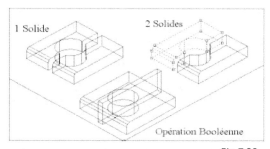

Fig.7.23

① Exécuter la commande **EDITSOLIDE** (SOLIDEDIT) à l'aide de l'une des méthodes suivantes :

⊟ Ruban : dans l'onglet **Début** (Home), choisir le groupe de fonctions **Edition de solides** (Solids Editing) puis **Séparer** (Separate).

⬡ Icônes : cliquer sur l'icône **Séparer** (Separate) de la barre d'outils **Edition des solides** (Solids Editing).

⌨ Clavier : taper la commande **EDITSOLIDE** (SOLIDEDIT).

② Sélectionner le solide 3D désiré : pointer 1.

③ Appuyer sur Entrée pour exécuter l'opération.

Créer un gainage de solides 3D

AutoCAD offre la possibilité de créer une gaine, sorte de revêtement d'une épaisseur spécifique, à partir d'un solide en 3D. Ces nouvelles faces sont créées en décalant les faces existantes vers l'intérieur ou l'extérieur par rapport à leur position d'origine. Les faces tangentes sont traitées comme des faces uniques lors de ce type d'opération.

Dans l'exemple suivant, on va créer un gainage à l'intérieur d'un cylindre.

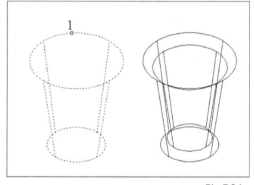

Fig.7.24

Pour créer un gainage de solide 3D, la procédure est la suivante (fig.7.24) :

① Exécuter la commande **EDITSOLIDE** (SOLIDEDIT) à l'aide de l'une des méthodes suivantes :

⊟ Ruban : dans l'onglet **Début** (Home), choisir le groupe de fonctions **Edition de solides** (Solids Editing) puis **Gaine** (Shell).

⬡ Icônes : cliquer sur l'icône **Gaine** (Shell) de la barre d'outils **Edition des solides** (Solids Editing).

⌨ Clavier : taper la commande **EDITSOLIDE** (SOLIDEDIT).

2. Sélectionner le solide 3D désiré : pointer 1.

3. Désigner la face à exclure du processus de gainage.

4. Sélectionner d'autres faces à exclure ou appuyer sur Entrée pour exécuter l'opération.

5. Indiquer la distance de décalage du gainage.

Si l'on entre une valeur positive, le gainage se crée dans la direction positive de la face.
Si l'on entre une valeur négative, il se crée dans la direction négative de la face.

6. Appuyer sur Entrée pour exécuter l'opération.

L'exemple de la figure 7.25, illustre un gainage sans face supérieure. La procédure est la suivante :

1. Sélectionner le solide 3D.

2. Désigner les faces à exclure : par facilité sélectionner l'option **TOUT** (ALL)

3. Sélectionner l'option **Ajouter** (Add) pour définir les faces à prendre en compte.

4. Sélectionner les arêtes A, B, C, D et E. La face inférieure et toutes les faces latérales sont ainsi sélectionnées.

5. Appuyer sur Entrée et le gainage est réalisé.

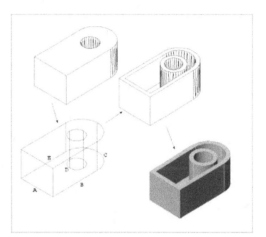

Nettoyer des solides

Fig.7.25

Il est possible de supprimer des arrêtes ou des sommets si leurs deux côtés partagent la même définition de surface ou de sommet. AutoCAD vérifie le corps, les faces ou les arêtes du solide et fusionne les faces adjacentes partageant la même surface. Toutes les arêtes redondantes, constituées d'une empreinte ou inutilisées, existant sur le solide en 3D, sont supprimées.

Pour nettoyer un solide 3D, la procédure est la suivante (fig.7.26) :

1. Exécuter la commande **EDITSOLIDE** (SOLIDEDIT) à l'aide de l'une des méthodes suivantes :

 Ruban : dans l'onglet **Début** (Home), choisir le groupe de fonctions **Edition de solides** (Solids Editing) puis **Nettoyer** (Clean).

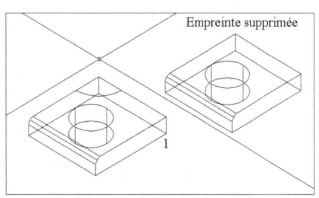

Empreinte supprimée

Fig.7.26

Icônes : cliquer sur l'icône **Nettoyer** (Clean) de la barre d'outils **Edition des solides** (Solids Editing).

Clavier : taper la commande **EDITSOLIDE** (SOLIDEDIT)

2 Sélectionner le solide 3D : pointer 1.

3 Appuyer sur Entrée pour exécuter l'opération.

Vérifier la validité des solides

AutoCAD permet de vérifier la validité des solides 3D que l'on a créés. Tout solide 3D correctement défini peut être modifié. Si l'objet que l'on tente de modifier présente des anomalies, un message d'erreur ACIS s'affiche. Si le solide 3D n'est pas correct, il n'est pas possible de l'éditer.

Pour contrôler la validité d'un solide 3D, la procédure est la suivante :

1 Exécuter la commande **EDITSOLIDE** (SOLIDEDIT) à l'aide de l'une des méthodes suivantes :

Ruban : dans l'onglet **Début** (Home), choisir le groupe de fonctions **Edition de solides** (Solids Editing) puis **Vérifier** (Check).

Icônes : cliquer sur l'icône **Vérifier** (Check) de la barre d'outils **Edition des solides** (Solids Editing)

Clavier : taper la commande **EDITSOLIDE** (SOLIDEDIT).

2 Sélectionner le solide 3D désiré.

3 Appuyer sur Entrée pour exécuter l'opération.

AutoCAD affiche un message indiquant si le solide est correctement défini ou non.

Raccords et chanfreins 3D

Principe

La commande **RACCORD** permet de définir des arrondis et des raccords sur les objets 3D sélectionnés. Avec la méthode par défaut, vous pouvez spécifier le rayon du raccord, puis sélectionner les arêtes à raccorder. De même, la commande **CHANFREIN** vous permet de biseauter les bords situés le long des faces adjacentes des solides 3D sélectionnés.

Après avoir utilisé la commande **RACCORD** ou **CHANFREIN** sur un solide, vous pouvez sélectionner le raccord ou le chanfrein et modifier ses propriétés dans la palette Propriétés.

Lorsque vous appliquez un raccord ou un chanfrein à une arête d'un solide, l'historique de ce dernier est supprimé.

Création d'un raccord

Pour définir un raccord, il suffit de préciser un rayon de raccord et de sélectionner les arêtes sur lesquelles il sera créé. La procédure est la suivante :

1. Exécuter la commande de définition d'un raccord à l'aide de l'une des méthodes suivantes (fig.7.27) :

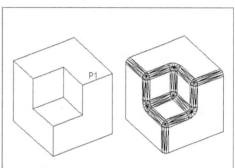

Fig.7.27

   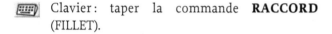 Ruban : choisir le groupe de fonctions **Modification** (Modify) puis l'option **Raccord** (Fillet).

   Icône : choisir l'icône **Raccord** (Fillet) de la barre d'outils **Modifier** (Modify).

   Clavier : taper la commande **RACCORD** (FILLET).

2. Sélectionner une arête du solide pour la création du raccord (P1).

3. Spécifier le rayon du raccord.

4. Sélectionner d'autres arêtes ou appuyer sur Entrée. L'option **Chaîne** (Chain) permet de repérer toutes les arêtes tangentes d'une même face à l'aide d'une seule sélection.

Edition d'un raccord

Pour modifier un raccord, le plus simple est de sélectionner le raccord avec l'aide de la touche Ctrl puis de modifier ses propriétés dans la palette **Propriétés** (fig.7.28).

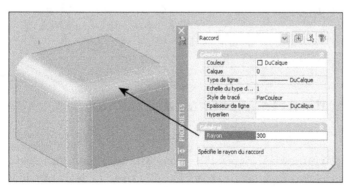

Fig.7.28

Création d'un chanfrein

1 Exécuter la commande de chanfreinage à l'aide de l'une des méthodes suivantes (fig.7.29) :

 Ruban : choisir le groupe de fonctions **Modification** (Modify) puis l'option **Chanfrein** (Chamfer).

 Icône : choisir l'icône **Chanfrein** (Chamfer) de la barre d'outils **Modifier** (Modify).

 Clavier : taper la commande **CHANFREIN** (CHAMFER).

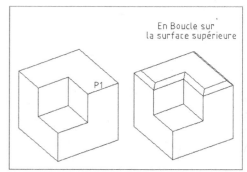

Fig.7.29

2 Sélectionner une arête du solide pour la création du chanfrein.

3 AutoCAD met en surbrillance l'une des deux faces adjacentes à l'arête sélectionnée. Si le chanfrein doit s'effectuer sur l'autre surface, taper « N », sinon cliquer sur **OK** pour confirmer le premier choix.

4 Spécifier la distance voulue sur la surface de base puis sur la surface adjacente. Exemple : 500 et 500.

5 Sélectionner les arêtes à chanfreiner. L'option **Boucle** (Loop) permet de sélectionner toutes les arêtes autour de la surface de base.

Edition d'un chanfrein

Pour modifier un chanfrein, le plus simple est de sélectionner le raccord avec l'aide de la touche Ctrl puis de modifier ses propriétés dans la palette Propriétés (fig.7.30).

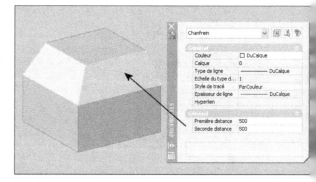

Fig.7.30

Les modifications topologiques des solides

Principe

Comme pour les entités 2D, il est possible de modifier la position d'un objet 3D et d'en faire des copies multiples. Cinq fonctions spécifiques permettent de manipuler les objets dans l'environnement 3D. Il s'agit du déplacement en 3D, de la rotation en 3D, de la création de réseaux en 3D, de la création de copies-miroirs en 3D et de l'alignement d'objets en 3D.

Dans le cas du déplacement et de la rotation, AutoCAD utilise également la poignée d'aide Gizmo comme pour les sous-objets. Le gizmo s'installe automatiquement dès la sélection du ou des objets à déplacer. Il n'est donc pas absolument nécessaire de faire appel aux commandes Déplacer 3D et Rotation 3D du groupe de fonctions **Modification** (Modify). Il est cependant utile de souligner qu'en mode automatique c'est toujours le dernier type de gizmo utilisé qui s'affiche. Ainsi, si c'est le gizmo rotation qui s'affiche et que vous souhaitez réaliser un déplacement, il convient d'effectuer un clic droit sur le gizmo et de sélectionner **Déplacer** dans le menu contextuel qui s'affiche.

Le déplacement 3D d'un objet

Pour déplacer un objet en 3D, AutoCAD dispose d'un outil d'aide « gizmo » qui vous permet de déplacer un jeu de sélection d'objets librement ou en contraignant le mouvement à un axe ou un plan.

Après avoir sélectionné les objets et les sous-objets que vous voulez déplacer, l'outil gizmo se place automatiquement au centre de gravité. Cet emplacement (indiqué par le cadre central du gizmo) définit le point de base du mouvement et modifie temporairement la position du SCU pour le déplacement des objets sélectionnés. Vous pouvez ensuite déplacer les objets librement en faisant glisser l'outil poignée ou spécifier l'axe ou le plan à utiliser pour contraindre le déplacement (fig. 7.31-32).

Fig.7.31

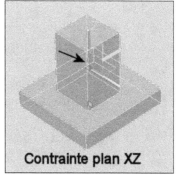

Contrainte plan XZ

Fig.7.32

Pour déplacer des objets dans l'espace 3D le long d'un axe spécifié, la procédure est la suivante :

[1] Exécuter la commande de déplacement 3D à l'aide de l'une des méthodes suivantes :

 Ruban : choisir le groupe de fonctions **Modification** (Modify), puis l'option **Déplacer 3D** (3D Move).

 Icône : cliquer sur l'icône **Déplacer 3D** (3D Move) de la barre d'outils **Modélisation** (Modeling).

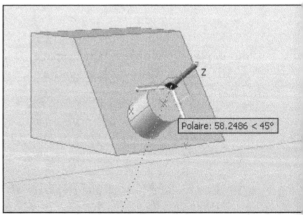

Clavier : taper la commande **DEPLACER3D** (3DMOVE).

2 Sélectionner les objets que vous voulez déplacer.

3 Une fois les objets sélectionnés, appuyer sur Entrée. Le gizmo de déplacement est attaché au curseur.

4 Cliquer pour positionner le gizmo de déplacement, et spécifier ainsi le point de base du déplacement.

5 Placer le curseur au-dessus d'un identificateur d'axe sur le gizmo jus-

Fig.7.33

qu'à ce qu'il devienne jaune et que le vecteur s'affiche, puis cliquer sur l'identificateur d'axe.

6 Cliquer ou entrer une valeur pour spécifier la distance du déplacement (fig.7.33).

Pour déplacer des objets dans l'espace 3D le long d'un plan spécifié, la procédure est la suivante :

1 Exécuter la commande de déplacement 3D à l'aide de l'une des méthodes suivantes :

Ruban : choisir le groupe de fonctions **Modification** (Modify), puis l'option **Déplacer 3D** (3D Move).

Icône : cliquer sur l'icône **Déplacer 3D** (3D MOve) de la barre d'outils **Modélisation** (Modeling).

Clavier : taper la commande **DEPLACER3D** (3DMOVE).

2 Sélectionner les objets que vous voulez déplacer.

3 Une fois les objets sélectionnés, appuyer sur Entrée. Le gizmo de déplacement est attaché au curseur.

4 Cliquer pour positionner l'outil poignée de déplacement, et spécifier ainsi le point de base du déplacement.

Fig.7.34

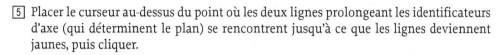

⑤ Placer le curseur au-dessus du point où les deux lignes prolongeant les identificateurs d'axe (qui déterminent le plan) se rencontrent jusqu'à ce que les lignes deviennent jaunes, puis cliquer.

⑥ Cliquer ou entrer une valeur pour spécifier la distance du déplacement (fig.7.34).

La rotation 3D d'un objet

Pour faire tourner un objet en 3D, AutoCAD dispose d'un outil « poignée de rotation » qui vous permet de faire pivoter des objets et des sous-objets librement ou en contraignant la rotation à un axe. Après avoir sélectionné les objets et les sous-objets que vous voulez faire pivoter, placer l'outil poignée n'importe où dans l'espace 3D. Cet emplacement (indiqué par le cadre central de l'outil poignée) définit le point de base du mouvement et modifie temporairement la position du SCU pour la rotation des objets sélectionnés.

Vous pouvez ensuite faire pivoter les objets librement en faisant glisser l'outil poignée ou spécifier l'axe à utiliser pour contraindre la rotation (fig.7.35).

Pour faire pivoter des objets dans l'espace 3D le long d'un axe spécifié, la procédure est la suivante :

① Exécuter la commande de rotation 3D à l'aide de l'une des méthodes suivantes :

Ruban : choisir le groupe de fonctions **Modification** (Modify), puis l'option **Rotation 3D** (3D Rotate).

Icône : cliquer sur l'icône **Rotation 3D** (3D Rotate) de la barre d'outils **Modélisation** (Modeling).

Clavier : taper la commande **ROTATION3D** (3DROTATE).

② Sélectionner les objets et les sous-objets à faire pivoter.

③ Appuyer sur la touche Ctrl et maintenez-la enfoncée pour sélectionner des sous-objets (faces, arêtes et sommets). Relâcher la touche Ctrl pour sélectionner des objets.

④ Une fois les objets sélectionnés, appuyer sur Entrée. L'outil poignée de rotation est attaché au curseur.

⑤ Cliquer pour positionner l'outil poignée de rotation, et spécifier ainsi le point de base du mouvement.

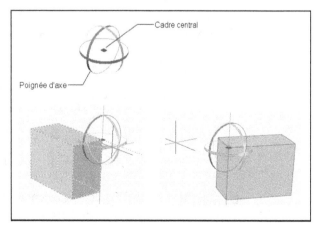

Fig.7.35

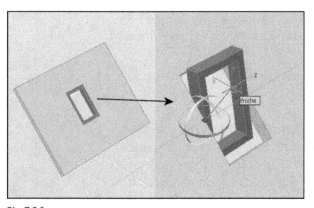

Fig.7.36

[6] Placer le curseur au-dessus d'un identificateur d'axe sur l'outil poignée jusqu'à ce qu'il devienne jaune et que le vecteur s'affiche, puis cliquer.

[7] Cliquer ou entrer une valeur pour spécifier l'angle de rotation (fig.7.36).

L'alignement 3D d'un objet

L'alignement 3D d'objets permet de déplacer facilement un ou plusieurs objets sources pour les aligner sur un objet de référence. Pour cela, vous pouvez spécifier un, deux ou trois points pour l'objet source puis spécifier un, deux ou trois points d'arrivée. L'objet sélectionné est déplacé et pivote afin que les points de base et les axes X et Y de la source et de la destination soient alignés dans l'espace 3D. La commande **ALIGNER3D** (3D Align) fonctionne avec le SCU dynamique (SCUD), ce qui vous permet de faire glisser les objets sélectionnés et les aligner avec la face d'un objet solide de façon dynamique.

Pour aligner des objets avec d'autres objets à l'aide de deux couples de trois points, la procédure est la suivante :

[1] Exécuter la commande d'alignement 3D à l'aide de l'une des méthodes suivantes :

Ruban : choisir le groupe de fonctions **Modification** (Modify), puis l'option **Aligner 3D** (3D Align).

Icône : cliquer sur l'icône **Aligner 3D** (3D Align) de la barre d'outils **Modélisation** (Modeling).

Clavier : taper la commande **ALIGNER3D** (3DALIGN).

[2] Sélectionner les objets à aligner et appuyer sur Entrée.

[3] Spécifier le plan de départ et l'orientation. Pour cela spécifier d'abord le point de base (P1). Le point de base de l'objet source sera déplacé vers le point de base de l'arrivée.

[4] Spécifier un point sur l'axe X de l'objet (P2).

[5] Spécifier le troisième point (P3). Ce troisième point permet de spécifier l'orientation du plan XY de l'objet source qui sera aligné sur le plan d'arrivée.

[6] Spécifier le plan d'arrivée et l'orientation. Pour cela spécifier d'abord le premier point d'arrivée. Ce point définit l'arrivée du point de base de l'objet source.

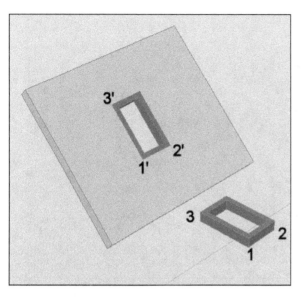

Fig.7.37

7. Spécifier le second point d'arrivée. Ce deuxième point spécifie une nouvelle direction de l'axe X.

8. Spécifier le troisième point d'arrivée. Ce point spécifie l'orientation du plan XY d'arrivée (fig.7.37).

Pour glisser des objets sélectionnés et les aligner avec la face d'un objet solide de façon dynamique, la procédure est la suivante :

1. Activer le mode SCU dynamique.

2. Exécuter la commande d'alignement 3D à l'aide de l'une des méthodes suivantes :

Ruban : choisir le groupe de fonctions **Modification** (Modify), puis l'option **Aligner 3D** (3D Align).

Icône : cliquer sur l'icône **Aligner 3D** (3D Align) de la barre d'outils **Modélisation** (Modeling).

Clavier : taper la commande **ALIGNER3D** (3DALIGN).

3. Sélectionner les objets à aligner et appuyer sur Entrée.

4. Spécifier un point de base (P1). Ce point de base de l'objet source sera déplacé vers le point de base de l'arrivée.

5. Entrer C pour activer l'option **Continuer** (Continue) puis appuyer sur Entrée.

6. Survoler la face à laquelle vous souhaitez aligner l'objet.

7. Spécifier le premier point d'arrivée (P2) et appuyer sur Entrée si la position de base est correcte, sinon pointer un second voir un troisième point pour orienter l'objet (fig.7.38).

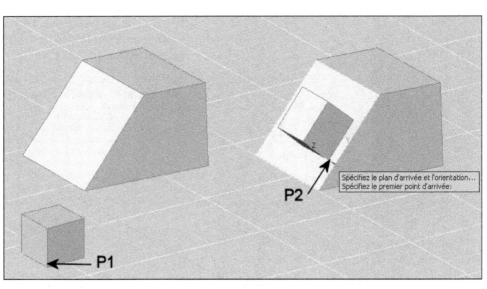

Spécifiez le plan d'arrivée et l'orientation...
Spécifiez le premier point d'arrivée:

Fig.7.3

La copie-miroir en 3D

La copie-miroir d'un objet en 3D s'effectue par rapport à un plan de symétrie qui peut être : un plan défini par trois points dans l'espace, un plan parallèle au plan XY, YZ ou XZ et passant par un point au choix, le plan d'un objet 2D.

Pour créer un miroir 3D, la procédure est la suivante :

1. Exécuter la commande de copie-miroir à l'aide de l'une des méthodes suivantes (fig.7.39) :

    Ruban : choisir le groupe de fonctions **Modification** (Modify) puis l'option **Miroir 3D** (3D Mirror).

    Clavier : taper la commande **MIRROR3D**.

2. Sélectionner l'objet à copier (P1).

3. Désigner trois points pour définir le plan de symétrie (P2, P3, P4).

4. Appuyer sur Entrée pour conserver l'objet d'origine ou entrer « o » (y) pour le supprimer.

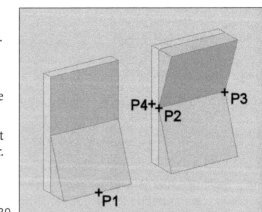

Fig.7.39

La création d'un réseau d'objets en 3D

La création d'un réseau d'objets en 3D peut s'effectuer de manière rectangulaire ou polaire. Dans le premier cas, il convient de définir le nombre de colonnes (direction X), de lignes (direction Y) et de niveaux (direction Z). Dans le second cas, il faut spécifier le nombre d'objets et l'axe de rotation. La procédure est la suivante :

1. Exécuter la commande de copie en réseau à l'aide de l'une des méthodes suivantes (fig.7.40) :

  Ruban : choisir le groupe de fonctions **Modification** (Modify) puis l'option **Réseau 3D** (3D Array).

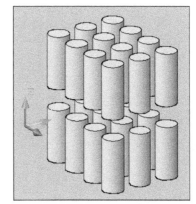

  Clavier : taper la commande **3DARRAY**.

2. Sélectionner l'objet à copier.

3. Entrer le type de réseau [Rectangulaire/Polaire] ⟨R⟩ : par exemple Rectangulaire.

4. Spécifier le nombre de **lignes** (rows) : 3.

5. Spécifier le nombre de **colonnes** (columns) : 4.

6. Spécifier le nombre de **niveaux** (levels) : 2.

7. Spécifier la distance entre les lignes : 5.

8. Spécifier la distance entre les colonnes : 5.

Fig.7.40

9. Spécifier la distance entre les niveaux : 10.

Dans le cas du réseau polaire (fig.7.41) :

1. Entrer le nombre d'éléments du réseau : 8.

2. Spécifier l'angle à décrire (+=ccw, =cw) ⟨360⟩ : 360.

3. Rotation des objets du réseau ? [Oui/Non] ⟨O⟩ : O.

4. Spécifier le centre du réseau : P1.

5. Spécifier un deuxième point sur l'axe de rotation : P2.

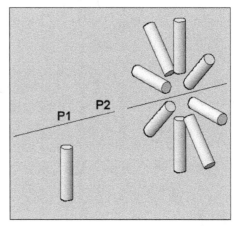

Fig.7.41

CHAPITRE 8

CRÉATION DE COUPES ET DE VUES

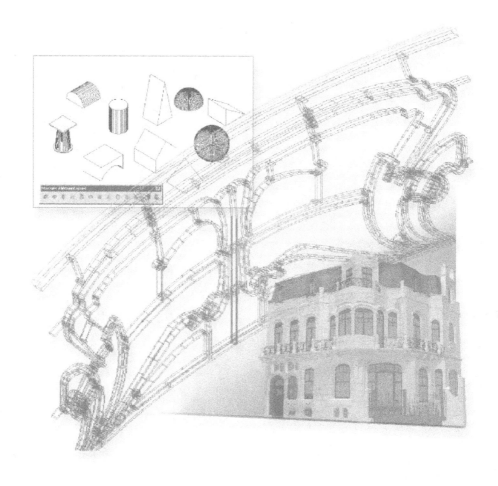

Le principe

Après la création du modèle 3D d'un projet, beaucoup de données ne sont souvent pas réutilisables et beaucoup de temps est nécessaire pour la réalisation des vues en plan. Grâce aux nouvelles fonctionnalités d'AutoCAD 2007, il est à présent très aisé de réutiliser les données qui ont servi à la conception d'un projet pour guider la production de plans.

Vous pouvez créer une coupe statique en utilisant l'intersection d'un plan et d'objets solides pour créer une région. Il s'agit de la fonction **COUPE** (SECTION). Vous pouvez également utiliser un plan sécant, appelé objet de coupe qui permet de voir des vues en coupe dans un modèle 3D en temps réel. Il s'agit dans ce cas de la fonction **PLANDECOUPE** (SECTIONPLANE). Les vues en coupe peuvent ensuite être capturées sous la forme de représentations aplanies.

La création d'une coupe 2D statique

Pour effectuer une coupe dans un solide il suffit de spécifier le plan de la section à l'aide de trois points, d'un objet ou des plans XY, YZ et ZX. La section générée prend la forme d'une région (surface 2D) et peut être déplacée n'importe où dans le plan. La procédure est la suivante :

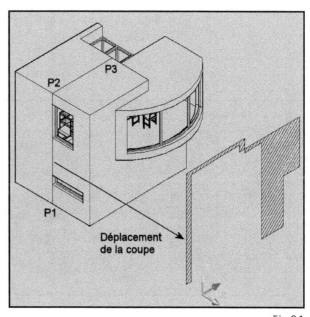

1. Entrer la commande **COUPE** (SECTION) au clavier.

2. Sélectionner l'objet à couper.

3. Définir le plan de coupe à l'aide de trois points (P1, P2, P3). Le premier point définit l'origine (0,0,0) de ce plan. Le deuxième point détermine l'axe X, et le troisième l'axe Y.

Il est ensuite possible de déplacer et d'habiller (hachures, cotation, etc.) la coupe générée (fig.8.1).

Fig.8.1

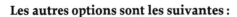

Les autres options sont les suivantes :

▸ **Axe Z** (Zaxis) : définit le plan de coupe en indiquant un point sur le plan sécant et un autre point sur l'axe Z du plan (perpendiculaire au plan).

▸ **Vue (View)** : aligne le plan de coupe avec le plan de visualisation de la fenêtre courante. La spécification d'un point définit l'emplacement du plan de coupe.

▸ **XY** : aligne le plan de coupe avec le plan XY du SCU courant. La spécification d'un point définit l'emplacement du plan de coupe.

▸ **YZ** : aligne le plan de coupe avec le plan YZ du SCU courant. La spécification d'un point définit l'emplacement du plan de coupe.

▸ **ZX** : aligne le plan de coupe avec le plan ZX du SCU courant. La spécification d'un point définit l'emplacement du plan de coupe.

Couper un solide en deux parties

Pour couper un solide en deux parties il suffit de spécifier un plan de coupe à l'aide de trois points, d'un objet ou des plans XY, YZ et ZX. Après la coupe, il est possible de conserver une seule ou les deux moitiés du solide d'origine. La procédure est la suivante :

1️⃣ Exécuter la commande de coupe à l'aide de l'une des méthodes suivantes (fig.8.2) :

▤ Ruban : choisir le groupe de fonctions Edition de Solides puis **Section** (Slice).

○⊙○ Tableau de bord : dans le **Panneau de configuration Création 3D**, cliquer sur l'icône pour développer le panneau, puis sélectionner **Section** (Slice).

⌨ Clavier : taper la commande **SECTION** (SLICE).

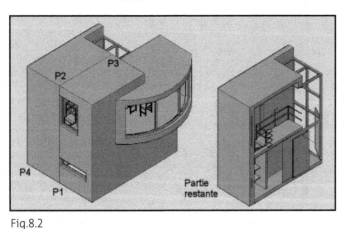

Fig.8.2

2️⃣ Sélectionner l'objet à couper.

3️⃣ Appuyer sur Entrée pour activer l'option 3 points.

4️⃣ Définir le plan de coupe à l'aide de trois points (P1, P2, P3).

5️⃣ Désigner la moitié à conserver (P4) ou entrer « D » (B) pour garder les deux parties.

La création d'un plan de coupe

PRINCIPE

Trois méthodes sont disponibles pour créer un plan de coupe :

▶ **Alignement sur une face** : il s'agit de la méthode par défaut qui consiste à déplacer le curseur sur la face de votre modèle 3D, puis à cliquer pour positionner l'objet de coupe. Le plan de coupe est aligné automatiquement en fonction du plan de la face que vous avez sélectionnée.

▶ **Dessin du plan de coupe** : il convient de dessiner la ligne de coupe en pointant deux ou plusieurs points. Dans ce dernier cas, vous pouvez créer une ligne de coupe brisée.

▶ **Coupe orthogonale** : cette méthode vous permet de créer rapidement un objet de coupe aligné en fonction d'un plan orthogonal présélectionné.

Créer un plan de coupe alignésur une surface

Pour créer un objet de coupe en sélectionnant une face, la procédure est la suivante :

1 Exécuter la commande de coupe à l'aide de l'une des méthodes suivantes :

    Ruban : choisir l'onglet **Début** (Home) puis le groupe de fonctions **Coupe** (Section) et enfin **Plan de coupe** (Section Plane).

    Clavier : taper la commande **PLANDECOUPE** (SECTIONPLANE).

2 Cliquer pour sélectionner une face dans votre modèle (fig.8.3). Un objet de coupe est créé sur le plan de la face sélectionnée (fig.8.4).

3 Cliquer sur la ligne de coupe pour afficher ses poignées.

4 Sélectionner une poignée pour déplacer le plan de coupe à travers l'objet 3D (fig.8.5). Un objet de coupe est créé dans l'état Plan de coupe. La coupe 3D est activée.

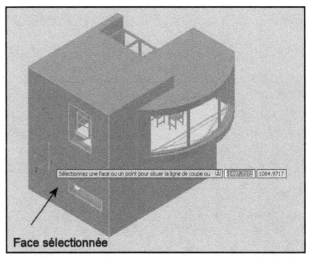

Fig.8.3

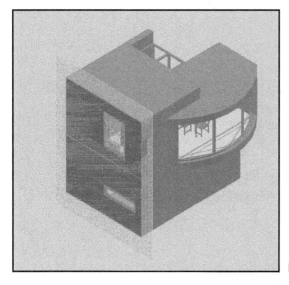
Fig.8.4

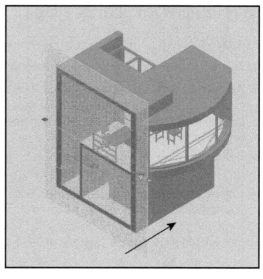
Fig.8.5

Dessiner un plan de coupe droit ou brisé

Pour créer un objet de coupe en sélectionnant une face, la procédure est la suivante :

1. Afficher les objets à couper dans une vue plane et désactiver l'accrochage aux objets.

2. Exécuter la commande de coupe à l'aide de l'une des méthodes suivantes :

   Ruban : choisir l'onglet **Début** (Home) puis le groupe de fonctions **Coupe** (Section) et enfin **Plan de coupe** (Section Plane).

   Clavier : taper la commande **PLANDECOUPE** (SECTIONPLANE).

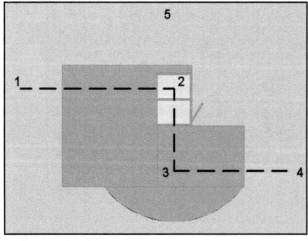
Fig.8.6

3. Sélectionner l'option **Dessiner coupe** (Draw section).

4. Définir la ligne de coupe droite ou brisée passant par les objets 3D (fig.8.6).

5. Pointer un point pour définir la direction du plan de coupe.

6. Cliquer sur la ligne de coupe pour afficher ses poignées (fig.8.7). Vous pouvez utiliser ses poignées pour redéfinir la ligne de coupe si nécessaire.

7. Afficher la vue en 3D. La coupe 3D est désactivée (fig.8.8).

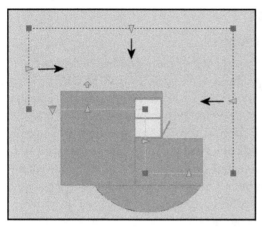

Fig.8.7

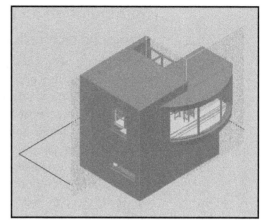

Fig.8.8

Créer un plan de coupe orthogonal

Pour créer un objet de coupe en sélectionnant une face, la procédure est la suivante :

1. Exécuter la commande de coupe à l'aide de l'une des méthodes suivantes :

   Ruban : choisir l'onglet **Début** (Home) puis le groupe de fonctions **Coupe** (Section) et enfin **Plan de coupe** (Section Plane).

   Clavier : taper la commande **PLANDECOUPE** (SLICE).

2. Sélectionner l'option Orthogonal (Orthographic) « O ».

3. Sélectionner une option d'alignement : **Haut** (Top), **Bas** (Bottom), **Avant** (Front), etc.

Un objet de coupe est créé. Il est centré dans une limite 3D imaginaire autour de tous les objets 3D du dessin. Il est placé sur le plan orthogonal sélectionné. La coupe 3D est activée. Dans l'exemple de la figure 8.9, l'option **Haut** (Top) a été sélectionnée. Cela signifie que la partie située au-dessus du plan de coupe horizontal, passant par le centre de gravité du volume imaginaire entourant tous les objets, est coupée.

Vous pouvez utiliser ses poignées pour redéfinir la ligne de coupe si nécessaire.

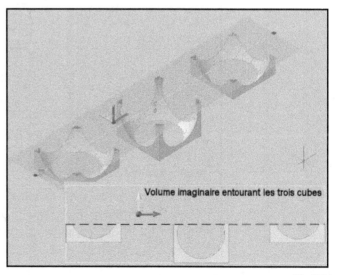

Volume imaginaire entourant les trois cubes

Fig.8.9

Manipulation du plan de coupe

Ajouter un raccourcissement à une coupe

Vous pouvez créer une ligne de coupe comportant plusieurs segments (raccourcisse-ments) à l'aide de l'option Dessiner coupe de la commande **PLANDECOUPE**. Vous pouvez également ajouter un raccourcissement à un objet de coupe existant. Lorsque vous ajoutez un raccourcissement à un objet de coupe existant, un segment est créé. Ce dernier est perpendiculaire au segment sélectionné, dans la direction de la poignée de direction. Il n'est pas possible d'ajouter des raccourcissements aux lignes arrières ou laté-rales de l'objet de coupe. L'accrochage aux objets **Proche** (Nearest) est temporairement activé lorsque vous ajoutez des raccourcissements à une coupe. Une fois que vous avez ajouté des raccourcissements, vous pouvez revoir les coupes raccourcies en utilisant les poignées de l'objet de coupe. La procédure est la suivante :

1. Sélectionner la ligne de coupe.

2. Effectuer un clic droit et choisir **Ajouter un raccourcissement à la coupe** (Add jog to section) dans le menu contextuel.

3. Cliquer sur un point (A) de la ligne de coupe. Un nouveau segment est créé perpendi-culairement au segment sélectionné et dans la direction de la poignée de direction.

4. Utiliser les poignées et les points pour réajuster éventuellement la ligne de coupe (fig.8.10).

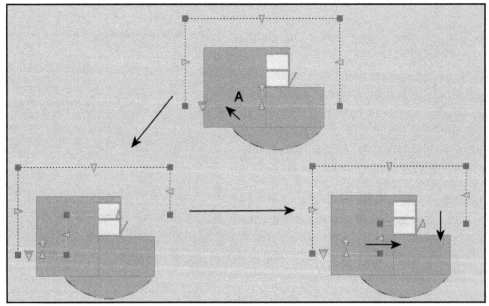

Fig.8.10

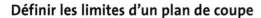

Définir les limites d'un plan de coupe

Les limites d'un plan de coupe peuvent se présenter de trois manières différentes : Plan de coupe, Limite de coupe et Volume de coupe. Selon l'état choisi, vous pouvez voir le plan sécant sous la forme d'un plan 2D, d'un parallélépipède 2D ou d'un parallélépipède 3D (fig.8.11). Les poignées vous permettent d'apporter des ajustements à la longueur, à la largeur et à la hauteur de la zone sécante. En cliquant sur la flèche, le menu déroulant propose ainsi les trois options suivantes :

▸ **Plan de coupe** (Section Plane) : l'indicateur du plan de coupe transparent et la ligne de coupe s'affichent. Le plan sécant s'étend à l'infini dans toutes les directions.

▸ **Limite de coupe** (Section Boundary) : un parallélépipède 2D montre l'étendue XY du plan sécant. Le plan sécant le long de l'axe Z s'étend à l'infini.

▸ **Volume de coupe** (Section Volume) : un parallélépipède 3D montre l'étendue du plan sécant dans toutes les directions.

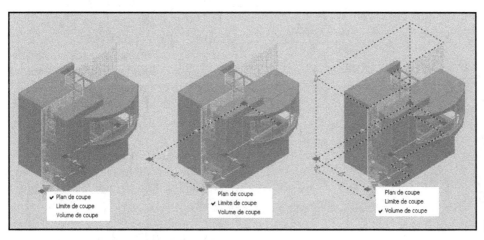

Fig.8.11

Activer le résultat des limites d'un plan de coupe

Après avoir défini un plan de coupe et modifié éventuellement ses limites, il peut être intéressant de visualiser le résultat de la coupe. La procédure est la suivante :

1 Sélectionner la ligne de coupe.

2 Effectuer un clic droit et sélectionner l'option **Activer la coupe 3D** (Activate live sectioning) dans le menu contextuel. Il en résulte que la partie de l'objet située en dehors des limites n'est plus visible (fig.8.12).

3 Vous pouvez néanmoins afficher la partie délimitée avec des propriétés spécifiques en sélectionnant l'option **Afficher la géométrie délimitée** (Show cut-away geometry) du menu contextuel (fig.8.13).

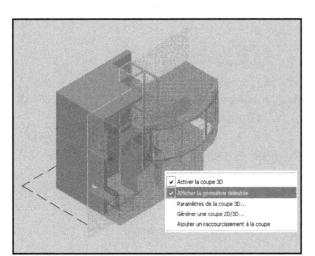

Fig.8.12

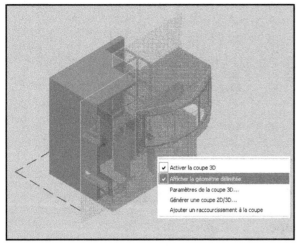

Fig.8.13

Modifications des paramètres du plan de coupe

Les paramètres du plan de coupe permettent de contrôler une série d'éléments dont la couleur des objets coupés, la couleur des contours des objets coupés, le type et la couleur des hachures, la transparence des faces, etc.

Pour modifier les paramètres d'un objet de coupe, la procédure est la suivante (fig.8.14) :

1. Cliquer avec le bouton droit de la souris sur l'objet de coupe. Cliquer sur **Paramètres de la coupe** (Live section settings).

2. Trois sections permettent de spécifier les propriétés de la coupe 3D :

   - **Limite d'intersection** (Intersection Boundary) : définit l'apparence des segments de ligne qui définissent la surface d'intersection du plan de l'objet de coupe. Vous pouvez ainsi changer la couleur, le type de ligne, l'échelle du type de ligne et l'épaisseur de ligne.

   - **Remplissage de l'intersection** (Intersection Fill) : définit le remplissage facultatif qui s'affiche à l'intérieur de la zone d'intersection de la surface coupée où l'objet de coupe forme une intersection avec l'objet 3D.

   - **Géométrie délimitée** (Cut-away Geometry) : définit l'aspect de la partie coupée de l'objet 3D par la coupe. Par défaut cette partie est affichée en rouge avec un taux de transparence de 50% (fig.8.15).

Générer des coupes 2D/3D

Après avoir défini un plan de coupe, vous pouvez générer une coupe 2D ou 3D. Ces coupes peuvent être insérées dans le dessin sous forme d'un bloc sans nom ou enregistrées dans un fichier externe en tant que wbloc. Les coupes générées sont créées en tant que blocs pouvant être renommés et modifiés à l'aide de la commande **MODIFBLOC** (BEDIT).

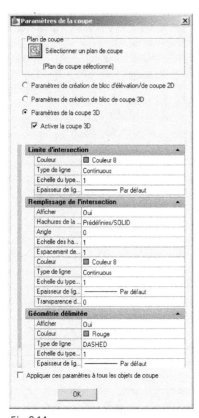

Fig.8.14

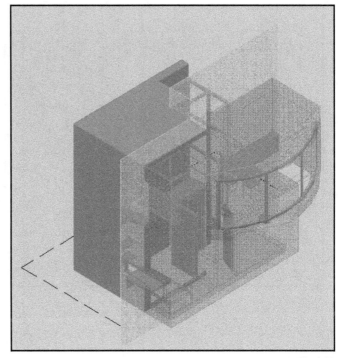

Fig.8.15

Pour générer une coupe 2D ou 3D, la procédure est la suivante :

1. Sélectionner l'objet de coupe. Cliquer avec le bouton droit de la souris sur la ligne de coupe, puis choisir **Générer une coupe 2D/3D** (Generate 2D/3D section) (fig.8.16).

2. Dans la boîte de dialogue **Génération d'une élévation/coupe** (Generate Section/Elevation), cliquer sur **Elévation/coupe 2D** (2D Section/Elevation) ou **Coupe 3D** (3D Section) (fig.8.17).

3. Cliquer sur **Inclure tous les objets** (Include all objects).

4. Sous **Destination**, cliquer sur **Insérer en tant que nouveau bloc** (Insert as new block).

5. Cliquer sur **Créer** (Create).

6. Spécifier un point d'insertion à l'écran. Un bloc sans nom est inséré. Il est composé d'une géométrie 2D ou 3D (fig.8.18-8.19).

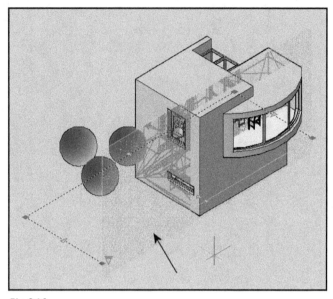

Fig.8.16

Fig.8.17

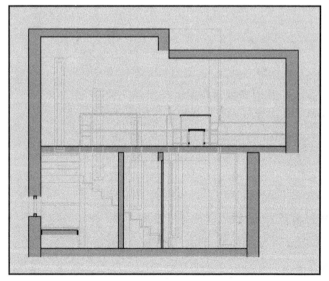

Fig.8.18

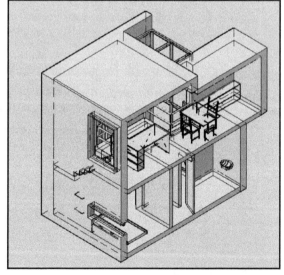

Fig.8.19

OPTIONS

Les options de la boîte de dialogue **Génération d'une élévation/coupe** (Generate Section/Elevation) sont les suivantes :

Section 2D/3D

▸ **Elévation/coupe 2D** (2D Section/Elevation) : permet de générer une coupe 2D.

▸ **Coupe 3D** (3D Section) : permet de générer une coupe 3D.

Section Géométrie source

▸ **Inclure tous les objets** (Include all objects) : permet d'inclure tous les objets 3D (solides, surfaces et régions 3D) dans le dessin, y compris ceux présents dans les xréfs et les blocs.

▸ **Sélectionner les objets à inclure** (Select objects to include) : permet de sélectionner manuellement (via le bouton Choix des objets) les objets 3D (solides, surfaces et régions 3D) dans le dessin à partir duquel générer une coupe.

Section Destination

▸ **Insérer en tant que nouveau bloc** (Insert as new block) : permet d'insérer la coupe générée en tant que bloc dans le dessin courant.

▸ **Remplacer le bloc existant** (Replace existing block) : permet de remplacer (via le bouton Choix du bloc) un bloc existant dans le dessin par la coupe générée.

▸ **Exporter vers un fichier** (Export to a file) : permet d'enregistrer la coupe dans un fichier externe.

▸ **Nom du fichier et chemin d'accès** (Filename and path) : permet de spécifier un nom de fichier et un chemin d'accès dans lesquels la coupe sera enregistrée.

▸ **Paramètres de la coupe** (Section Settings) : permet d'ouvrir la Boîte de dialogue Paramètres de la coupe.

▸ **Créer** (Create) : permet de créer la coupe.

Les options de la boîte de dialogue **Paramètres de la coupe** (Section Settings) sont les suivantes (fig.8.20) :

▸ **Paramètres de création de bloc d'élévation/de coupe 2D** (2D section / elevation block creation settings) : définit la façon dont une coupe 2D d'un objet 3D s'affiche lorsqu'elle est générée.

▸ **Paramètres de création de bloc de coupe 3D** (3D section block creation settings) : détermine la façon dont un objet 3D s'affiche lorsqu'il est généré.

▸ **Paramètres de la coupe 3D** (Live Section settings) : détermine la façon dont les objets sectionnés s'affichent dans le dessin lorsque la coupe 3D est activée.

Fig.8.20

▸ **Activer la coupe 3D** (Activate Live Section) : active la coupe 3D pour l'objet de coupe sélectionné.

▸ **Limite d'intersection** (Intersection Boundary) : définit l'apparence des segments de ligne qui définissent la surface d'intersection du plan de l'objet de coupe.

▸ **Remplissage de l'intersection** (Intersection Fill) : définit le remplissage facultatif qui s'affiche à l'intérieur de la zone d'intersection de la surface coupée où l'objet de coupe forme une intersection avec l'objet 3D.

▸ **Lignes d'arrière-plan** (Background Lines) : contrôle l'affichage des lignes d'arrière-plan pour les coupes 2D et 3D. Pour les coupes 2D, gère également l'emplacement d'affichage des lignes masquées.

▸ **Lignes de premier plan** (Foreground lines) : contrôle l'affichage des lignes de premier plan.

▸ **Géométrie délimitée** (Cut-away Geometry) : contrôle l'affichage de la partie découpe dans le cas d'une coupe 3D.

▸ **Lignes de tangence de la courbe** (Curve Tangency Lines) : contrôle l'inclusion des lignes courbes tangentes au plan de coupe. S'applique uniquement aux sections 2D.

Aplanir une vue

Une vue aplanie permet d'obtenir les différentes vues en élévation d'un modèle 3D. Chaque vue obtenue est un bloc correspondant à une représentation aplanie du modèle 3D et projetée sur le plan XY. Ce processus revient à prendre un cliché du modèle 3D entier avec une caméra, puis à mettre à plat la photographie. Une fois que vous avez inséré le bloc, vous pouvez y apporter des modifications, car la vue aplanie est composée d'une géométrie 2D.

Une vue aplanie est générée avec les paramètres suivants :

▸ Tous les objets 3D de la fenêtre de l'espace objet sont capturés. Placez les objets ne devant pas être capturés sur des calques qui sont soit désactivés, soit gelés.

▸ Les vues aplanies sont créées en tant que blocs pouvant être renommés et modifiés à l'aide de la commande **MODIFBLOC** (BEDIT).

▸ Le bloc généré est basé sur les paramètres d'affichage des lignes de premier plan et lignes foncées de la boîte de dialogue **Aplanir la géométrie** (Flatshot).

▸ Les lignes masquées sont capturées et affichées dans le bloc à l'aide des paramètres d'affichage des lignes foncées (boîte de dialogue **Aplanir la géométrie**).

▸ Les objets 3D qui ont fait l'objet d'une coupe par des objets de coupe sont capturés dans leur intégralité. La commande **APLANIRGEOM** (FLATSHOT) capture ces objets comme s'ils n'avaient pas fait l'objet d'une coupe.

Pour créer une vue 2D aplanie d'un modèle 3D, la procédure est la suivante :

Configurez la vue du modèle 3D (vue orthogonale ou vue isométrique).

1 Exécuter la commande de coupe à l'aide de l'une des méthodes suivantes :

Ruban : dans le groupe de fonctions **Coupe** (Section), cliquer sur la flèche verticale et sélectionner **Aplanir la géométrie** (Flatshot).

Clavier : taper la commande **APLANIRGEOM** (FLATSHOT).

2 Dans la boîte de dialogue **Aplanir la géométrie** (Flatshot), sous **Destination**, cliquer sur l'une des options. Par exemple : **Insérer en tant que nouveau bloc** (Insert as new block) (fig.8.21).

3 Changer la couleur et le type des lignes foncées et de premier plan. Par exemple : **Blanc** et **Continuous**.

4 Pour ne pas afficher les lignes cachées, enlever la coche **Afficher** (Show).

Fig.8.21

5 Cliquer sur **Créer** (Create).

Spécifier un point d'insertion à l'écran pour positionner le bloc. Ajuster le point de base, l'échelle et la rotation, s'il y a lieu. Un bloc est créé. Il s'agit d'une géométrie 2D qui est projetée sur le plan XY du SCU courant (fig.8.22-8.23).

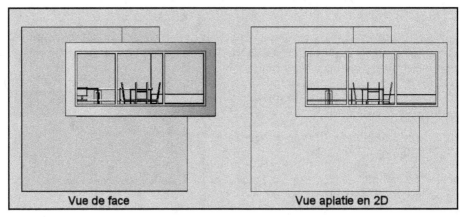

Vue de face   Vue aplatie en 2D

Fig.8.22

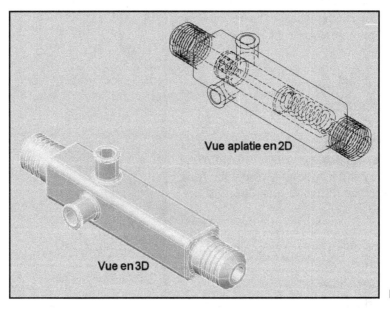

Vue aplatie en 2D

Vue en 3D

Fig.8.23

PARTIE 2

LA VISUALISATION 3D

CHAPITRE 9

LES STYLES VISUELS ET LES MATÉRIAUX

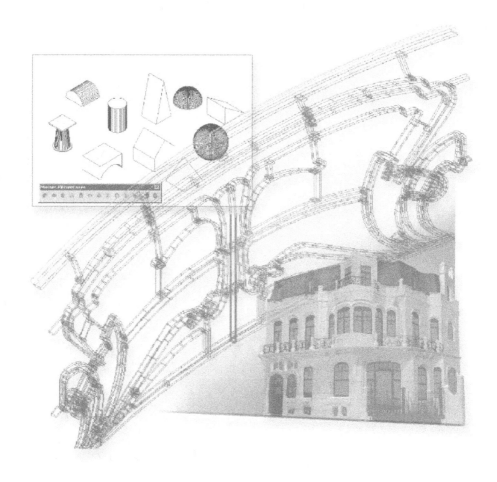

Les styles visuels

Un style visuel est un ensemble de paramètres qui définissent l'affichage des arrêtés, des faces et des ombres dans la fenêtre d'AutoCAD.

Cinq styles visuels par défaut sont disponibles via le Panneau de configuration Style visuel (fig.9.1) :

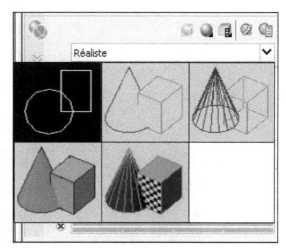

Fig.9.1

- ▸ **Filaire 2D (2D Wireframe) :** affiche les objets en matérialisant leurs contours à l'aide de lignes et de courbes. Les images bitmaps, les objets OLE, les types et les épaisseurs de ligne sont visibles avec ce type d'affichage.

- ▸ **Filaire 3D (3D Wireframe) :** affiche les objets en matérialisant leurs contours à l'aide de lignes et de courbes.

- ▸ **Masqué 3D (3D Hidden) :** affiche les objets à l'aide d'une représentation filaire 3D et masque les lignes correspondant aux faces arrière.

- ▸ **Réaliste (Realistic) :** ajoute une ombre aux objets et lisse les arêtes entre les faces des polygones. Les matériaux attachés aux objets sont affichés.

- ▸ **Conceptuel (Conceptual) :** ajoute une ombre aux objets et lisse les arêtes entre les faces des polygones. Cette option utilise l'ombrage Gooch, une transition entre les couleurs froides et les couleurs chaudes plutôt que du foncé au clair. L'effet est moins réaliste, mais les détails du modèle sont plus faciles à voir.

Dans les styles visuels ombrés, les faces sont éclairées par deux sources distantes qui suivent le point de vue à mesure que vous vous déplacez autour du modèle. Cet éclairage par défaut est conçu pour illuminer toutes les faces dans le modèle afin de pouvoir les distinguer visuellement. L'éclairage par défaut n'est disponible que lorsque d'autres sources de lumière, dont le soleil, sont désactivées.

Pour appliquer un style visuel à une fenêtre, la procédure est la suivante :

1 Cliquer dans une fenêtre pour en faire la fenêtre courante.

2 Sélectionner le style visuel par l'une des méthodes suivantes (fig.9.2) :

Ruban : choisir le groupe de fonctions **Vue** (View) puis l'option **Styles visuels** (Visual styles).

Icône : sélectionner le style dans la barre d'outils **Styles visuels** (Visual styles)

Clavier : taper la commande **STYLESVISUELS** (Vscurrent).

Le style visuel sélectionné est appliqué au modèle dans la fenêtre.

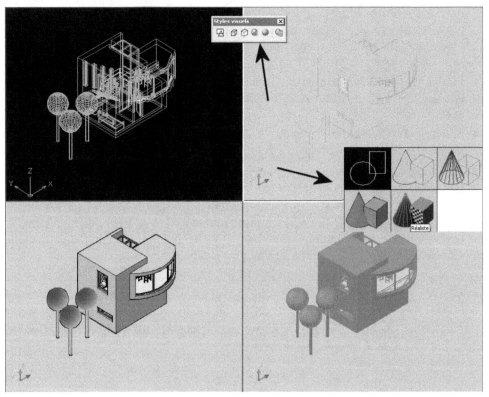

Fig.9.2

Le gestionnaire des styles visuels

Le gestionnaire des styles visuels permet de créer, d'appliquer, de modifier, de copier, d'exporter et de supprimer un style visuel. Il est disponible à partir de l'option **Styles visuels** (Visual styles) du groupe de fonctions **Vue** (View) ou de la barre d'outils **Styles visuels**.

Le gestionnaire comprend dans sa partie supérieure les cinq styles prédéfinis et juste au-dessous une série de boutons avec les options suivantes (fig.9.3) :

▶ **Créer un style visuel** (Create New Visual style) : permet d'afficher la boîte de dialogue **Créer un style visuel** (Create New Visual Style), dans laquelle vous entrez un nom et une description facultative. Une nouvelle image d'exemple est placée à l'extrémité du panneau et est sélectionnée.

▶ **Appliquer le style visuel sélectionné à la fenêtre courante** (Apply Selected Visual style to current viewport) : permet d'appliquer le style visuel sélectionné à la fenêtre courante.

▶ **Exporter le style visuel sélectionné dans la palette d'outils** (Export the selected visual style to the Tool Palette) : permet de créer un outil pour le style visuel sélectionné et le placer sur la palette d'outils active. Si la fenêtre Palettes d'outils est fermée, elle s'ouvre et l'outil est placé sur la palette supérieure.

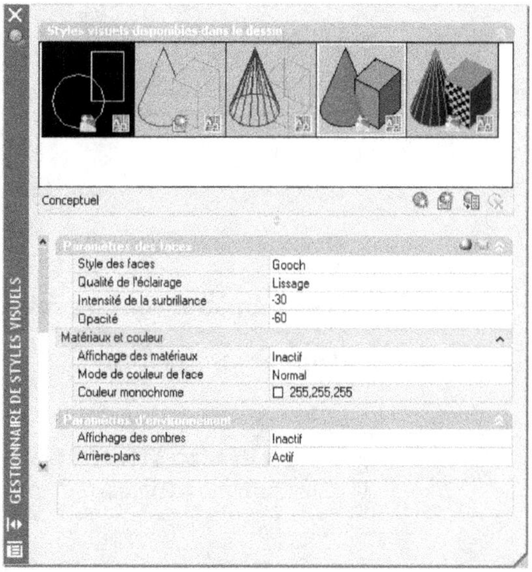

▶ **Supprimer le style visuel sélectionné** (Delete the selected visual style to the Tool Palette) : permet de supprimer le style visuel du dessin. Un style visuel par défaut ou en cours d'utilisation ne peut pas être supprimé.

Fig.9.3

Dans le cas de la création d'un nouveau style, trois méthodes sont disponibles :

▶ Création en utilisant le bouton **Créer** (Create) du Gestionnaire de styles visuels.

▶ Création par l'opération Copier/Coller d'un style existant.

▶ Création en modifiant directement l'apparence courante du modèle 3D en utilisant les outils du panneau de configuration **Styles visuels**.

Créer un nouveau style visuel par l'option « Créer »

1 Dans la palette du **Gestionnaire de styles visuels**, cliquer sur l'icône **Créer** (Create).

2 Entrer le nom et la description du nouveau style visuel et cliquer sur **OK** (fig.9.4).

Un nouveau style est ajouté dans la liste des styles visuels disponibles dans le dessin (fig.9.5).

3 Modifier les différents paramètres désirés. Par exemple : dans la section **Paramètres d'arêtes** (Edge Settings), changer la couleur en Rouge.

Fig.9.4

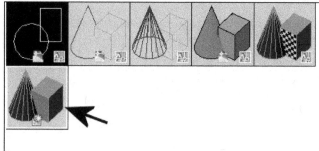

Fig.9.5

Les paramètres sont les suivants :

Paramètres des faces

Contrôle l'apparence des faces dans une fenêtre.

▸ **Style des faces** (Face style) : permet de définir l'ombrage sur les faces. Les options sont les suivantes (fig.9.6) :

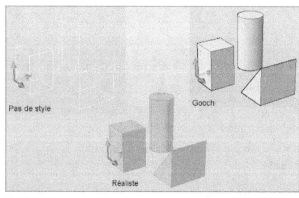

Fig.9.6

■ **Pas de style de face :** la valeur Aucun (None) n'applique pas de style de face. Les autres paramètres sont désactivés.

■ **Style de face réaliste :** valeur par défaut, le style est aussi proche que possible de l'apparence de la face en réalité.

■ **Style de face Gooch :** Gooch utilise des couleurs chaudes et froides au lieu des paramètres foncés et clairs pour améliorer l'affichage des faces qui peuvent être ombrées et difficiles à voir dans un affichage réaliste.

- **Qualité de l'éclairage** (Lighting quality) : définit l'éclairage pour afficher les facettes sur le modèle ou non. Par défaut, elles sont lissées (fig.9.7).
- **Intensité de la surbrillance** (Highlight intensity) : contrôle la taille des surbrillances sur les faces sans matériaux (fig.9.8).
- **Opacité** (Opacity) : contrôle l'opacité ou la transparence des faces dans une fenêtre (fig.9.9).

Matériaux et couleur

Contrôle l'affichage des matériaux et la couleur sur les faces.

- **Affichage des matériaux** (Materials display) : contrôle si les matériaux et les textures sont affichés.

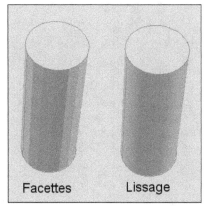

Fig.9.7

- **Mode de couleur de face** (Face color mode) : contrôle l'affichage des couleurs sur les faces. Les options sont les suivantes :
    - **Normal** : n'applique pas de modificateur de couleur de face.
    - **Monochrome** : affiche le modèle dans les ombres de couleur que vous spécifier.
    - **Teinte** (Tint) : modifie la valeur de teinte et de saturation des couleurs de face.
    - **Désaturer** (Desaturate) : adoucit la couleur en réduisant son composant de saturation de 30 %.
- **Couleur monochrome/Couleur de la teinte** (Monochrome color) : affiche la boîte de dialogue Sélectionner la couleur dans laquelle vous pouvez sélectionner une couleur monochrome ou la teinte, selon le mode de couleur de face. Ce paramètre n'est pas disponible lorsque le mode de couleur de face est défini sur Normal ou Désaturer.

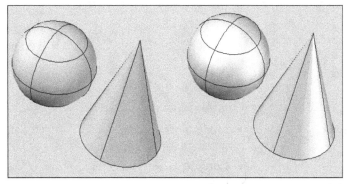

Fig.9.8

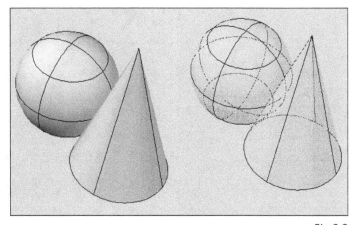

Fig.9.9

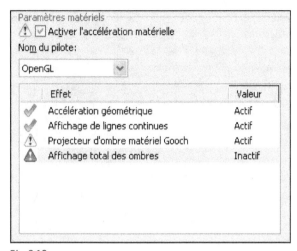

Fig.9.10

Paramètres d'environnement

Contrôle les ombres et l'arrière-plan.

▶ **Affichage des ombres** (Shadow display) : contrôle l'affichage des ombres. Les options sont : pas d'ombre, ombres sur le sol uniquement, ombres pleines. Il est conseillé de désactiver les ombres pour augmenter les performances. Pour afficher les ombres complètes, il convient d'activer l'accélération matérielle. Lorsque l'option **Accélération géométrique** est désactivée, les ombres complètes ne peuvent pas être affichées. (pour accéder à ces paramètres, entrez config3d sur la ligne de commande). Dans la boîte de dialogue Dégradation adaptative et ajustement des performances, choisissez Ajuster manuellement (fig.9.10).

▶ **Arrière-plans** (Background) : contrôle si les arrière-plans s'affichent dans la fenêtre ou non.

Paramètres d'arêtes

Contrôle l'affichage des arêtes.

▶ **Mode d'arête** (Edge mode) : définit l'affichage des arêtes sur Arêtes de facette, Isolignes ou Aucun (fig.9.11).

▶ **Couleur** (Color) : affiche la boîte de dialogue Sélectionner la couleur dans laquelle vous pouvez définir la couleur des arêtes.

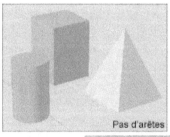
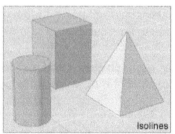
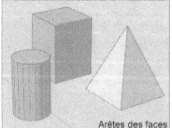

Fig.9.11

Modificateurs d'arêtes

Contrôle les paramètres qui s'appliquent à tous les modes d'arête à l'exception de l'option Aucun.

- **Bouton Saillie et Paramètre** (Overhang) : prolonge les lignes au-delà de leur intersection, pour donner un effet dessin manuel (fig.9.12). Ce bouton permet d'activer et de désactiver l'effet de saillie. Lorsqu'il est activé, vous pouvez modifier le paramètre.

- **Bouton Créneler et Paramètre** (Jitter) : donne l'apparence d'une esquisse aux lignes (fig.9.13). Les paramètres sont Faible, Moyen et Elevé; ils peuvent être désactivés Ce bouton permet d'activer et de désactiver l'effet de crénelage. Lorsqu'il est activé, vous pouvez modifier le paramètre.

- **Angle du pli** (Crease angle) : définit l'angle auquel les arêtes de facette s'affichent dans une face, pour un effet de lissage.

- **Espace avec halo %** (Halo gap %) : spécifie la taille d'un espace à afficher à l'endroit où un objet est masqué par un autre objet. Cette option est disponible lorsque les styles visuels Conceptuel ou Masqué 3D, ou un style visuel basé sur ceux-ci, est sélectionné. Lorsque la valeur d'espace avec halo est supérieure à 0, les arêtes de silhouette ne sont pas affichées.

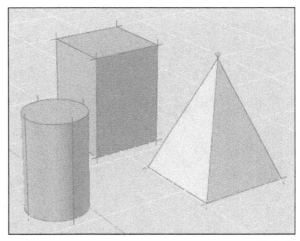

Fig.9.12

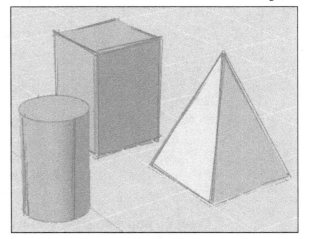

Fig.9.13

Arêtes de silhouette rapide

Contrôle les paramètres qui s'appliquent aux arêtes de silhouette Les arêtes de silhouette ne sont pas affichées sur les objets filaires ou transparents (fig.9.14).

- **Visible** : contrôle l'affichage des arêtes de silhouette.

- **Largeur** (Width) : spécifie la largeur à laquelle les arêtes de silhouette s'affichent.

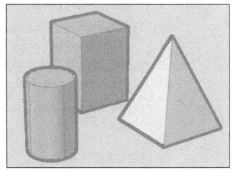

Fig.9.14

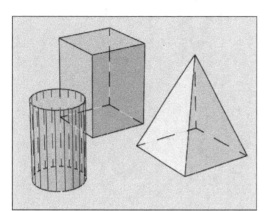

Fig.9.15

Arêtes foncées

Gère les paramètres qui s'appliquent aux arêtes foncées lorsque le mode d'arête est défini sur Arêtes de facette (fig.9.15).

▸ **Visible** (Visible) : contrôle si les arêtes foncées s'affichent ou non.

▸ **Couleur** (Color) : affiche la boîte de dialogue Sélectionner la couleur dans laquelle vous pouvez définir la couleur des arêtes foncées.

▸ **Type de ligne** (Linetype) : définit le type de ligne pour les arêtes foncées.

Arêtes d'intersection

Gère les paramètres qui s'appliquent aux arêtes d'intersection lorsque le mode d'arête est défini sur Arêtes de facette (fig.9.16).

▸ **Visible** : contrôle si les arêtes d'intersection s'affichent ou non. Pour augmenter les performances, il est conseillé de désactiver l'affichage des arêtes d'intersection.

▸ **Couleur** (Color) : affiche la boîte de dialogue Sélectionner la couleur dans laquelle vous pouvez définir la couleur des arêtes d'intersection.

▸ **Type de ligne** (Linetype) : définit un type de ligne pour les arêtes d'intersection.

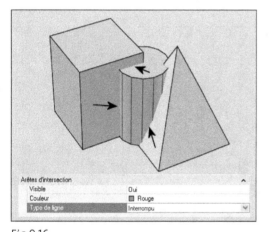

Fig.9.16

Créer un nouveau style visuel par l'opération Copier/Coller

[1] Dans la palette du Gestionnaire de styles, effectuer un clic droit sur l'icône d'un style et choisir **Copier** (Copy).

[2] Effectuer à nouveau un clic droit et choisir **Coller** (Paste). Une icône est dupliquée dans la section Styles visuels disponibles dans le dessin (fig.9.17).

[3] Sélectionner l'icône dupliquée et effectuer un clic droit. Choisir ensuite **Modifier le nom et la description** (Edit Name and Description).

[4] Modifier les différents paramètres désirés comme spécifiés précédemment.

Exporter un style visuel

Les styles visuels sont stockés dans le dessin actif lors de leur création. Pour les rendre disponibles dans les autres dessins, il faut les exporter dans la palette d'outils. La procédure est la suivante :

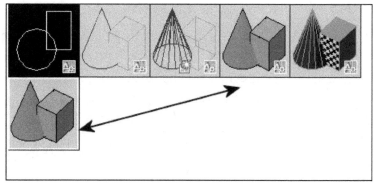

Fig.9.17

1. Ouvrir le dessin comportant le style visuel que vous voulez utiliser.

2. Ouvrir le gestionnaire de styles visuels dans le groupe de fonctions **Vue** (view).

3. Cliquer sur **Palette d'Outils** (Tool Palettes) dans le groupe de fonctions **Palettes** de l'onglet **Vue** (View).

4. Dans la fenêtre **Palettes d'outils** (Tool Palettes), cliquer sur l'onglet **Styles visuels** (Visual Styles).

5. Dans le gestionnaire de styles visuels, sélectionner l'image d'exemple du style visuel.

6. Sous les images, cliquer sur le bouton **Exporter le style visuel sélectionné dans la palette d'outils** (Export to Active Tool Palette). Le nouveau style visuel est intégré dans la palette (fig.9.18).

7. Ouvrir le dessin dans lequel vous voulez utiliser le style visuel.

8. Sélectionner le style visuel dans la palette d'outils.

9. Cliquer avec le bouton droit de la souris et choisir **Ajouter au dessin courant** (Add to Current Drawing).

Le style visuel est ajouté aux images d'exemple dans le Gestionnaire de styles visuels et le tableau de bord.

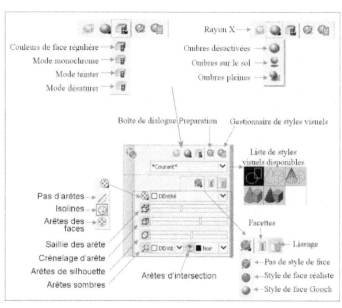

Fig.9.18

Exemple de style : esquisse à main levée

Pour créer un style visuel du type Esquisse à main levée, il convient de suivre la procédure suivante :

1. Ouvrir le gestionnaire de styles visuels.

2. Effectuer un clic droit sur l'icône du style **Masqué 3D** (3D Hidden) et choisir **Copier** (Copy).

3. Effectuer à nouveau un clic droit et choisir **Coller** (Paste). Une icône est dupliquée dans la section Styles visuels disponibles dans le dessin.

4. Sélectionner l'icône dupliquée et effectuer un clic droit. Choisir ensuite **Modifier le nom et la description** (Edit Name and Description) et entrer comme **Nom** : Esquisse et comme **Description** : Esquisse à main levée. Cliquer sur OK.

5. Modifier les différents paramètres désirés comme indiqué ci-contre (fig.9.19) :

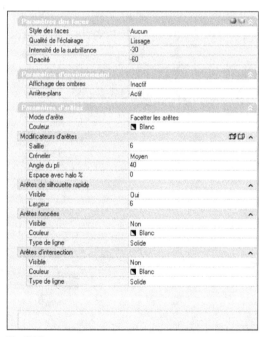

- **Style des faces** (Face Style) : Aucun
- **Affichage des ombres** (Shadow display) : Inactif
- **Mode d'arête** (Edge mode) : Facetter les arêtes
- **Couleur** (Color) : Blanc
- **Saillie** (Overhang) : 6
- **Créneler** (Jitter) : Moyen
- **Angle du pli** (Crease angle) : 40
- **Espace avec halo** (Halo gap) : 0
- **Arêtes de silhouette rapide** (Fast Silhouette Edges) – Visible : Oui (Yes)
- **Largeur** (Width) : 6
- **Arêtes foncées** (Obscured Edges) – Visible : Non (No)
- **Arêtes d'intersection** (Intersection Edges) – Visible : Non.

Fig.9.19

6. Appliquer le nouveau style au dessin en cliquant sur le bouton **Appliquer le style visuel sélectionné à la fenêtre courante** (Apply Selected Visual Style to Current Viewport) (fig.9.20-9.21).

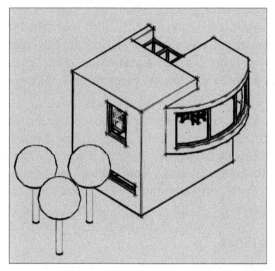

Fig.9.20

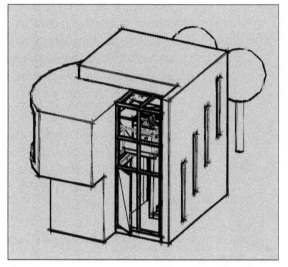

Fig.9.21

Les matériaux

Principe

L'ajout de matériaux permet de rendre votre dessin plus réaliste. Vous pouvez attacher un matériau à une face et à un objet particulier, ou aux différents objets présents sur un calque.

Pour attacher un matériau à un objet ou une face, il suffit de le glisser depuis la palette d'outils vers les objets. Le matériau est simultanément ajouté au dessin et s'affiche sous forme d'un témoin dans la fenêtre Matériaux.

Vous pouvez aussi créer ou modifier un matériau depuis la fenêtre Matériaux et ensuite glisser le témoin du matériau directement sur les objets dans le dessin ou sur la palette d'outils active afin de créer un outil matériau. Vous pouvez également attacher un matériau aux objets par calque. Le matériau est attaché à tous les objets du calque dont la propriété Matériau est définie sur DUCALQUE (valeur par défaut).

Une bibliothèque comportant plus de 300 matériaux et textures est incluse avec AutoCAD. Les matériaux se trouvent sur des palettes d'outils et tous s'affichent avec un calque sous-jacent à damier (fig.9.22).

L'installation des composants de la bibliothèque de matériaux (palettes d'outils et textures) est facultative et doit être spécifiée lors de l'installation. Par défaut, ils sont installés dans le chemin **Emplacement des fichiers de palettes d'outils** (Tool Palettes File Locations) défini dans l'onglet **Fichiers** (Files) de la boîte de dialogue **Options**. Les textures sont installées dans le chemin **Chemin de recherche des textures simples** (Texture Maps Search Path) (fig.9.23).

Il convient de faire remarquer que les composants de la bibliothèque de matériaux sont toujours installés à l'emplacement par défaut. Si vous modifiez les chemins avant d'installer la bibliothèque de matériaux, les nouveaux matériaux ne seront pas affichés dans les palettes d'outils et les textures ne seront pas référencées par les matériaux. Vous pouvez soit copier les fichiers nouvellement installés à l'emplacement de votre choix, soit rétablir le chemin par défaut.

Glisser-déposer un matériau

AutoCAD dispose d'un groupe de huit palettes d'outils de matériaux (Bois, plastic, maçonnerie, béton...) (fig.9.24). Chacun des matériaux peut

Fig.9.22

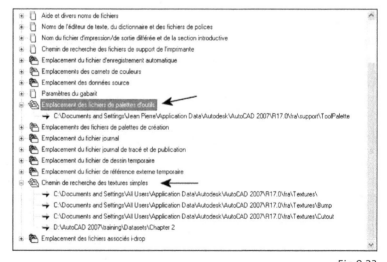

Fig.9.23

être appliqué sur les objets par un simple Glisser-déposer. Vous pouvez aussi d'abord sélectionner l'objet ou la face (à l'aide de la touche CTRL) puis cliquer sur l'icône du matériau dans la palette d'outils pour l'assigner (fig.9.25-9.26).

Avant d'appliquer un matériau sur un objet, vous devez définir l'unité du dessin en cours sinon l'aspect des matériaux avec texture risque d'être non conforme. Ainsi prenons le cas d'un cube de 100 cm de côté que l'on souhaite habiller avec un matériau en brique. En conservant l'unité par défaut qui est le millimètre, le matériau ne s'affiche pas correctement (fig.9.27 – droite). Par contre en indiquant la bonne unité, à savoir le centimètre, le résultat est tout à fait réaliste (fig.9.27 – gauche). Le choix de la bonne unité s'effectue via la commande Unités (Units) (fig.9.28).

Appliquer un matériau depuis la fenêtre Matériaux

La fenêtre Matériaux permet d'appliquer un matériau existant aux objets du dessin et également de créer un nouveau matériau. Lors de la création d'un nouveau dessin, la fenêtre Matériaux comprend uniquement un matériau par défaut qui habille tous les objets qui n'ont pas un matériau spécifique. Pour ajouter d'autres matériaux dans la fenêtre, il faut au préalable en insérer depuis la palette des matériaux. La fenêtre Matériaux affiche alors les différents matériaux existant dans le dessin (fig.9.29).

Fig.9.24

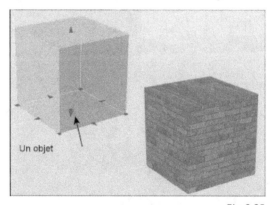

Fig.9.25

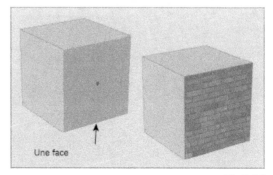

Fig.9.26

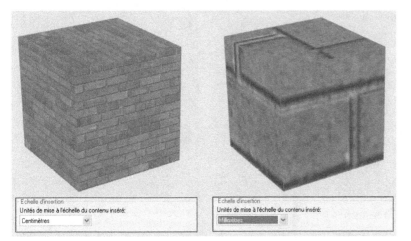

Fig.9.27

Fig.9.28

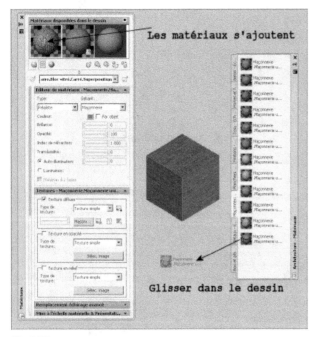

Fig.9.29

Pour appliquer un matériau la procédure est la suivante :

1. Activez la fenêtre Matériaux (Materials) par l'une des méthodes suivantes :

 Menu : choisissez l'onglet **Rendu** (Render) puis le groupe de fonctions **Matériaux** (Materials) et cliquez sur la flèche en bas à droite.

 Barre d'outils : sélectionnez le bouton Matériaux (Materials) dans la barre d'outils **Rendu** (Render).

 Clavier : tapez la commande **MATERIAUX** (Materials).

2. Dans la fenêtre Matériaux (Materials), sélectionnez le matériau à attacher (point 1).

3. Cliquez sur **Appliquer un matériau aux objets** (Apply Materials to Objects) dans la bande d'outils située sous les témoins (point 2).

4 Sélectionnez les objets à l'aide du curseur en forme de pinceau (point 3) (fig.9.30). Le matériau s'affiche sur chaque objet lorsque vous sélectionnez ce dernier.

Attacher un matériau par calque

Pour attacher un matériau par calque, la procédure est la suivante :

1 Dans l'onglet **Rendu** (Render), cliquez sur **Attacher par calque** (Attach By Layer) dans le groupe de fonctions **Matériaux** (Materials).

2 Dans la boîte de dialogue **Options d'association des matériaux** (Material Attachment Options), faites glisser un matériau sur un calque (fig.9.31).

3 Le matériau est attaché à tous les objets du calque dont la propriété Matériau est définie sur DUCALQUE (Bylayer). DUCALQUE (Bylayer) est la valeur par défaut pour la propriété Matériau lorsque vous créez un objet (fig.9.32).

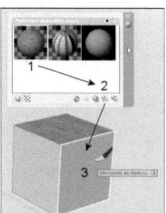

Fig.9.30

Détacher un matériau par calque

Pour détacher des matériaux d'un objet, la procédure est la suivante :

1 Dans la fenêtre **Matériaux** (Materials), cliquez sur **Supprimer les matériaux des objets sélectionnés** (Remove Materials from Selected Objects) dans la bande d'outils située sous les témoins.

2 Sélectionnez les objets à l'aide du curseur en forme de pinceau.

Cette fonction n'est applicable que pour les objets habillés isolément et donc pas pour les objets habillés via le calque. Dans ce dernier cas, il suffit de changer l'objet de calque.

Fig.9.31

La création d'un nouveau matériau

Deux grandes familles de matériaux peuvent être créées dans AutoCAD. Les matériaux sans textures et ceux avec textures. La combinaison des deux est également disponible. Vous pouvez également utiliser des gabarits prêts à l'emploi pour rendre la création plus facile. L'ensemble de la procédure s'effectue à l'aide de la fenêtre Matériaux.

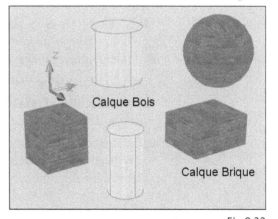

Calque Bois

Calque Brique

Fig.9.32

Les propriétés de base d'un matériau

Les principales caractéristiques d'un matériau sont les suivantes :

- **Couleur**

La couleur d'un matériau sur un objet est différente selon les zones. Par exemple, lorsque vous observez une sphère rouge, celle-ci n'apparaît pas uniformément rouge. Les parties les plus éloignées de la lumière semblent d'un rouge plus foncé que celles exposées directement à la lumière. Les reflets sont d'un rouge beaucoup plus clair. Lorsque la sphère rouge est très brillante, son reflet peut même sembler blanc.

Trois couleurs peuvent être définies pour un matériau (fig.9.33) :

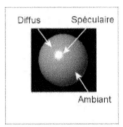

Fig.9.33

- **Diffus** (Diffuse) : constitue la couleur principale du matériau.
- **Ambiant** : constitue la couleur qui apparaît sur les faces éclairées par la seule lumière ambiante. La couleur ambiante peut être la même que la couleur diffuse.
- **Spéculaire** (Specular) : constitue la couleur d'un reflet sur un matériau brillant. La couleur spéculaire peut être identique à la couleur diffuse.

La disponibilité des paramètres de couleur dépend du gabarit utilisé. Ainsi, les trois types de couleur sont disponibles pour un matériau qui utilise le gabarit Avancé (Advanced) ou Métal avancé (Advanced Metal). Tandis que seule la couleur Diffuse est disponible pour les matériaux qui utilisent les gabarits Réaliste (Realistic) et Métal (Realistic Metal).

- **Brillance (Shininess)**

La propriété de réflexion du matériau définit le degré de brillance ou de rugosité. Pour imiter une surface brillante, le matériau présente un faible reflet et sa couleur spéculaire est plus claire, peut-être même blanche. Un matériau plus rugueux présente un reflet plus important

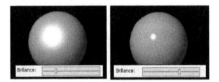

Fig.9.34

dont la couleur est proche de la couleur principale du matériau (fig.9.34).

Certaines propriétés servent à créer des effets spécifiques :

- **Translucidité (Translucency)**

Un objet translucide émet de la lumière, mais diffuse également de la lumière dans l'objet, comme le verre givré par exemple. La valeur de translucidité est exprimée en pourcentage : à 0.0, le matériau n'est pas translucide. A 100.0, il est aussi translucide que possible. (Non disponible pour les gabarits Métal.)

- ■ **Auto-illumination (Self-illumination)**

Donne l'illusion que la lumière est émise par un objet. Par exemple, pour simuler un néon sans utiliser de source de lumière, vous pouvez définir une valeur d'auto-illumination supérieure à zéro. Aucune lumière n'est diffusée sur d'autres objets. (Non disponible pour les gabarits Métal.)

- ■ **Réfraction (Refraction index)**

Dans les matériaux translucides, les rayons lumineux sont déviés lorsqu'ils traversent le matériau. De ce fait, ils déforment les objets visibles par transparence. Par exemple, à 1.0, l'objet situé derrière l'objet transparent n'est pas déformé. A 1.5, l'objet est très déformé comme s'il était vu à travers une bille de verre. (Non disponible pour les gabarits Métal.)

Matériau	Index de réfraction
Vide	1.0 (exactement)
Air	1.0003
Eau	1.3333
Verre	1.5 à 1.7
Losange	2.419

Les matériaux avec texture

Outre les propriétés de base, vous pouvez aussi, lors de la création d'un matériau, inclure une image 2D, ou une texture, qui est projetée sur la surface de l'objet 3D afin de créer des effets réalistes.

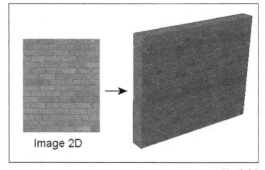

Image 2D

Fig.9.35

Les textures diffuses apportent un motif ou une texture à la couleur diffuse d'un matériau. Les couleurs de la texture remplacent la couleur diffuse du matériau. Par exemple, si vous voulez un mur en briques, vous pouvez choisir une texture avec une image de briques. Il s'agit du type d'association le plus courant.

Vous pouvez utiliser la texture de votre choix (fig.9.35), ou l'un des matériaux procéduraux (fig.9.36), par exemple le bois ou le marbre. Les matériaux procéduraux possèdent des propriétés que vous pouvez ajuster afin de créer l'effet désiré ; par exemple, l'espacement du grain dans un matériau de type Bois.

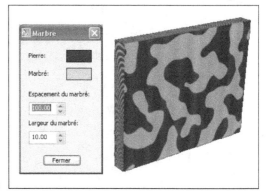

Fig.9.36

La texture que vous ajoutez à un matériau peut être mise à l'échelle ou ajustée à l'objet. Le modèle peut être représenté sous forme de mosaïque ou pivoté.

Les textures sont également disponibles à d'autres fins. Vous pouvez utiliser plusieurs canaux textures (ou types de texture) pour un même matériau :

▶ **Textures en relief** (Bump Map) : permet de créer un effet d'estampe ou de bas-relief. Les zones sombres sont interprétées comme n'ayant pas de profondeur, les zones claires comme étant en saillie. Si l'image est en couleur, la valeur d'échelle de gris de chaque couleur est utilisée. Vous pouvez sélectionner toute image de votre choix comme texture en relief. La création de textures en relief augmente considérablement la durée de l'opération de rendu, mais ajoute une touche de réalisme à la scène (fig.9.37).

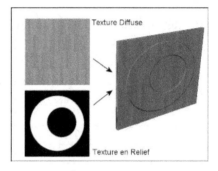

Fig.9.37

▶ **Textures de réflexion** (Reflection Map) : il s'agit d'une texture d'environnement qui permet de simuler une scène réfléchie à la surface d'un objet brillant (fig.9.38). Pour obtenir un rendu de qualité des textures de réflexion, le matériau doit être brillant et l'image bitmap de réflexion proprement dite doit avoir une résolution élevée (au moins 512 sur 480 pixels). Cette option n'est pas disponible pour les gabarits Réaliste et Métal réaliste.

Fig.9.38

▶ **Textures d'opacité** (Opacity Map) : permet de déterminer des zones d'opacité et de transparence. Par exemple, si votre image bitmap représente un cercle noir situé au milieu d'un rectangle blanc et que vous l'appliquez en tant que texture d'opacité, la surface semble présenter un trou dans lequel le cercle est associé à l'objet. Si l'image est en couleur, la valeur d'échelle de gris de chaque couleur est utilisée (fig.9.39).

Fig.9.39

Après avoir sélectionné un canal de texture, vous pouvez utiliser n'importe quelle **Texture simple** ou une des **Textures procédurales**, comme le bois et le marbre. Par exemple, si vous voulez un mur en briques, vous pouvez choisir une texture simple avec une image de briques. Il s'agit du type de mappage le plus courant. Vous pouvez également utiliser une texture procédurale (c'est-à-dire générée par le logiciel), telle que la mosaïque ou le bois. Les textures procédurales comportent des propriétés que vous pouvez ajuster pour obtenir l'effet voulu, par exemple la taille de mosaïque et l'espacement du ciment pour un matériau au motif de briques ou l'espacement du grain pour un matériau bois.

Les textures simples

Les textures simples sont utiles pour créer différents types de matériaux, comme le grain du bois et des surfaces murales.

Les types de fichiers suivants peuvent être utilisés pour créer des textures simples :

- BMP, RLE ou DIB
- GIF
- JFIF, JPG ou JPEG
- PCX
- PNG
- TGA
- TIFF

Les textures procédurales

Contrairement aux images bitmap qui sont produites par une matrice fixe de pixels de couleur (comme dans une mosaïque), les textures procédurales sont générées par un algorithme mathématique. Par conséquent, les types de contrôles disponibles pour une texture procédurale varient en fonction des fonctionnalités de la procédure. Une texture procédurale peut être générée en deux ou trois dimensions. Vous pouvez également imbriquer des textures simples ou procédurales dans une autre texture procédurale pour ajouter de la profondeur et plus de détails au matériau. Les types de textures procédurales sont les suivantes :

- **Damier** : applique un motif de damier à deux couleurs au matériau.
- **Valeur de dégradé** : crée des valeurs à l'aide des couleurs, textures et fusions.
- **Marbre** : applique un motif marbré ou simulant la pierre.
- **Bruit** : crée des irrégularités sur une surface à partir de l'interaction de deux couleurs, de textures simples ou d'une combinaison des deux.
- **Tache** : génère un motif de surface tachetée.
- **Mosaïques** : applique un motif de brique ou un empilement de couleurs ou de textures.

▸ **Ondes** : simule un effet d'eau ou d'ondes.

▸ **Bois** : crée un motif représentant la couleur et le grain du bois.

Les paramètres de la fenêtre Matériaux

La fenêtre Matériaux comporte 6 volets pour vous aider à créer un nouveau matériau (fig.9.40).

Le volet Matériaux disponibles dans le dessin

Il affiche les échantillons témoin des matériaux disponibles dans le dessin. Le matériau par défaut est nommé Global. Cliquez sur un témoin pour sélectionner un matériau. Les paramètres de ce matériau s'affichent dans le volet Editeur de matériaux et le témoin est souligné en jaune pour indiquer la sélection. Le volet Matériaux comprend un bouton au-dessus des témoins et deux groupes de boutons au-dessous. Le détail des boutons est le suivant (fig.9.41) :

Fig.9.40

Fig.9.41

▸ **Activer le mode d'affichage** (Toggle Display Mode) : active l'affichage des témoins (un seul témoin ou des rangées de témoins). Ce bouton figure au-dessus des témoins.

▸ **Géométrie témoin** (Swatch Geometry) : contrôle le type de géométrie affiché pour le témoin sélectionné : boîte, cylindre ou sphère. La géométrie se modifie dans les autres témoins quand vous les sélectionnez.

▸ **Calque sous-jacent vérifié inactif/actif** (Checkered Underlay Off) : affiche un calque sous-jacent illustrant un damier multicolore pour vous aider à voir le degré d'opacité d'un matériau.

▸ **Aperçu du modèle d'éclairage du témoin** (Preview Swatch Lighting Model) : transforme le modèle d'éclairage de source lumineuse unique en modèle lumineux de rétro-éclairage. Le choix effectué dans la liste d'icônes déroulantes modifie le témoin de matériau sélectionné.

▸ **Créer un matériau** (Create New Material) : affiche la boîte de dialogue **Créer un matériau** (Create New Material). Après avoir entré un nom et une description, un nouveau témoin est créé à droite du témoin courant et ce nouveau témoin est sélectionné.

▸ **Purger du dessin** (Purge from Drawing) : supprime le matériau sélectionné du dessin. Le matériau Global ainsi que tous les matériaux en cours d'utilisation ne peuvent pas être supprimés.

▸ **Indiquer les matériaux en cours d'utilisation** (Indicate Material in Use) : met à jour l'affichage de l'icône en cours d'utilisation. Les matériaux en cours d'utilisation dans le dessin affichent une icône de dessin dans le coin inférieur droit de leur témoin.

▸ **Appliquer un matériau aux objets** (Apply Material to Objects) : applique le matériau courant aux objets et aux faces sélectionnés.

▸ **Supprimer les matériaux des objets sélectionnés** (Remove Materials from Selected Objects) : détache les matériaux des objets et des faces sélectionnés.

Fig.9.42

Les options suivantes sont disponibles dans le menu contextuel du témoin sélectionné par un clic droit (fig.9.42) :

▸ **Sélectionner les objets avec matériau** (Select Objects with Material) : sélectionne tous les objets du dessin auxquels le matériau sélectionné est appliqué. Les faces à matériau appliqué explicitement ne sont pas sélectionnées.

▸ **Modifier le nom et la description** (Edit Name and Description) : ouvre la boîte de dialogue Modifier le nom et la description.

▸ **Exporter vers la palette d'outils active** (Export to Active Tool Palette) : permet de créer un outil Matériau sur la palette d'outils en cours d'activation. Si la fenêtre Palette d'outils est fermée, elle s'ouvre.

▸ **Copier** (Copy) : copie le matériau sélectionné dans le Presse-papiers. Vous pouvez coller le matériau dans la fenêtre Palettes d'outils ou le copier-coller dans le panneau Matériaux disponibles.

▸ **Coller** (Paste) : colle depuis le Presse-papiers un témoin depuis le panneau Matériaux disponibles ou un outil Matériau depuis la fenêtre Palettes d'outils.

▸ **Taille** (Size) : gère la taille des témoins lorsqu'ils sont affichés en rangées.

Le volet Editeur de matériaux

Il permet de modifier le matériau sélectionné dans le volet Matériaux disponibles dans le dessin. Le nom du matériau sélectionné s'affiche à la suite de « Editeur de matériaux ». La configuration de l'**Editeur de matériaux** change selon le gabarit sélectionné. Ce volet comprend les paramètres suivants (fig.9.43) :

Fig.9.43

- **Type** : spécifie le type de matériau. Réaliste et Métal réaliste permettent de créer des matériaux basés sur des qualités physiques. Avancé et Métal avancé permettent de créer des matériaux avec plus d'options, autorisant notamment l'application d'effets spéciaux (par exemple, des réflexions simulées).

- **Gabarit** (types Réaliste et Métal réaliste) : donne la liste des gabarits disponibles pour le type de matériau sélectionné.

- **Couleur** (types Réaliste et Métal réaliste) : affiche la boîte de dialogue Sélectionner la couleur, dans laquelle vous spécifiez la couleur diffuse du matériau.

- **Par objet** (types Réaliste et Métal réaliste) : définit la couleur du matériau en fonction de la couleur de l'objet à laquelle elle est appliquée.

- **Ambiant** (types Avancé et Métal avancé) : affiche la boîte de dialogue Sélectionner la couleur, dans laque vous spécifiez la couleur des faces illuminées par la lumière ambiante uniquement.

- **Par objet** (types Avancé et Métal avancé) : définit la couleur du matériau en fonction de la couleur de l'objet à laquelle elle est appliquée.

- **Première icône représentant un verrou** (Types Avancé et Métal avancé) : quand elle est verrouillée, cette icône, située entre les options Ambiant et Diffus, définit la couleur ambiante du matériau sur la couleur diffuse.

- **Diffus** (types Avancé et Métal avancé) : affiche la boîte de dialogue Sélectionner la couleur, dans laquelle vous spécifiez la couleur diffuse du matériau. Cette couleur est la couleur principale de l'objet.

- **Par objet** (types Avancé et Métal avancé) : définit la couleur du matériau en fonction de la couleur de l'objet à laquelle elle est appliquée.

- **Deuxième icône représentant un verrou** (type Avancé uniquement) : quand elle est verrouillée, cette icône, située entre les options Diffus et Spéculaire, définit la couleur spéculaire du matériau sur la couleur diffuse.

- **Spéculaire** (type Avancé uniquement) : affiche la boîte de dialogue Sélectionner la couleur dans laquelle vous pouvez spécifier la couleur de surbrillance d'un matériau brillant. La taille de la surbrillance dépend de la brillance d'un matériau.

- **Par objet** (type Avancé uniquement) : définit la couleur du matériau en fonction de l'objet attaché.

- **Brillance** : définit la brillance du matériau. Le reflet sur la face d'un solide très brillant est plus petit et plus lumineux. Une face moins brillante réfléchit la lumière dans plusieurs directions, ce qui crée un reflet plus large et plus doux.

- **Opacité** (types Réaliste et Avancé) : définit l'opacité du matériau. Un objet solide entièrement opaque ne laisse pas passer la lumière à travers sa surface. Un objet sans opacité est transparent.

- **Réflexion** (types Avancé et Métal avancé) : définit la réflexion du matériau. Lorsque la réflexion est définie sur 100, le matériau est entièrement réflectif et l'environnement est reflété sur la surface de tout objet sur lequel le matériau est appliqué.

▶ **Index de réfraction** (types Réaliste et Avancé) : définit l'index de réfraction du matériau. Contrôle la réfraction de la lumière à travers un objet dont le matériau attaché est partiellement transparent. Par exemple, à 1.0, l'index de réfraction de l'air, l'objet situé derrière l'objet transparent n'est pas déformé. A 1.5, l'objet est très déformé comme s'il était vu à travers une bille de verre.

▶ **Translucidité** (types Réaliste et Avancé) : définit la translucidité du matériau. Un objet translucide transmet la lumière, mais celle-ci se répand également dans tout l'objet. La valeur de translucidité est exprimée en pourcentage : à 0.0, le matériau n'est pas translucide. A 100.0, il est aussi translucide que possible.

▶ **Auto-illumination** : si ce paramètre est défini avec une valeur supérieure à 0, l'objet donne l'impression de répandre une lumière différente des lumières déjà présentes dans le dessin. Lorsque l'auto-illumination est sélectionnée, la luminance n'est pas disponible.

▶ **Luminance** (type Réaliste uniquement) : la luminance est la quantité de lumière reflétée par une surface. Elle mesure la façon dont la luminosité d'une surface est perçue. Lorsque la luminance est sélectionnée, l'auto-illumination n'est pas disponible. La luminance est exprimée en unités d'éclairage réel.

▶ **Matériau à 2 faces** (type Réaliste uniquement) : lorsque cette option est sélectionnée, les normales positives et négatives d'une face sont rendues. Dans le cas contraire, seules les normales positives d'une face sont rendues. Ce paramètre est désactivé si Forcer les deux côtés est défini sur ACTIF dans la boîte de dialogue Gérer les valeurs prédéfinies de rendu.

Le volet Texture

Il permet de définir le motif ou la texture à appliquer à la couleur diffuse d'un matériau. Les couleurs de la texture remplacent la couleur diffuse du matériau dans l'Editeur de matériaux. Pour les types de matériau Réaliste et Métal réaliste, la section Textures de la fenêtre Matériaux est divisée en trois parties de canal de texture : Texture diffuse, Texture en opacité et Texture en relief. Pour les types de matériaux Avancé et Métal avancé, la section Textures est divisée en quatre parties de canal de texture : Texture diffuse, Texture de réflexion, Texture en opacité et Texture en relief. Au sein de chaque canal de texture, vous pouvez sélectionner le type de texture Texture simple ou Textures procédurales.

Le volet Texture s'utilise de la manière suivante (fig 9.44) :

1 Activez les canaux de texture souhaités (diffuse, opacité, relief, ...)

   ▪ La texture diffuse fournit un motif de couleurs pour un matériau.

■ Les textures en opacité simulent l'opacité et la transparence.

■ Une texture en relief simule une surface irrégulière.

2️⃣ Sélectionnez le type de texture : texture simple ou procédurale (bois, marbre...).

3️⃣ Pour les textures simples, sélectionnez le fichier Image.

4️⃣ Modifiez les paramètres de la texture. Pour une texture simple les propriétés sont les suivantes.

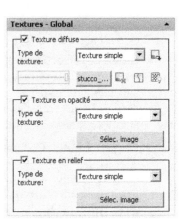

Fig.9.44

▸ **Flèches pour réduire/développer le panneau d'affichage** : permet de réduire (flèches vers le haut) et développer (flèches vers le bas) le panneau d'affichage.

▸ **Synchronisation des textures** : lorsque la synchronisation des paramètres et des valeurs du canal de texture est activée, les paramètres et les valeurs sont appliquées pour tous les canaux de texture. Si elle n'est pas activée, les modifications des paramètres et des valeurs du canal de texture sont uniquement appliquées au canal de texture courant. Cette option est disponible depuis l'option Mise à l'échelle matérielle & Présentation en mosaïque d'une texture sous-procédurale. Elle n'est pas disponible dans la fenêtre principale des matériaux.

▸ **Unités d'échelle** : permet de spécifier les unités de mise à l'échelle :

■ **Aucune** : indique une échelle fixe.

■ **Ajust. au gizmo** : ajuste l'image à la face ou à l'objet.

▸ **Mosaïque en U** et **en V** : règle la mosaïque de l'image le long de l'axe U ou V. Les options Aucune, Mosaïque et Miroir indiquent le type de mosaïques pour le matériau de l'axe U ou V.

■ **Aucune** : gère la texture afin qu'elle ne soit pas divisée en mosaïques dans le matériau ; une seule mosaïque apparaîtra sur l'objet auquel le paramètre est appliqué.

■ **Mosaïque** : gère la texture à diviser en mosaïques dans le matériau. Cela a une incidence sur l'échelle générale.

■ **Miroir** : gère la texture à diviser en mosaïques mais chacune d'entre elles sera le miroir de la mosaïque adjacente.

▸ **Rotation Mosaïque en U (ou V)** : ajuste, pour les options Mosaïque en U (ou V) de Mosaïque et Miroir, la valeur de la quantité de mosaïques sur l'axe U. Plage = 1 à 500. Lorsque les valeurs sont ajustées via la commande de rotation, la barre de suivi Mosaïque en U est mise à jour pour refléter la quantité et est affichée dans l'aperçu interactif de la section Décalage matériau & Aperçu.

▸ **Verrouiller le rapport de linéarité** : verrouille la forme de la texture. Les valeurs d'origine des options Mosaïque en U et Mosaïque en V sont basées sur le rapport de linéarité de la texture. La valeur 1 est attribuée à l'option la plus élevée des deux. Une valeur permettant de conserver le rapport est attribuée à l'autre option. Lorsque la valeur de longueur ou de largeur est modifiée, les autres valeurs changent si nécessaire pour conserver la forme.

Le volet Remplacement éclairage avancé

Ce volet permet de définir les paramètres ayant une incidence sur le rendu d'un matériau lorsque celui-ci est éclairé par une illumination indirecte de l'illumination global et/ou du Final Gathering.

Les contrôles de Remplacement éclairage avancé permettent de modifier les propriétés du matériau qui ont une incidence sur la scène rendue. Ce contrôle n'est disponible que pour les types de matériau Réaliste et Métal réaliste. L'illumination globale est une technique d'illumination indirecte qui permet de définir certains effets, comme le débordement des couleurs. Lorsqu'une lumière atteint un objet coloré dans le modèle, les photons (particules de lumière) rebondissent sur les objets adjacents et les teintent de la couleur de l'objet d'origine. L'illumination indirecte améliore le réalisme d'une scène en simulant la radiosité ou l'interréflexion de la lumière entre les objets d'une scène. Vous pouvez définir les paramètres suivants (fig.9.45) :

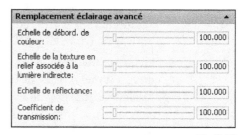

Fig.9.45

► **Echelle de débordement de couleur :** permet d'augmenter ou de réduire la saturation des couleurs réfléchies.

► **Echelle de la texture en relief associée à la lumière indirecte :** permet de mettre à l'échelle l'effet de la texture en relief du matériau de base dans les zones éclairées par de la lumière indirecte.

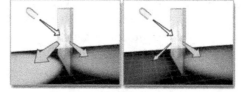

Fig.9.46

► **Echelle de réflectance :** permet d'augmenter ou de réduire la quantité d'énergie que le matériau réfléchit. La réflectance est le pourcentage d'énergie de lumière diffuse qui est réémise par un matériau (fig.9.46).

► **Coefficient de transmission :** augmente ou réduit la quantité d'énergie transmise par le matériau. La transmission correspond à la quantité d'énergie transmise par un matériau. Un matériau complètement opaque a un coefficient de transmission de 0 % (fig.9.47).

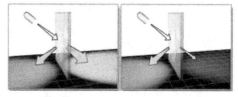

Fig.9.47

Les matériaux avec des couleurs diffuses ou extrêmement brillantes peuvent être fortement réfléchissants. Cela peut produire des illuminations indirectes surexposées ou pâles. Dans certains cas, les contrôles de Remplacement éclairage avancé peuvent améliorer l'apparence de l'illumination indirecte. Voici certains exemples de situation dans lesquelles les paramètres d'un matériau peuvent inclure le débordement de couleur et de grandes zones sombres.

▶ Il peut être judicieux de réduire l'échelle de réflectance ou l'échelle de débordement de couleur lorsqu'une grande zone de couleur (par exemple, un tapis rouge dans une salle avec des murs blancs) crée un débordement de couleur excessif. Ceci peut être physiquement précis, mais l'œil doit s'ajuster pour de tels effets et l'illumination indirecte produite peut être meilleure avec une réflectance moins élevée ou avec un débordement de couleur moins accentué.

▶ Il peut être judicieux d'augmenter l'échelle de réflectance lorsque la scène comporte une grande zone sombre (par exemple, un sol noir). Cela peut produire un résultat très sombre. Vous pouvez conserver la couleur du sol mais augmenter la réflectance, pour que le matériau ait les couleurs voulues tout en augmentant sa luminosité.

Lorsque le matériau est transparent, (comme du verre), l'énergie transmise est spéculaire. La lumière passe directement à travers le matériau (en fonction de la réfraction). La valeur de transmission spéculaire dépend du paramètre de transparence du matériau. Généralement, lorsqu'un matériau a une valeur de transmission élevée, sa réflectance est basse et inversement.

Le volet Mise à l'échelle matérielle et Présentation en mosaïque

Ce volet permet de spécifier la mise à l'échelle et la présentation en mosaïque pour les différentes textures placées sur les matériaux qui utilisent la fonctionnalité « Mise à l'échelle et Présentation en mosaïque », disponible au niveau du matériau supérieur. En ce qui concerne le niveau de texture procédurale, la mise à l'échelle et la texture sont uniquement disponibles sur les types de texture sous-procédurale 2D (Texture simple, Damier, Valeur de dégradé et Mosaïques).

Chaque texture dispose aussi individuellement ses propres facteurs de mise à l'échelle et de présentation en mosaïque. Pour synchroniser la mise à l'échelle et la présentation en mosaïque entre toutes les textures, il convient d'activer l'icône de synchronisation.

Les paramètres suivants permettent de contrôler la mise à l'échelle et la présentation en mosaïque d'un matériau :

▶ **Mosaïque, Miroir, Aucun :** vous pouvez créer une mosaïque ou une mise en miroir d'un matériau avant de créer un motif, ou sélectionner Aucune pour ne pas modifier le motif de la texture.

▸ **Unités d'échelle :** vous pouvez spécifier des unités réelles à utiliser dans la mise à l'échelle. Sélectionnez Aucune ou Ajust. au gizmo pour ajuster l'image à la face ou à l'objet.

▸ **Paramètres U et V :** vous pouvez gérer les coordonnées du matériau sur un témoin. Lors de la modification de ces paramètres, un aperçu s'affiche dans le panneau Décalage et Aperçu.

▸ **Synchroniser les paramètres :** pour synchroniser la mise à l'échelle et la présentation en mosaïque entre toutes les textures, cliquez sur le bouton de synchronisation.

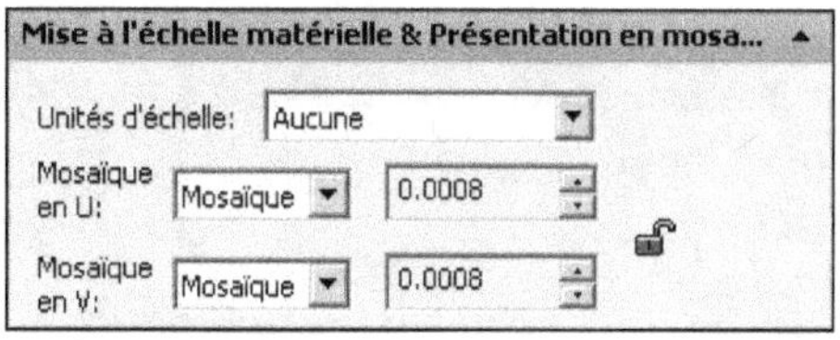

Les options sont les suivantes (fig.9.48) :

■ **Flèche réduire/développer le panneau d'affichage :** réduit (flèches vers le haut) et développe (flèches vers le bas) le panneau d'affichage.

Fig.9.48

■ **Unités d'échelle :** permet de spécifier les unités de mise à l'échelle.

▸ **Aucune :** indique une échelle fixe.

▸ **Ajust. au gizmo :** ajuste l'image à la face ou à l'objet.

▸ **Unités :** permet de spécifier le type d'unité en unités générales (Millimètres, Centimètres, Mètres, Kilomètres, Pouces, Pieds, Pieds américains, Miles ou Yards).

■ **Mosaïque en U ou en V :** règle la mosaïque de l'image le long de l'axe U ou V. Les options Aucune, Mosaïque et Miroir indiquent le type de mosaïques pour le matériau de l'axe U ou V. L'aperçu se met à jour lorsque vous modifiez la valeur.

▸ **Aucune :** la texture n'est pas divisée en mosaïques dans le matériau ; une seule mosaïque apparaîtra sur l'objet auquel le paramètre est appliqué.

▸ **Mosaïque :** la texture est divisée en mosaïques dans le matériau. Cela a une incidence sur l'échelle générale.

▸ **Miroir :** la texture est divisée en mosaïques mais chacune d'entre elles sera le miroir de la mosaïque adjacente.

Exemple : creation d'un matériau texturé en relief

Dans cet exemple nous allons définir un matériau représentant un mur de brique en relief. Les étapes sont les suivantes :

1. Scannez une image de mur ou photographiez une partie d'un mur.

2. A l'aide d'un logiciel de traitement d'images (Photoshop, Paint Shop Pro, etc) découpez un échantillon du mur.

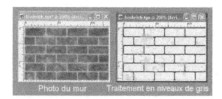

Fig.9.49

Fig.9.50

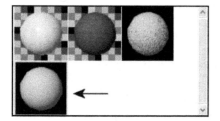

Fig.9.51

3 Effectuez une copie de l'image et traitez-là en niveau de gris. Cette image traitée permettra de donner l'illusion du relief dans le matériau (fig.9.49).

4 Sauvez les deux images dans le répertoire des textures d'AutoCAD. Par exemple sous les noms : BriqueO et BriqueR.

5 Ouvrez la fenêtre de gestion des matériaux, via, par exemple, la flèche du groupe de fonctions **Matériaux** (Materials).

6 Cliquez sur le bouton **Créer un matériau** (Create New Material).

7 Dans la boîte de dialogue **Créer un matériau** (Create New Material), entrez un nom et une description (fig.9.50).

8 Cliquez sur OK. Un nouveau témoin de matériau s'affiche dans le volet des matériaux disponibles dans le dessin (fig.9.51).

9 Sélectionnez le témoin du nouveau matériau, puis dans la liste déroulante **Gabarit** (Template) du type **Réaliste** (Realist), sélectionnez **Maçonnerie** (Masonry). Cela permet de récupérer des propriétés de surface pré-enregistrées (brillance, index de réfraction, etc.).

10 Dans le volet Textures, vérifiez que le champ **Texture diffuse** (Diffuse Map) est bien coché. Ce qui est le cas avec la sélection du gabarit Maçonnerie (Masonry).

11 Sélectionnez **Texture simple** (Texture Map) dans la liste déroulante.

12 Cliquez sur le bouton **Sélec.image** (Select Image).

13 Dans la boîte de dialogue **Sélectionner un fichier image** (Select Image File), sélectionnez le fichier BriqueO.jpg et cliquez sur Ouvrir.

14 Décochez le champ Texture en opacité.

15 Cochez le champ **Texture en relief** (Bump Map) afin d'ajouter du relief à la texture de brique.

16 Cliquez sur le bouton **Sélec.image** (Select Image).

17 Dans la boîte de dialogue **Sélectionner un fichier image** (Select Image File), sélectionnez le fichier BriqueR.jpg et cliquez sur **Ouvrir** (Open).

18 Le curseur de texture en relief permet de définir l'ampleur de l'effet de relief. Les valeurs possibles sont comprises entre -1000 et 1000, 30.0 étant la valeur par défaut.

19 Pour définir les dimensions réelles représentées par les deux images (diffuse et

opacité) du mur en brique, activez le volet **Mise à l'échelle matérielle & Présentation en mosaïque** (Scaling and Tiling).

20. Dans **Unités d'échelle** (Units), sélectionnez une unité pour défiles dimensions réelles représentées par l'image du mur brique. Par exemple centimètres (fig.9.52).

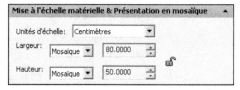
Fig.9.52

21. Dans **Largeur** (Width), indiquez la largeur réelle de l'échantillon du mur représenté par l'image. Dans notre cas, l'image représente environ un morceau de mur de 80 cm de large.

22. Dans **Hauteur** (Height), indiquez la hauteur réelle de l'échantillon du mur représenté par l'image. Dans notre cas, l'image représente environ un morceau de mur de 49 cm de haut.

23. Ouvrez le volet **Décalage matériau & Aperçu** (Material Offset and Preview).

24. Dans **Taille de l'aperçu** (Preview size), entrez 80 pour indiquer la largeur de l'échantillon de mur.

25. Ces valeurs sont à présent reportées dans les rubriques **Mise à l'échelle & Présentation en mosaïque** (Scaling and Tiling) de chacune des textures.

26. Le nouveau matériau étant créé, vous pouvez le placer dans la palette des matériaux afin de pouvoir l'utiliser dans tous les dessins. Pour cela, effectuez un clic droit sur le témoin du matériau, puis sélectionnez **Exporter vers la palette d'outils active** (Export to Active Tool Palette) (fig.9.53).

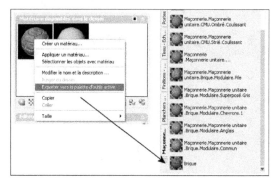
Fig.9.53

27. Pour placer ensuite le matériau sur un objet, il convient de ne pas oublier de définir au préalable l'unité du dessin via la commande **Unités** (Units) (fig.9.54). La texture du matériau s'adapte ensuite parfaitement à l'unité de l'objet (fig.9.55).

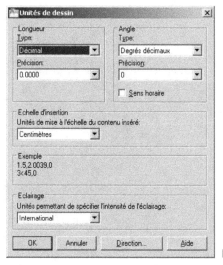
Fig.9.54

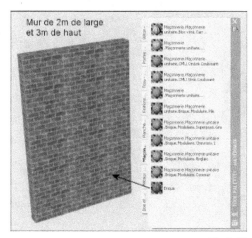
Fig.9.55

Les coordonnées de mapping

Après avoir attaché un matériau avec une texture, vous pouvez ajuster l'orientation de la texture sur les objets ou les faces.

Le mappage de matériaux permet d'ajuster le matériau à la forme de l'objet. L'application du type approprié de mappage de matériaux à un objet améliore son ajustement :

▸ **Mappage planaire** (Planar Mapping) : mappe l'image sur l'objet comme si vous la projetiez depuis un projecteur de diapositives sur une surface 2D. L'image n'est pas déformée, mais elle est mise à l'échelle afin de s'ajuster à l'objet. Ce mappage est utilisé le plus souvent pour les faces (fig.9.56).

▸ **Mappage boîte** (Box Mapping) : mappe une image sur un solide de type parallélépipède. L'image est répétée sur chaque côté de l'objet (fig.9.57). Ce type de mappage permet également de supprimer l'effet de rotation des textures lors de la rotation d'un objet (fig.9.58).

▸ **Mappage sphérique** (Spherical Mapping) : courbe l'image horizontalement et verticalement. Le bord supérieur de la texture est compressé au niveau d'un point du « pôle nord » de la sphère et le bord inférieur au niveau d'un point du « pôle sud » (fig.9.59).

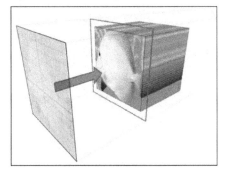

Fig.9.56

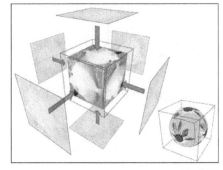

Fig.9.57

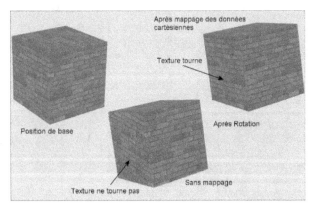

Fig.9.58

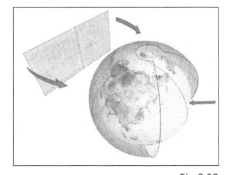

Fig.9.59

▶ **Mappage cylindrique** (Cylindrical Mapping) : mappe une image sur un objet cylindrique. Les côtés horizontaux sont courbés de manière à se rejoindre, ce qui n'est pas le cas des arêtes inférieure et supérieure. La hauteur de l'image est mise à l'échelle le long de l'axe du cylindre (fig.9.60).

Si vous devez apporter d'autres ajustements, vous pouvez utiliser l'outil poignée de mappage de matériaux qui s'affiche sur l'objet afin de déplacer ou de faire pivoter la texture sur l'objet (fig.9.61).

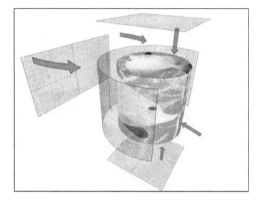

Fig.9.60

Pour modifier le type de mappage ou pour ajuster la position d'une texture sur un objet ou une face, la procédure est la suivante :

1. Sur le ruban, activez l'onglet **Rendu** (Render).

2. Cliquez sur l'icône déroulante **Mappage de matériau** (Material Mapping) du groupe de fonctions **Matériaux** (Materials) et maintenez le bouton de la souris enfoncé pour afficher le type de mappage disponible.

3. Les options présentes sur l'icône déroulante Mappage de matériau sont également disponibles sous forme de boutons dans la barre d'outils **Mappage** (Mapping).

4. Sélectionnez le type de mappage que vous voulez utiliser sur l'objet :
   - Mappage planaire
   - Mappage des données cartésiennes (boîte)
   - Mappage sphérique
   - Mappage cylindrique

5. Sélectionnez l'objet. Un outil poignée de mappage de matériaux (gizmo) s'affiche sur l'objet.

6. Utilisez les outils poignées et la représentation de l'objet pour ajuster l'affichage de l'image sur l'objet ou la face (fig.9.62).

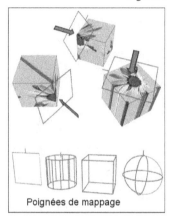

Poignées de mappage

Fig.9.61

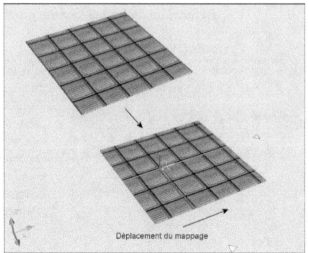

Déplacement du mappage

Fig.9.62

La création de matériaux composés de textures procédurales

Contrairement aux images bitmap qui sont produites par une matrice fixe de pixels de couleur, comme dans une mosaïque, les textures procédurales sont générées par un algorithme mathématique. Par conséquent, les types de contrôle disponibles pour une texture procédurale varient selon les fonctionnalités de la procédure. Une texture procédurale peut être générée en deux ou trois dimensions. Vous pouvez également imbriquer des textures simples ou procédurales dans une autre texture procédurale pour ajouter de la profondeur et plus de détails au matériau.

Pour ajouter une texture procédurale à un matériau, la procédure est la suivante :

1. Dans le panneau **Matériaux disponibles dans le dessin** (Available Materials in Drawing) de la fenêtre **Matériaux** (Materials), cliquez sur le bouton **Créer un matériau** (Create Material) et entrez un nom.

2. Sélectionnez le type de matériau **Réaliste** (Realistic).

3. Sélectionnez **Texture diffuse**, puis une texture procédurale comme type de texture (Damier, Valeur de dégradé, Marbre, Bruit, Tache, Mosaïque, Ondes ou Bois).

4. Pour modifier les paramètres de propriété de la texture, cliquez sur le bouton permettant d'obtenir les paramètres du type de texture.

5. Modifiez les paramètres des propriétés de la texture.

6. Pour revenir à la texture parente, en haut de la fenêtre des paramètres des propriétés, cliquez sur **Dossier de la texture parente** (Parent Map).

7. Pour afficher une plus grande vue du témoin du matériau, cliquez sur **Afficher un aperçu des résultats du canal de texture procédurale**.

En fonction du type de texture procédurale, les paramètres sont les suivants :

Bois (Wood)

Bois est une texture procédurale qui, lors du rendu, produit un motif présentant l'aspect grenu du bois dans le volume d'un objet. La texture Bois peut être avant tout considérée comme une texture de type Couleur diffuse. Le grain résulte du mélange de deux couleurs attribuées au bois. La texture Bois peut également être d'un autre type. Lorsqu'elle est utilisée comme texture de relief, elle rend le grain sous la forme de sillons tridimensionnels creusés dans la surface. Les paramètres de définition de l'aspect du bois sont les suivants (fig.9.63) :

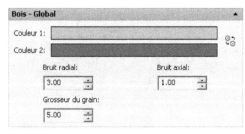

Fig.9.63

- ▶ **Couleur 1 & 2 (Color 1 & Color 2) :** permet de choisir deux couleurs pour le motif du grain. Valeurs par défaut = ocre pour la couleur 1 et marron foncé pour la couleur 2. Elles peuvent être remplacées ou interverties. La représentation de différents types de bois repose principalement sur le choix des couleurs, avec celui du motif du grain. Pour les bois de texture assez uniforme, comme le pin ou le séquoia, les deux couleurs doivent être très peu contrastées. Par exemple : Couleur 1 = RVB 160, 125, 50 et Couleur 2 = RVB 170, 135, 25 ou Couleur 1 = RVB 140, 90, 0 et Couleur 2 = RVB 130, 80, 50. L'éclairage influe aussi sur l'apparence des couleurs.

- ▶ **Permuter (Swaps) :** intervertit la position des couleurs.

- ▶ **Grosseur du grain (Grain thickness) :** définit l'épaisseur relative des bandes de couleur qui composent le grain. Son effet dépend de l'objet. En effet, un grain qui semblera démesurément gros sur une petite table sera tout à fait acceptable sur une grosse poutre. Le fait de diminuer la valeur du paramètre Grosseur du grain a pour effet de créer des lignes de grain plus rapprochées. L'effet obtenu peut ressembler au grain fin du bois des arbres à croissance lente. Lorsque ce paramètre est défini sur 0, le grain disparaît et le bois présente l'aspect du contre-plaqué. Le fait d'augmenter la valeur du paramètre Grosseur du grain a pour effet de créer des lignes de grain plus éloignées. L'effet obtenu peut ressembler au bois d'un arbre tropical à croissance continue. Par exemple : 5.

- ▶ **Bruit radial (Radial noise) :** définit le caractère aléatoire relatif du motif sur un plan perpendiculaire au grain. Par exemple : 3.

- ▶ **Bruit axial (Axial noise) :** définit le caractère aléatoire relatif du motif sur un plan parallèle au grain, sur toute la longueur du grain. Par exemple : 1.

Les paramètres de bruit permettent de définir le caractère aléatoire, c'est-à-dire l'« irrégularité », du grain dans deux directions. En l'absence de bruit, les sillons du bois sont uniformes et inorganiques. En attribuant aux deux paramètres leur valeur par défaut, vous obtenez des irrégularités modérées.

La figure 9.64, illustre le bois avec les paramètres : Epaisseur : 5, Bruit axial : 1, Bruit radial : 3.

Bruit (Noise)

La texture Bruit crée une perturbation aléatoire sur une surface, basée sur l'interaction de deux couleurs ou matériaux. Cette texture est aussi très utile lorsqu'elle est associée à une texture en relief (Bump Map). Les paramètres sont les suivants (fig.9.65) :

Fig.9.64

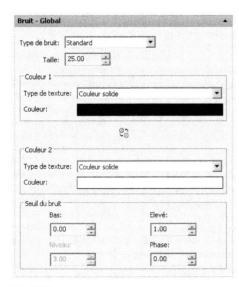

Fig.9.66

Fig.9.65

▸ **Type de bruit** (Noise Type) : permet de spécifier le type de bruit (fig.9.66).

   ▪ **Standard :** génère des bruits standards. Ce type de bruit est identique au bruit fractal, mais avec des niveaux définis sur 1.

   ▪ **Fractal :** génère un bruit à l'aide d'un algorithme fractal. L'option Niveaux définit le nombre d'itérations du bruit fractal.

   ▪ **Turbulence :** génère un bruit fractal auquel une fonction de valeur absolue est appliquée pour créer des lignes à défaut. Notez que la quantité de bruit doit être supérieure à 0 pour que les effets de turbulence soient apparents.

   ▪ **Taille :** définit l'échelle de la fonction de bruit. Plus la valeur est faible, plus les tranches sonores sont restreintes.

▸ **Couleur 1/2** (Color 1/2) : permet de choisir une couleur ou une texture sous-procédurale pour un des damiers.

   ▪ **Type de texture :** permet de spécifier une texture simple, un type de texture sous-procédurale ou une couleur. Si Texture simple est spécifiée, sélectionnez une image. Si Texture simple ou une texture sous-procédurale est sélectionnée, cliquez sur le bouton Cliquez pour afficher les paramètres de «Type de texture». Si Couleur solide est sélectionnée, une zone de sélection de couleurs apparaît.

   ▪ **Couleur :** cliquez sur le bouton pour afficher la boîte de dialogue Sélectionner une couleur.

▸ **Echange les types de textures** (Swaps the Map Types) : échange les types de texture entre Couleur 1 et Couleur 2.

▸ **Seuil du bruit** (Noise threshold) : permet de spécifier un seuil de bruit. Les paramètres sont les suivants :

   ▪ **Faible :** définit le seuil de faible niveau. Plage = 0 à 5.00. Par défaut = 0.

   ▪ **Haut :** définit le seuil de haut niveau. Plage = 0 à 5.00. Par défaut = 1.

   ▪ **Niveau :** détermine la quantité d'énergie fractale utilisée pour les fonctions de bruit Fractal et Turbulence. Vous pouvez définir la quantité exacte de turbulence souhaitée et renseigner le nombre de niveaux de bruit fractal. Valeur par défaut = 3.

■ **Phase** : contrôle l'apparence du bruit. Utilisez cette option pour modifier l'apparence des différents objets faisant appel à la texture Bruit.

Pour ajouter du relief à un matériau :

Une texture Bruit peut être utilisée comme Texture relief (Bump Map) dans la définition d'un matériau. Ainsi, si vous souhaitez créer un matériau comme du béton, vous pouvez choisir une couleur gris foncé comme couleur pour le matériau et ajouter ensuite une texture Bruit comme texture de relief. La texture diffuse ne doit pas être utilisée. La procédure est la suivante :

1️⃣ Dans le champ **Couleur** (Color), sélectionnez une couleur gris foncé (fig.9.67).

2️⃣ Dans le champ **Texture en relief** (Bump map), sélectionnez **Bruit** (Noise).

3️⃣ Glissez la réglette au maximum pour avoir le plus possible de relief.

4️⃣ Cliquez sur le bouton **Cliquez pour afficher les paramètres de Bruit** (Click for Noise settings).

5️⃣ Sélectionnez **Standard** (Regular) dans le champ **Type de bruit** (Noise Type).

6️⃣ Entrez une valeur dans **Size** (Taille).

7️⃣ Effectuez un rendu (fig.9.68).

8️⃣ En fonction du résultat, modifiez la taille.

9️⃣ Utilisez les options de la section **Seuil du bruit** (Noise threshold) pour modifier l'apparence du matériau.

Damier (Checker)

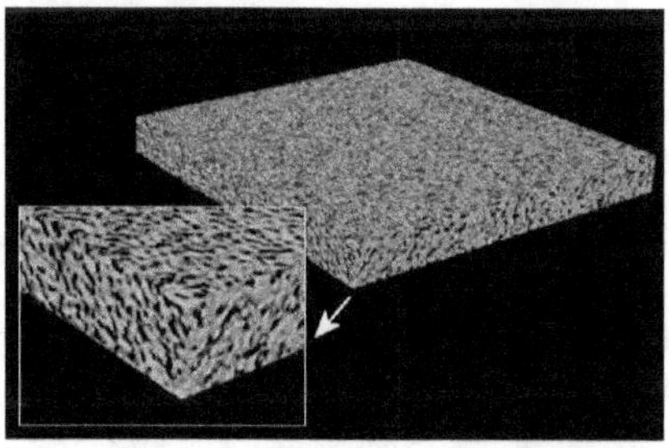

La texture Damier applique un damier de deux couleurs au matériau. Le damier par défaut est un motif de carrés noirs et blancs. Il s'agit de textures 2D procédurales. Le damier peut être composé de couleurs ou de textures. Les options sont les suivantes (fig.9.69) :

▶ **Couleur 1 & 2 (Color 1 & 2) :** permet de choisir une couleur ou une texture sous-procédurale pour un des damiers.

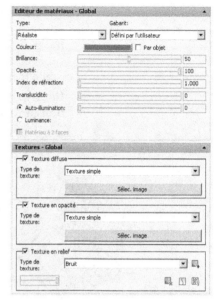

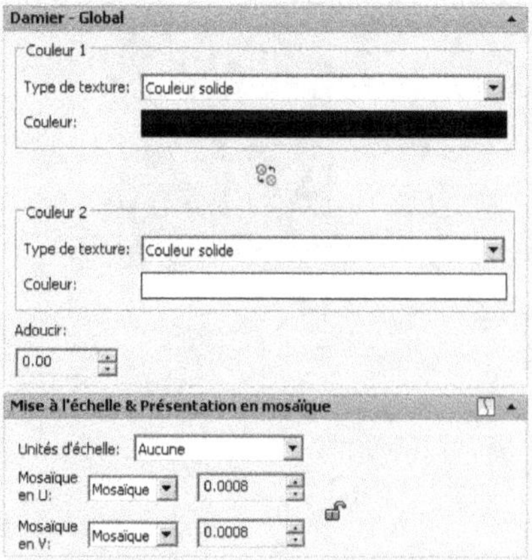

Fig.9.67

Fig.9.68

Fig.9.69

- **Type de texture :** permet de spécifier une texture simple, un type de texture sous-procédurale ou une couleur. Si Texture simple est spécifiée, sélectionnez une image. Si Texture simple ou une texture sous-procédurale est sélectionnée, cliquez sur le bouton **Cliquez pour afficher les paramètres de «Type de texture»**. Si Couleur solide est sélectionnée, une zone de sélection de couleurs apparaît.

- **Couleur :** cliquez sur le bouton pour afficher la boîte de dialogue **Sélectionner une couleur**.

▶ **Echange les types de textures** (Swaps the Map Types) : échange les types de texture entre Couleur 1 et Couleur 2.

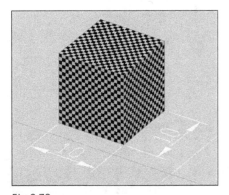

Fig.9.70

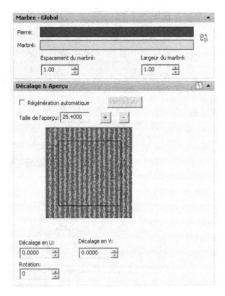

Fig.9.71

▶ **Adoucir** (Soften) : ajuste la valeur de douceur ou de flou entre les bords des deux couleurs ou des types de texture. Plus les valeurs sont élevées, plus le flou est intense. La valeur 0.0 indique des bords nets. Plage = 0 à 5.00. Par défaut = 0.

▶ **Mise à l'échelle & Présentation en mosaïque** (Scaling and Tiling) : fournit des paramètres permettant d'ajuster l'échelle et les mosaïques de la texture.

▶ **Décalage & Aperçu** (Offset and Preview) : fournit des paramètres permettant d'ajuster le décalage et l'aperçu de la texture.

Par exemple, pour un cube de 10 cm de côté avec les deux valeurs U et V égales à 1, on obtient 10 carrés de 4 couleurs dans chaque longueur (fig.9.70).

Marble (Marbre)

La texture Marbre génère une surface marbrée avec des veines colorées sur un arrière-plan de couleur. Les options sont les suivantes (fig.9.71) :

▶ **Pierre** (Stone color) : permet de spécifier la couleur de la pierre. Affiche la boîte de dialogue **Sélectionner la couleur.**

▶ **Echange les couleurs** (Swaps the colors) : échange les couleurs entre Pierre et Marbré.

▶ **Marbré** (Vein color) : permet de spécifier la couleur des veines. Affiche la boîte de dialogue **Sélectionner la couleur.**

▶ **Espacement du marbré** (Vein spacing) : définit l'espace entre les veines. Plage = de 0 à 100 ; par défaut = 1,00.

▸ **Largeur du marbré** (Vein width) : définit la largeur entre les veines. Plage = de 0 à 100 ; par défaut = 1,00.

▸ **Décalage & Aperçu** (Offset and Preview) : fournit des paramètres permettant d'ajuster le décalage et l'aperçu de la texture.

Mosaïque (Tiles)

Mosaïque permet d'appliquer un motif de brique ou un empilement de couleurs ou de textures. C'est une texture très utile pour créer des motifs de brique personnalisés. La palette d'outils Matériaux fournit des motifs de brique d'architecture communément définis, que vous pouvez sélectionner et modifier dans la fenêtre Matériaux. Les options sont les suivantes (fig.9.72) :

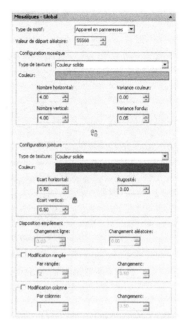

Fig.9.72

▸ **Type de motif** (Pattern type) : détermine s'il s'agit d'un motif de mosaïque prédéfini ou personnalisé. Les motifs prédéfinis désactivent en général la plupart ou toute la présentation d'empilement et les options de modification des rangées/colonnes. Les options sont :

- ▪ Mosaïque personnalisée.
- ▪ Appareil en panneresses.
- ▪ Appareil flamand.
- ▪ Appareil anglais.
- ▪ Appareil à demi-brique en long.
- ▪ Appareil en damier.
- ▪ Petit appareil en panneresses.
- ▪ Petit appareil en damier.

▸ **Valeur de départ aléatoire** (Random seed) : applique de façon aléatoire les motifs de variation des couleurs aux mosaïques. Aucun autre paramètre n'est requis pour générer des motifs entièrement différents.

▸ **Configuration mosaïque** (Tiles Setup) : fournit les options permettant d'appliquer une texture en mosaïque. Les options sont les suivantes :

- ▪ **Type de texture** : permet de spécifier une texture simple, un type de texture sous-procédurale ou une couleur. Si Texture simple est spécifiée, sélectionnez une image. Si Texture simple ou une texture sous-procédurale est sélectionnée, cliquez sur le bouton Cliquez pour afficher les paramètres de «Type de texture». Si Couleur solide est sélectionnée, une zone de sélection de couleurs apparaît.
- ▪ **Sélec. Image** : si l'option Texture simple est sélectionnée comme type de texture, permet d'indiquer l'image à utiliser.

- **Couleur** : cliquez sur le bouton pour afficher la boîte de dialogue Sélectionner une couleur.
- **Cliquez pour afficher les paramètres de Type de texture** : si Texture simple ou une texture sous-procédurale est sélectionnée, affiche les paramètres des propriétés.
- **Nombre horizontal** : gère le nombre de mosaïques dans une rangée. Valeur par défaut = 4.
- **Nombre vertical** : gère le nombre de mosaïques dans une colonne. Valeur par défaut = 4.
- **Variance couleur** : gère la variance de couleur des mosaïques. Valeur par défaut = 0,05.
- **Variance fondu** : gère la variance de fondu des mosaïques.

▶ **Echange les types de textures** (Swaps the Map Types) : échange les types de texture entre Mosaïques et Jointure.

▶ **Configuration jointure** (Grout Setup) : gère l'aspect de la jointure.

- **Type de texture** : permet de spécifier une texture simple, un type de texture sous-procédurale ou une couleur. Si Texture simple est spécifiée, sélectionnez une image. Si Texture simple ou une texture sous-procédurale est sélectionnée, cliquez sur le bouton Cliquez pour afficher les paramètres de «Type de texture». Si Couleur solide est sélectionnée, une zone de sélection de couleurs apparaît.
- **Sélec. Image** : si l'option Texture simple est sélectionnée comme type de texture, permet d'indiquer l'image à utiliser.
- **Couleur** : cliquez sur le bouton pour afficher la boîte de dialogue Sélectionner une couleur.
- **Cliquez pour afficher les paramètres de Type de texture** : si Texture simple ou une texture sous-procédurale est sélectionnée, affiche les paramètres des propriétés.
- **Ecart horizontal** : gère la taille horizontale de la jointure entre les mosaïques. Cette valeur est verrouillée par défaut sur l'écart vertical, de sorte que les deux valeurs changent lorsque vous en modifiez une. Plage = de 0 à 100, par défaut = 0.50.
- **Ecart vertical** : gère la taille verticale de la jointure entre les mosaïques. Cette valeur est verrouillée par défaut sur l'écart horizontal, de sorte que les deux valeurs changent lorsque vous en modifiez une. Plage = de 0 à 100, par défaut = 0.50.
- **Verrouiller** : verrouille et déverrouille les écarts de jointure horizontaux et verticaux.
- **Rugosité** : gère la rugosité des arêtes du mortier. Plage = de 0 à 200, par défaut = 0.

▶ **Disposition empilement** (Stacking Layout) : indique les paramètres disponibles lorsque l'option Mosaïque personnalisée est sélectionnée.

- **Changement ligne** : une rangée de mosaïques sur deux est déplacée d'une unité. Plage = de 0 à 100, par défaut = 0.50.

- **Changement aléatoire** : déplace de façon aléatoire toutes les rangées de mosaïques d'une unité. Plage = de 0 à 100, par défaut = 0.

▸ **Modification rangée** (Row Modify) : lorsque l'option Mosaïque personnalisée est sélectionnée, crée un motif personnalisé de rangées basé sur les valeurs des paramètres Par rangée et Modifier. Valeur par défaut = inactif.

- **Zone de sélection** : permet d'activer ou désactiver les paramètres de Modification rangée jointure.

- **Par rangée** : indique les rangées à modifier. Lorsque la valeur Par rangée est égale à 0, aucune rangée n'est modifiée. Lorsque la valeur Par rangée est égale à 1, chaque rangée est modifiée. Lorsque la valeur Par rangée est supérieure à 1, le changement est effectué toutes les N rangées : si la valeur est 2, le changement est effectué toutes les deux rangées, si la valeur est 3, les changements sont effectués toutes les trois rangées, etc. Plage = 0 à 5. Valeur par défaut = 1.

- **Modifier** : modifie la largeur des mosaïques dans les rangées concernées. La valeur 1.0 correspond à la largeur par défaut des mosaïques. Les valeurs supérieures à 1.0 augmentent la largeur des mosaïques et les valeurs inférieures à 1.0 la réduisent. Plage = de 0.0 à 5.0. La valeur 0 est un cas à part : lorsque la valeur est 0.0, aucune mosaïque n'apparaît dans cette rangée et le matériau sous-jacent apparaît à travers. Valeur par défaut = 1.

▸ **Modification colonne** (Column Modify) : lorsque l'option Mosaïque personnalisée est sélectionnée, crée un motif personnalisé de colonnes basé sur les valeurs des paramètres Par colonne et Modifier. Valeur par défaut = inactif.

- **Zone de sélection** : permet d'activer ou désactiver les paramètres de Modification colonne jointure.

- **Par colonne** : indique les colonnes à modifier. Lorsque la valeur Par colonne est égale à 0, aucune rangée n'est modifiée. Lorsque la valeur Par colonne est égale à 1, chaque rangée est modifiée. Lorsque la valeur Par colonne est supérieure à 1, le changement est effectué toutes les N colonnes : si la valeur est 2, le changement est effectué toutes les deux colonnes, si la valeur est 3, les changements sont effectués toutes les trois colonnes, etc. Plage = 0 à 50. Valeur par défaut = 1.

- **Modifier** : modifie la hauteur des mosaïques dans les rangées concernées. La valeur 1.0 correspond à la largeur par défaut des mosaïques. Les valeurs supérieures à 1.0 augmentent la hauteur des mosaïques et les valeurs inférieures à 1.0 la réduisent. Plage = de 0.0 à 5.0. La valeur 0 est un cas à part : lorsque la valeur est 0.0, aucune mosaïque n'apparaît dans cette colonne et le matériau sous-jacent apparaît à travers. Valeur par défaut = 1.

> ▸ **Décalage & Aperçu** (Scaling and Tiling) : fournit des paramètres permettant d'ajuster l'échelle et les mosaïques de la texture.

> ▸ **Mise à l'échelle & Présentation en mosaïque** (Offset and Preview) : fournit des paramètres permettant d'ajuster le décalage et l'aperçu de la texture.

Pour créer un mur de briques, par exemple, la procédure est la suivante :

1️⃣ Créez un volume de 200 cm de large, 270 cm de haut et 9 cm d'épaisseur pour représenter un mur.

2️⃣ Dans l'éditeur de matériau créer un nouveau matériau.

3️⃣ Dans la section **Texture diffuse** (Diffuse Map), sélectionnez **Mosaïques** (Tiles) dans la liste déroulante **Type de texture** (Map type).

4️⃣ Cliquez sur le bouton **Cliquez pour afficher les paramètres de Mosaïques** (Click for Tiles settings) pour ouvrir le panneau correspondant.

5️⃣ Sélectionnez **Mosaïque personnalisée** (Running Bond) dans la liste **Type de motif** (Pattern type).

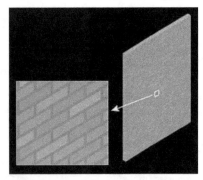

6️⃣ Dans la section **Configuration mosaïque** (Tiles Setup), sélectionnez une couleur solide Brun-orange pour la brique, entrez 10 (c'est-à-dire 10 briques) dans le champ **Nombre horizontal** (Horizontal count) et 33 dans le champ **Nombre vertical** (Vertical count).

7️⃣ Entrez 1 dans le champ **Variance couleur** (Color variance), pour assurer une diversité de couleurs dans les briques.

8️⃣ Dans la section **Configuration Jointure** (Grout Setup), sélectionnez une couleur solide Gris foncé pour le joint, entrez 0.4 dans le champ **Ecart horizontal** (Horizontal gap) et 0.4 dans le champ **Ecart vertical** (Vertical gap).

Fig.9.73

9️⃣ Effectuez un rendu pour contrôler le résultat (fig.9.73).

🔟 Pour modifier la rugosité des limites du mortier, vous pouvez changer le paramètre Rugosité (Rough). Par exemple : 2 (fig.9.74).

Pour ajouter du relief au mur de brique :

1️⃣ Dans la section **Texture relief** (Bump Map), sélectionnez **Mosaïques** (Tiles) dans la liste déroulante **Type de texture** (Map type).

Fig.9.74

2️⃣ Glissez la réglette du taux de relief au maximum vers la droite.

3 Cliquez sur le bouton **Cliquez pour afficher les paramètres de Mosaïques** (Click for Tiles settings) pour ouvrir le panneau correspondant.

4 Entrez les mêmes paramètres que pour texture diffuse, sauf pour les couleurs qui doivent être blanc pour la brique et noir pour le joint.

5 Effectuez un rendu pour voir le résultat (fig.9.75).

Fig.9.75

Ondes (Waves)

Ondes est une texture qui simule une masse d'eau ou des vagues. Elle génère un certain nombre de modèles d'ondes sphériques, qu'elle répartit sur une sphère de façon aléatoire. Vous pouvez contrôler le nombre de jeux d'ondes, leur amplitude et leur vitesse. Cette texture fonctionne efficacement en tant que texture diffuse et texture de relief. Elle donne également de bons résultats en conjonction avec une texture d'opacité. Les options sont les suivantes (fig.9.76) :

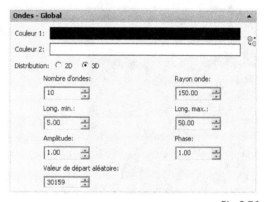

Fig.9.76

- ▶ **Couleur 1 & 2** (Color 1 & 2) : permet de spécifier une première et une seconde couleur d'onde. La boîte de dialogue Sélectionner une couleur apparaît.

- ▶ **Echange les couleurs** (Swaps the Colors) : échange les couleurs entre Couleur 1 et Couleur 2.

- ▶ **Distribution** : permet de spécifier la distribution de l'onde. Distribution 3D répartit les ondes sur la surface d'une sphère imaginaire et agit sur tous les côtés d'un objet 3D. Distribution 2D définit des ondes en cercles centrés sur le plan XY. Ce type est plus approprié pour les surfaces planes comme les océans et les lacs. Par exemple : 2D.

- ▶ **Nombre d'ondes** (Number of waves) : permet de spécifier la quantité de jeux d'ondes utilisés dans le motif. Les jeux d'ondes sont des groupes d'ondes symétriques radialement qui proviennent de points calculés de façon aléatoire le long de la surface d'une sphère imaginaire située dans l'objet (un cercle, dans le cas de la distribution 2D d'ondes). Pour des eaux calmes, définissez ce paramètre sur un nombre peu élevé. Utilisez un nombre élevé pour des eaux agitées. Plage = de 1 à 50, par défaut = 3. Par exemple : 10.

- ▶ **Rayon onde** (Wave radius) : indique le rayon de la sphère imaginaire (distribution 3D) ou du cercle (distribution 2D) dont la surface est à l'origine de chaque jeu d'ondes. Plus le rayon est grand, plus les motifs d'ondes circulaires sont vastes. Au contraire, un rayon faible produit des ondes plus petites et denses. Valeur par défaut = 1000. Par exemple : 150.

Fig.9.77

Fig.9.78

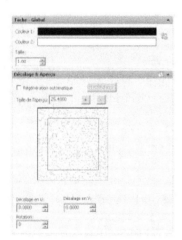

Fig.9.79

▶ **Long. min.** (Len. Min.) : définit l'intervalle minimal pour chaque centre d'onde. Plus les valeurs sont proches, plus les ondes paraissent plus régulières. Valeur par défaut = 50. Par exemple : 5.

▶ **Long. max.** (Len. Max.) : définit l'intervalle maximal pour chaque centre d'onde. Plus les valeurs sont proches, plus les ondes paraissent plus régulières. Valeur par défaut = 50. Par exemple : 50.

▶ **Amplitude** : permet de spécifier l'amplitude des ondes. Le paramètre 3D distribue le centre des ondes sur la surface d'une sphère imaginaire, qui affecte tous les côtés d'un objet 3D. Le paramètre 3D distribue l'onde en cercles centrés sur le plan XY, qui est plus approprié pour les surfaces d'eau plates comme les océans et les lacs. Plage = de 0 à 10000, par défaut = 1. Par exemple : 1

▶ **Phase** : déplace le motif d'ondes. Plage = de 0 à 1000, par défaut = 0. Par exemple : 1.

▶ **Valeur de départ aléatoire** (Random seed) : fournit un nombre de départ permettant de générer le motif d'ondes. Le motif change en fonction de chaque valeur de départ. Plage = de 0 à 65535, par défaut = 30159.

▶ **Décalage & Aperçu** (Offset and Preview) : fournit des paramètres permettant d'ajuster le décalage et l'aperçu de la texture.

Vous pouvez appliquer ces paramètres à un solide représentant l'eau d'un bassin et effectuer un calcul de rendu pour voir le résultat (fig.9.77).

Tache (Speckle)

Tache est une texture 3D qui génère une surface tachetée utile comme texture diffuse ou texture Relief (fig.9.78) pour créer des surfaces ressemblant à du granit et d'autres motifs. Les options sont les suivantes (fig.9.79) :

▶ **Couleur 1 & 2** (Color 1 & 2) : permet de spécifier une première et une seconde couleur de tache. Affiche la boîte de dialogue Sélectionner la couleur.

▶ **Echange les couleurs** (Swaps the Colors) : échange les couleurs entre Couleur 1 et Couleur 2.

▶ **Taille** (Size) : ajuste la taille des taches.

▶ **Décalage & Aperçu** (Offset and Preview) : fournit des paramètres permettant d'ajuster le décalage et l'aperçu de la texture.

Valeur de dégradé (Gradient Ramp)

Vous pouvez créer des dégradés extrêmement personna-lisés à l'aide de la texture procédurale Valeur de dégradé. Elle utilise plusieurs couleurs, plusieurs textures sous-procédurales ou une combinaison des deux pour créer des ombrages ou des valeurs à partir de l'une ou l'autre catégorie (fig.9.80). Les options sont les suivantes (fig.9.81) :

Fig.9.80

▶ **Type de dégradé** (Map type) : indique le type de transition à appliquer d'une couleur à une autre. Il existe différents types de gradient, qui portent sur l'intégralité du dégradé.

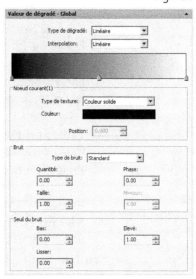

- ▪ **Coin 4** : une transition linéaire asymétrique des couleurs.
- ▪ **Zone** : une boîte.
- ▪ **Diagonale** : transition linéaire en diagonale des couleurs.
- ▪ **Eclairage** : repose sur la valeur de l'intensité lumineuse. Pas de lumière = Tout à gauche ; lumière la plus intense = Tout à droite.
- ▪ **Linéaire** : transition linéaire et douce des couleurs.
- ▪ **Mappé** : vous permet d'affecter une texture à utiliser comme dégradé.
- ▪ **Normal** : basé sur l'angle entre le vecteur de la caméra et l'objet et le vecteur normal de la surface au point d'échantillonnage. Le nœud le plus à gauche du gradient est à 0 degré et celui le plus à droite est à 90 degrés.

Fig.9.81

- ▪ **Pong** : balayage diagonal qui se répète au milieu.
- ▪ **Radial** : transition radiale des couleurs.
- ▪ **Spirale** : transition lisse et circulaire des couleurs.
- ▪ **Balayage** : transition linéaire des couleurs.
- ▪ **Tartan** : tissu écossais.

▶ **Interpolation** : spécifie le type de calcul pour les valeurs intermédiaires. Il existe diffé-rents types d'interpolation qui portent sur l'intégralité du dégradé.

- ▪ **Personnaliser :** définit un type d'interpolation individuel pour chaque nœud. Sous Nœud courant, sélectionnez le type d'interpolation.
- ▪ **Ajuster intérieur :** penche plus vers le nœud suivant que le nœud courant.
- ▪ **Ajuster intérieur extérieur :** penche plus vers le nœud courant que le nœud sui-vant.
- ▪ **Ajuster extérieur :** penche plus vers le nœud précédent que le nœud courant.

- ■ **Linéaire :** constant d'un nœud à l'autre (valeur par défaut).
- ■ **Solide :** aucune interpolation. Les transitions ont la forme d'une ligne nette.
- ▶ **Barre des gradients** : montre une représentation modifiable du gradient en cours de création. L'effet du gradient se déplace de la gauche (point de départ) vers la droite (extrémité).
- ▶ **Bruit** (Noise) : crée des irrégularités sur une surface à partir de l'interaction de deux couleurs ou matériaux.
  - ■ **Type de bruit :** affiche les diverses méthodes de création d'irrégularités : Normal, Fractal ou Turbulence.
  - ■ **Quantité :** lorsque la quantité n'est pas nulle, un effet de bruit aléatoire est appliqué au gradient en fonction de l'interaction des couleurs Valeurs de dégradé (et des textures le cas échéant). Plus la valeur est élevée et plus l'effet est saisissant. Plage = 0 à 1.
  - ■ **Taille :** définit l'échelle de la fonction de bruit. Plus la valeur est faible, plus les tranches sonores sont restreintes.
  - ■ **Phase :** contrôle la vitesse de l'animation de la fonction de bruit. Une fonction de bruit 3D est utilisée pour le bruit ; les deux premiers paramètres sont U et V et le troisième est la phase.
  - ■ **Niveaux :** définit le nombre d'itérations fractales ou la turbulence (comme fonction continue).
- ▶ **Seuil du bruit** (Noise Threshold) : lorsque la valeur de bruit est supérieure au seuil inférieur et inférieure au seuil supérieur, la plage dynamique est étirée pour transformer la valeur de 0 à 1. Cela provoque une légère discontinuité au niveau de la transition des seuils et réduit le crénelage potentiel.
  - ■ **Haut :** définit le seuil de haut niveau.
  - ■ **Faible : d**éfinit le seuil de faible niveau.
  - ■ **Lisse :** définit le seuil de haut niveau.
- ▶ **Décalage & Aperçu** (Offset and Preview) : fournit des paramètres permettant d'ajuster le décalage et l'aperçu de la texture.

L'ajout de contenu RPC

Définition de RPC

RPC ou *Rich Photorealistic Content* est un terme utilisé pour décrire le logiciel et le contenu associé à la technologie d'Archvision (*www.archvision.com*). Cette société a développé un grand nombre de bibliothèques de contenus photoréalistes qui peuvent être incorporés dans des scènes ou modèles 3D. On y trouve ainsi diverses collections d'arbres, de personnages, d'automobiles et autres objets. Ces bibliothèques sont utilisées dans un large éventail d'applications comme l'architecture, le paysage, l'urbanisme, le design, etc.

La technologie RPC est supportée via un plugin dans AutoCAD. Elle utilise des images de haute qualité associées à une géométrie polygonale minimale pour créer l'illusion de la 3D. Ainsi, la représentation symbolique d'un objet dans une scène d'AutoCAD va être remplacée par son équivalent réaliste lors du calcul du rendu (fig.9.82).

Fig.9.82

Installation du plugin RPC

Pour installer le plugin RPC, vous devez d'abord télécharger celui-ci en suivant la procédure à partir du site d'Autodesk : *www.autodesk.com/us/autocad/autocad_plugins.html* qui vous conduit sur le site d'Archivision (fig.9.83-9.84).

Après le téléchargement, vous pouvez lancer l'installation en suivant les instructions (fig.9.85).

Fig.9.83

Fig.9.84

Fig.9.85

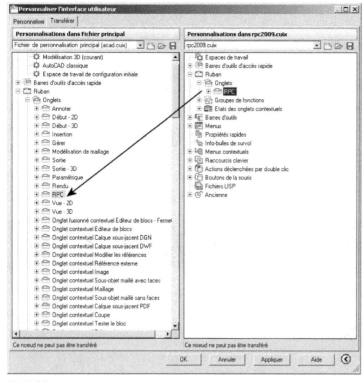

Fig.9.86

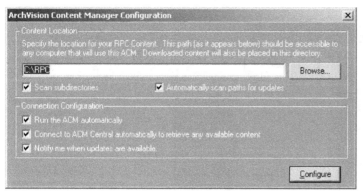

Fig.9.87

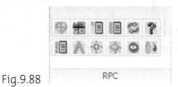

Fig.9.88   RPC

Le plugin est installé dans le répertoire RPC d'AutoCAD, qui contient aussi un sous-répertoire RPCcui. Vous y trouverez le fichier rpc.cui que vous pouvez installer comme onglet ou groupe de fonctions du ruban d'AutoCAD via l'option CUI du groupe de fonctions Personnalisation (customization) de l'onglet Gérer (Manage) (fig.9.86).

Utilisation dans AutoCAD

Pour utiliser les outils RPC dans AutoCAD, vous devez également installer le module **Archivision Content Manager** (fig.9.87) disponible sur le site Archivision et configurer les chemins d'accès vers votre contenu RPC.

Pour placer du contenu RPC dans un projet AutoCAD, la procédure est la suivante :

▸ Ouvrez l'onglet ou le groupe de fonctions RPC et cliquez sur le bouton RPC Place (fig.9.88).

▸ Dans la boîte de dialogue **RPC Selection**, sélectionnez l'objet souhaité. Par exemple un arbre (fig.9.89).

▸ Placez l'arbre dans la scène et effectuez un calcul de rendu (fig.9.90).

▸ Pour modifier la taille de l'objet ou générer de l'ombre par exemple, cliquez sur le bouton RPC Edit et sélectionnez l'objet à modifier.

▸ Effectuez le rendu. La scène comprend plusieurs arbres et des plantes avec l'ombre active (fig.9.91).

Fig.9.89

Fig.9.90

Fig.9.91

CHAPITRE 10
L'ÉCLAIRAGE

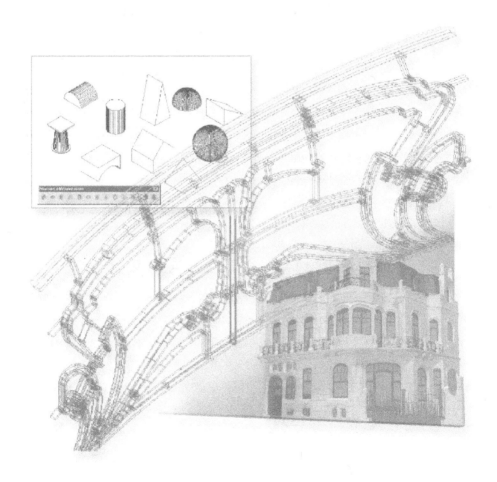

Principe de l'éclairage

Un bon éclairage est indispensable à la visualisation d'un modèle 3D ombré pendant que vous travaillez et pour la création d'un rendu. Pour des scènes plus complexes, l'éclairage permet d'imiter un éclairage réel, tel que les lampes d'intérieur ou de bureau, l'équipement d'éclairage utilisé sur les scènes de théâtre et sur les plateaux de tournage, voire le soleil. Il existe plusieurs types d'objets d'éclairage qui projettent chacun une lumière différente, en imitant les différentes sources de lumière qui existent dans le monde réel. Deux démarches de travail sont possibles dans AutoCAD : le flux de travail d'éclairage standard et le flux de travail d'éclairage photométrique. Si aucun éclairage n'est défini dans une scène, le programme utilise les paramètres d'éclairage par défaut (fig.10.1).

L'éclairage par défaut

Lorsque vous travaillez dans une fenêtre avec une vue ombrée 3D, l'éclairage par défaut provient de deux sources distantes qui suivent le point de vue à mesure que vous vous déplacez autour du modèle. Toutes les faces du modèle sont illuminées pour permettre de les distinguer visuellement. Vous pouvez déterminer la luminosité et le contraste, mais vous n'avez pas à créer ni à placer de lumières vous-même. L'éclairage par défaut doit être désactivé afin d'afficher l'éclairage provenant du soleil ou de sources lumineuses créées par l'utilisateur.

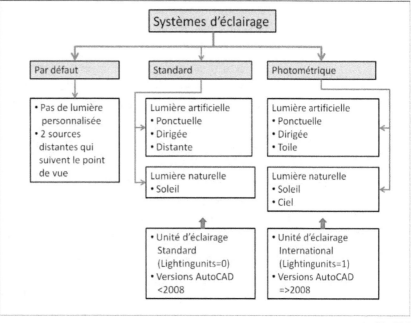

Fig.10.1

Le flux de travail d'éclairage standard

C'est la méthode de travail standard qui existe dans toutes les versions d'AutoCAD et qui était l'unique méthode disponible avant AutoCAD 2008. Dans cette méthode, vous pouvez créer des sources ponctuelles, des sources dirigées et des sources distantes, afin de parvenir au résultat d'éclairement souhaité. Vous pouvez alors les déplacer ou les faire pivoter à l'aide des outils poignées, les activer ou les désactiver et modifier des propriétés telles que la couleur. Les effets apportés par les modifications sont visibles immédiatement dans la fenêtre.

Les sources dirigées et les sources ponctuelles sont chacune représentées par un glyphe de lumière différent. En revanche, les sources distantes et le soleil ne sont pas représentés par des glyphes dans le dessin. Vous pouvez activer ou désactiver l'affichage des glyphes de lumière pendant que vous travaillez. Par défaut, les glyphes de lumière ne sont pas tracés.

Le flux de travail d'éclairage photométrique

Cette méthode permet d'obtenir un éclairage physiquement correct. Vous pouvez pour cela utiliser les lumières photométriques pour illuminer votre projet ou modèle. Les lumières photométriques font appel à des valeurs photométriques (énergie lumineuse) qui vous permettent de définir les lumières plus précisément comme dans le monde réel. Vous pouvez créer des lumières avec différentes distributions et caractéristiques de couleurs, ou importer des fichiers photométriques spécifiques disponibles auprès des fabricants d'éclairage.

Les lumières photométriques peuvent utiliser le format de fichier standard IES des fabricants. En utilisant les données d'éclairage des fabricants, vous pouvez visualiser votre projet ou modèle avec des dispositifs d'éclairage disponible dans le commerce. Vous pouvez ensuite essayer différents dispositifs et, en variant l'intensité lumineuse et la température de couleur, vous pouvez concevoir un système d'éclairage qui produit les effets que vous voulez.

Le ciel et le soleil

Le soleil est une source de lumière spéciale très similaire à une source distante. L'angle du soleil est défini d'une part par l'emplacement géographique, que vous spécifiez pour le modèle, et d'autre part, par la date et l'heure du jour que vous indiquez. Vous pouvez changer l'intensité du soleil et la couleur de sa lumière. Vous pouvez également activer l' illumination du ciel (via la fonctionnalité de ciel en arrière-plan) qui ajoute des effets d'éclairage doux et subtils produits par l'interaction entre le soleil et l'atmosphère. Le ciel et le soleil sont ainsi les sources principales de lumière naturelle (fig.10.2).

Les luminaires

Les dispositifs d'éclairage peuvent être représentés en imbriquant des lumières photométriques dans des blocs qui contiennent également de la géométrie. Un luminaire assemble ainsi un jeu d'objets lumineux dans un dispositif d'éclairage (fig.10.3).

Définir le type d'éclairage

AutoCAD propose trois options pour les unités d'éclairage :

Standard (générique) – Le flux de travail d'éclairage (générique) standard équivaut au flux de travail d'éclairage dans AutoCAD avant la version AutoCAD 2008.

Fig.10.2

Unités internationales (SI) – Le flux de travail d'éclairage par défaut pour AutoCAD 2008 est un flux de travail photométrique basé sur les unités d'éclairage internationales (SI). Ce choix produit un éclairage physiquement correct.

Unités américaines – Les unités d'éclairage américaines offrent une autre option. En effet, elles diffèrent des unités internationales du fait que les valeurs d'éclairement sont mises en forme en pieds bougie, et non en lux.

Dans les versions précédentes d'AutoCAD, l'éclairage standard était l'éclairage par défaut. Vous pouvez changer le type d'éclairage avec la variable système LIGHTINGUNITS. Lorsque la variable système

Fig.10.3

LIGHTINGUNITS est définie sur o, elle représente l'éclairage standard (générique); lorsqu'elle est définie sur 1, elle représente l'éclairage photométrique en unités internationales (SI) et lorsqu'elle est définie sur 2, elle représente l'éclairage photométrique en unités américaines.

Les unités de mesure

Avant de détailler l'utilisation des nouvelles fonctionnalités d'éclairage, il faut rappeler la signification des unités de mesure utilisées. Les sources émettrices de lumières sont des sources primaires. Le soleil, la flamme d'une bougie, une ampoule électrique sont des sources primaires. Elles émettent de la lumière dans toutes les directions. Leur intensité se mesure en candelas (cd). La source rayonne un flux lumineux dont l'intensité se mesure en lumen (lm). Une surface placée à une certaine distance de la source lumineuse reçoit un éclairement exprimé en lux (lx) (fig.10.4).

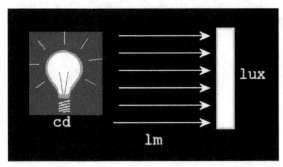

Fig.10.4

D'un point de vue plus scientifique, ces notions peuvent se définir de la manière suivante :

▸ **L'intensité lumineuse (Iv)** – dont l'unité est la candela (cd) – indique le flux lumineux émis par unité d'angle solide w (oméga) dans une direction donnée (l'angle solide est l'angle au sommet d'un cône). Iv est le rapport de la surface S du segment sphérique que le cône découpe sur une sphère de rayon r, au carré du rayon de cette sphère. L'intensité lumineuse, d'une lampe ou d'un luminaire, varie dans les diverses directions et peut être représentée par un diagramme polaire (fig.10.5-10.6). Ce diagramme indique les valeurs d'intensité lumineuse en (cd) de la lampe ou du luminaire dans diverses directions. La longueur du vecteur issu de la source représente (en degrés par rapport à l'axe) l'intensité dans la direction considérée.

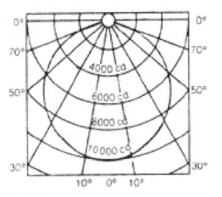

Fig.10.5

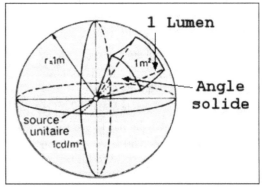

Fig.10.6

- **Le flux lumineux** – exprimé en lumens (lm) – indique la quantité globale de lumière qu'une lampe émet dans toutes les directions. Telle lampe halogène de 2000 watts (2 kW) émet, par exemple un flux de 52000 lm. La comparaison de distribution en intensité de deux luminaires A et B peut être représentée par un diagramme. Le luminaire A offre un flux lumineux de 50 % plus élevé que le luminaire B. Il couvre en effet une plus grande surface sur le diagramme (fig.10.7).

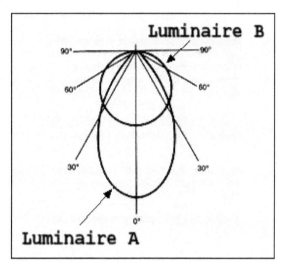

Fig.10.7

- **L'éclairement (Ev),** dont l'unité est le lux (lx), indique le flux lumineux (lm) reçu par une surface d'un mètre carré. Connaissant l'intensité lumineuse Iv (cd) et distance (d) d'un luminaire à la surface éclairée, on peut calculer l'éclairement en divisant l'intensité lumineuse Iv par le carré de la distance d (en mètres). $Ev\ (lx) = Iv\ (cd)\ /\ d^2\ (m)$

- **La luminance visuelle (Lv)** est le quotient de l'intensité lumineuse d'une surface, par l'aire apparente de cette surface, pour un observateur lointain. En termes plus simples, c'est «la brillance» d'une surface réfléchissante éclairée, telle qu'elle est vue par l'œil ou l'objectif de la caméra. Son unité légale est la candela par mètre carré (cd/m2).

Ces différentes informations peuvent être obtenues dans les catalogues de luminaires.

Les types de lumières photométriques

Au niveau de l'éclairage artificiel, il existe 6 types de lumières photométriques :

- **Source ponctuelle** : elle émet de la lumière dans toutes les directions et sert à créer un éclairage général. L'atténuation pour une source ponctuelle est toujours définie sur Inversion carrée (Inverse square).

- **Source ponctuelle avec cible** : elle est équivalente à la précédente mais permet en outre de pointer vers un objet.

- **Source dirigée** : elle émet un faisceau de lumière en forme de cône orienté dans une direction particulière. Vous pouvez définir la direction de la lumière et la taille de ce cône. L'intensité des sources dirigées décroît avec la distance. L'atténuation est toujours du type Inverse square (Inversion carrée). Les sources dirigées sont particulièrement utiles pour mettre en évidence certains éléments ou zones du modèle.

▶ **Source dirigée sans cible** : elle est équivalente à la précédente mais ne permet pas de pointer vers un objet.

▶ **Source distante** : elle émet des rayons lumineux parallèles orientés dans une seule direction. Vous devez spécifier un point de départ et un point d'arrivée dans la fenêtre afin de définir la direction de la lumière. Il n'existe pas de glyphe de lumière pour représenter une source distante dans votre dessin. L'intensité d'une source distante ne décroît pas avec la distance : elle est aussi intense sur chaque face éclairée qu'à la source. Les lumières distantes ne sont pas définies physiquement avec précision, il n'est donc pas conseillé de les utiliser dans un processus d'éclairage photométrique.

▶ **Source avec distribution Toile (Web)** : une distribution Toile utilise une définition de toile photométrique pour distribuer la lumière. Une toile photométrique est une représentation 3D de la distribution d'intensité lumineuse d'une source de lumière. Les définitions de toiles sont stockées dans les fichiers. De nombreux fabricants d'éclairage fournissent des fichiers de toiles qui modélisent leurs produits. Ceux-ci sont souvent disponibles sur Internet. Un fichier toile a une extension IES. Vous pouvez aussi créer vous-même un fichier de données photométriques au format IES à l'aide du format de fichier standard IES LM-63-1991 pour les données photométriques (IES signifie Illuminating Engineering Society). Pour une description complète du format de fichier IES standard, reportez-vous au document IES Standard File Format for Electronic Transfer of Photometric Data and Related Information, préparé par l'IES Computer Committee (*http://www.iesna.org*).

Au niveau de l'éclairage naturel, il existe deux types de lumières photométriques :

▶ **Soleil IES** : est un objet lumière physique qui simule la lumière du soleil.

▶ **Ciel IES** : est un objet lumière basé sur un modèle physique qui simule les effets atmosphériques.

Le soleil et le ciel sont les sources primaires d'un éclairage naturel. Le paramétrage du ciel permet de créer des effets de lumière issus de l'interaction de la lumière solaire avec l'atmosphère.

Les palettes de lumières photométriques

En plus de l'utilisation des fonctions de configuration Lumière, vous pouvez utiliser la palette d'outils des lumières photométriques pour sélectionner une lumière prédéfinie et la placer dans votre projet. Elle comprend quatre onglets qui contiennent chacun une famille de type de lumières :

▶ **Tube fluorescent** : il s'agit d'un tube dans lequel la lumière est produite grâce à une décharge électrique. Les tubes fluorescents sont très utilisés pour l'éclairage industriel, les magasins, grandes surfaces et les bureaux (fig.10.8).

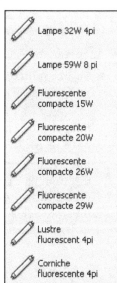

Fig.10.8

- **Lampe à décharge haute pression** : ce type de lampe a une pression interne de l'ordre du bar à la dizaine de bar. Il en résulte que le gaz ionisé responsable de l'émission lumineuse est beaucoup plus brillant et chaud (fig.10.9).

- **Lampe incandescente** : l'ampoule à incandescence traditionnelle produit de la lumière en portant à incandescence un filament de tungstène. La lampe à incandescence halogène produit de la lumière, comme une lampe à incandescence classique, en portant à incandescence un filament de tungstène, seulement des gaz halogénés (iode et brome) à haute pression ont été introduits dans l'ampoule (fig.10.10).

- **Lampe à vapeur de sodium sous basse pression (LPS)** : elle est composée d'un tube à décharge plié en forme de U et enclos dans une ampoule externe tirée sous vide. Le tube à décharge est rempli d'un mélange néon (99 %) argon (1 %) sous basse pression (fig.10.11).

Création et manipulation des lumières artificielles

Principe

Vous pouvez ajouter des sources ponctuelles, des sources dirigées et des sources distantes, puis définir l'emplacement et les propriétés de chacune.

Vous pouvez utiliser deux interfaces pour créer une source lumineuse :

- **Espace de travail Modélisation 3D** : onglet **Rendu** (Render) > groupe de fonctions **Lumières** (Light)

- **Espace de travail AutoCAD classique** : barre d'outils **Lumières** (Lights)

Vous pouvez changer la couleur d'une lumière sélectionnée ou ses autres propriétés à l'aide de la palette **Propriétés**. Vous pouvez également stocker une lumière et ses propriétés sur une palette d'outils, puis l'utiliser à nouveau dans le même dessin ou dans un autre.

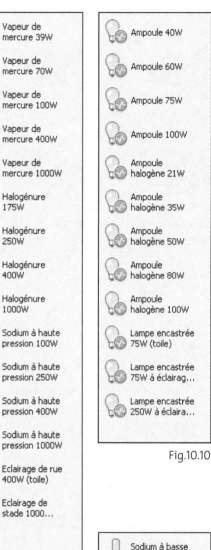

Fig.10.9

Fig.10.10

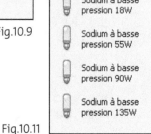

Fig.10.11

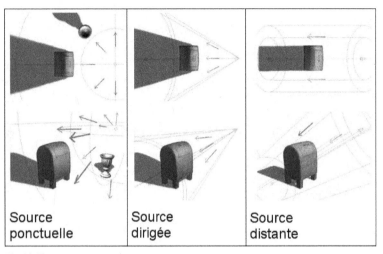

Fig.10.12

Les trois sources de lumière sont les suivantes (fig.10.12) :

▶ **Source ponctuelle** : elle émet de la lumière dans toutes les directions.

▶ **Source dirigée** : elle émet un faisceau de lumière en forme de cône orienté dans une direction particulière.

▶ **Source distante** : elle émet des rayons lumineux parallèles orientés dans une seule direction.

Création et manipulation d'une source ponctuelle

Pour créer une source ponctuelle dans un flux de travail d'éclairage photométrique, la procédure est la suivante :

Fig.10.13

[1] Cliquez sur l'onglet **Rendu** (Render) puis sur le groupe de fonctions **Lumières** (Lights).

[2] Dans la liste déroulante Unités d'éclairage (Lights), sélectionnez **Unités d'éclairage internationales** (International lighting units). Vous pouvez également entrer LIGHTINGUNITS sur la ligne de commande et définir la valeur sur 1 pour l'éclairage international (fig.10.13).

[3] Cliquez sur le bouton **Créer des lumières** (Create Light) et sélectionnez **Source ponctuelle** (Point).

[4] Dans le message **Mode d'éclairage de la fenêtre** (Viewport Lighting Mode), cliquez sur **Désactiver l'éclairage par défaut** (Turn off default lighting) (fig.10.14).

[5] Cliquez dans le dessin pour spécifier un emplacement pour la source lumineuse.

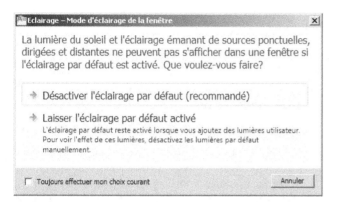

Fig.10.14

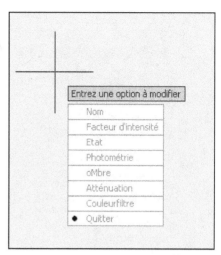

Fig.10.15

6 Si vous êtes en mode dynamique, cliquez sur **Nom** (Name), sinon entrez *n* sur la ligne de commande et entrez un nom (fig.10.15). Ce nom apparaîtra dans les propriétés et dans la zone **Lumières** de la fenêtre **Objet**.

Vous pouvez continuer de spécifier des propriétés en entrant des options ou quitter la fenêtre et définir des propriétés de manière interactive. Lorsque vous utilisez la méthode interactive, vous pouvez voir les résultats de vos changements à mesure que vous travaillez.

7 Appuyez deux fois sur **Entrée** pour quitter la commande (fig.10.16).

8 Sélectionnez la lumière et utilisez les outils de poignée pour la modifier.

9 Cliquez ensuite avec le bouton droit de la

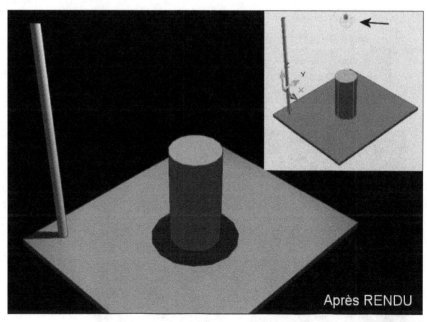

Après RENDU

Fig.10.16

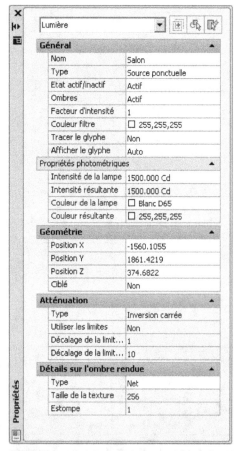

Fig.10.17

souris sur la lumière et sélectionnez **Propriétés** (Properties). Vous pouvez utiliser la fenêtre **Propriétés** de la lumière pour changer les propriétés photométriques de la lumière.

Les propriétés d'une source ponctuelle sont les suivantes (fig.10.17) :

▸ **Général** (General)

■ **Nom** (Name) : définit le nom de la source de lumière. Vous pouvez utiliser des majuscules, des minuscules, des nombres, des espaces, des tirets (-) et des traits de soulignement (_) dans le nom. La longueur maximale d'un mot est de 256 caractères.

■ **Type** : indique le type de lumière et détermine la répartition de la lumière émise par la lampe. Le type d'éclairage peut être modifié après l'ajout de la lumière aux dessins.

  ■ Source dirigée : valeur par défaut pour les sources dirigée et dirigée libre.

  ■ Point : valeur par défaut pour la source ponctuelle et le point cible.

  ■ Toile : valeur par défaut pour les lumières de toile et de toile libre.

    ■ **Etat actif/Inactif** (On/Off Status) : détermine si de la lumière est activée ou non lorsque l'éclairage par défaut est désactivé.

    ■ **Ombres** (Shadows) : détermine si la lumière projette les ombres. Pour être affichées, les ombres doivent être activées dans le style visuel appliqué à la fenêtre courante. Vous pouvez désactiver les ombres pour améliorer les performances.

    ■ **Facteur d'intensité** (Intensity factor) : augmente ou diminue l'effet du dôme de lumière (fig.10.18).

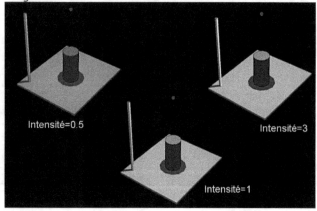

Fig.10.18

- **Couleur** (Filter Color) **:** lorsque l'éclairage est défini sur les unités photométriques, cela représente un filtre de couleur secondaire sur la lumière, c'est-à-dire la couleur du filtre physique placé par-dessus la lampe. Lorsque l'éclairage est défini sur générique, cela représente la couleur totale de la lumière.

- **Tracer le glyphe** (Plot glyph) : affiche ou non le symbole représentant la lumière ponctuelle.

▶ **Propriétés photométriques** (Photometric properties)

Dans le panneau **Propriétés photométriques**, les paramètres de propriété suivants sont disponibles :

- **Intensité de la lampe** (Lamp intensity) : indique la luminosité inhérente à la lumière, c'est-à-dire l'intensité, le flux et l'éclairement de la lampe. Les unités par défaut sont les candelas. En cliquant dans le champ situé à droite, un petit bouton permet d'ouvrir la boîte de dialogue Intensité lampe (Lamp Intensity) dans laquelle vous pouvez changer le type d'unité et le facteur d'intensité (fig.10.19).

Fig.10.19

- **Intensité résultante** (Resulting intensity) : spécifie la luminosité finale de la lumière. Cela est déterminé par le produit de l'intensité de la lampe et du facteur d'intensité. Cette valeur est calculée dans la boîte de dialogue Intensité de la lampe.

- **Couleur de la lampe** (Lamp color) : indique la couleur inhérente à la lumière en température Kelvin ou standard. Ce bouton affiche la boîte de dialogue Couleur de la lampe

- **Couleur résultante** (Resulting color) : spécifie la couleur finale de la lumière. Cela est déterminé par la combinaison de la couleur de la lampe et de la couleur du filtre.

▶ **Toile photométrique** (Photometric Web)

Dans le panneau **Toile photométrique**, les paramètres de propriété suivants sont disponibles (fig.10.20) :

- **Fichier toile** (Web file) : indique le fichier de données décrivant la répartition de l'intensité de la lumière.

- **Aperçu toile** (Web preview) : affiche une section 2D grâce aux données goniométriques.

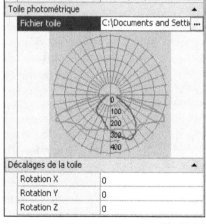

Fig.10.20

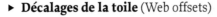

▸ **Décalages de la toile** (Web offsets)

Dans le panneau **Décalages de la toile**, les paramètres de propriété suivants sont disponibles :

■ **Rotation X** (Rotate X) : indique un décalage de rotation de la toile autour de l'axe X optique. Vous pouvez calculer les paramètres à l'aide de la calculatrice CalcRapide ou en sélectionnant un point.

■ **Rotation Y** (Rotate Y) : indique un décalage de rotation de la toile autour de l'axe Y optique. Vous pouvez calculer les paramètres à l'aide de la calculatrice CalcRapide ou en sélectionnant un point.

■ **Rotation Z** (Rotate Z) : indique un décalage de rotation de la toile autour de l'axe Z optique. Vous pouvez calculer les paramètres à l'aide de la calculatrice CalcRapide ou en sélectionnant un point.

▸ **Géométrie** (Geometry)

Cette section permet de spécifier la position de la source ponctuelle en X, Y et Z.

■ **Position X (ou Y ou Z)** : indique la position de la coordonnée X (ou Y ou Z) de la lumière. Vous pouvez calculer les paramètres à l'aide de la calculatrice CalcRapide ou en sélectionnant un point.

■ **Cible X (ou Y ou Z)** (source dirigée, point cible et lumière de toile uniquement) : indique la position de la cible X (ou Y ou Z) de la lumière. Vous pouvez calculer les paramètres à l'aide de la calculatrice CalcRapide ou en sélectionnant un point.

■ **Ciblé** (Targeted) : indique si la lumière affiche une poignée cible pour orienter la lumière. Non est la valeur par défaut pour Source libre, Point cible et Lumière de toile libre. Oui est la valeur par défaut pour Source dirigée, Point cible et Toile.

▸ **Atténuation** (Attenuation)

Dans le monde réel, l'intensité de la lumière diminue avec la distance. Les objets éloignés de la source lumineuse semblent plus sombres que les objets qui sont proches de la source. Il s'agit de l'effet d'atténuation. L'option Atténuation est disponible uniquement pour le flux de travail d'éclairage standard. Sous le panneau Atténuation, les paramètres de propriété suivants sont disponibles :

■ **Type** : gère l'atténuation de la lumière selon la distance. Plus l'objet est éloigné d'une source dirigée, moins il est éclairé. L'atténuation est également appelée déclin.

   ■ **Inversion linéaire** (lumières standard uniquement) : définit une atténuation égale à l'inverse de la distance linéaire à partir de la source de lumière. Par exemple, à une distance de 2 unités, l'intensité est égale à la moitié de celle à cette source ; à une distance de 4 unités, elle est égale au quart de l'intensité initiale. La valeur par défaut pour Inversion linéaire est égale à la moitié de l'intensité maximale.

- **Inversion carrée** (lumières photométriques) : définit une atténuation égale à l'inverse du carré de la distance à partir de la source de lumière. Par exemple, à une distance de 2 unités, l'intensité est égale au quart de celle à la source dirigée ; à une distance de 4 unités, elle est égale au seizième de celle de cette source.

- **Aucune** (lumières standard uniquement) : ne définit aucune atténuation. Les objets éloignés de la source ponctuelle sont éclairés de la même manière que les objets proches de celle-ci.

- **Utiliser les limites** (lumières standard uniquement) : indique si les limites doivent être utilisées. La valeur par défaut est Non.

- **Décalage de la limite de début** (lumières standard uniquement) : spécifie le point où la lumière est décalée par rapport au centre de la source lumineuse. La valeur par défaut est 1.

- **Décalage de la limite de fin** (lumières standard uniquement) : spécifie le point où la lumière n'est plus décalée par rapport au centre de la source lumineuse. Aucune lumière n'est projetée au-delà de ce point.

▶ **Détails sur l'ombre rendue** (Rendered Shadow Details)

Cette section permet de spécifier les paramètres de l'ombre rendue :

- **Type** : indique le type d'ombre projeté par la lumière.
  - **Estompé** (texture d'ombrage) : définit le type sur Estompé. Cette sélection active d'autres options pour la taille et l'estompe des textures.
  - **Net** (Par défaut) : définit l'ombre rendu sur Net.
  - **Estompé** (échantillonné) : définit une atténuation égale à l'inverse du carré de la distance à partir de la source de lumière. Par exemple, à une distance de 2 unités, l'intensité est égale au quart de celle à la source dirigée ; à une distance de 4 unités, elle est égale au seizième de celle de cette source.

- **Taille de la texture** (type de texture d'ombrage estompé uniquement) : spécifie la taille de la texture d'ombrage.

- **Taille de la texture** (type de texture d'ombrage estompé uniquement) : spécifie l'estompe ou le flou des ombres avec texture d'ombrage.

- **Echantillons** (type échantillonné estompé uniquement) : spécifie le nombre de rayons d'ombre de la lumière.

- **Rendu visible** (type échantillonné estompé uniquement) : indique si la forme de la lumière est rendue. La valeur par défaut est Non.

- **Forme** (type Estompé (échantillonné) uniquement) : spécifie la forme de l'ampoule de la lampe. Les options de type de distribution de source dirigée du panneau Général sont Rectangle (par défaut) et Disque. Pour les types Point et Toile, les options sont Linéaire, Rectangle, Disque, Cylindre et Sphère (par défaut).

Détails sur l'ombre rendue	▲
Type	Estompé (échantillonné)
Echantillons	16
Visible dans le rendu	Non
Forme	Rectangle
Longueur	10
Largeur	10

Fig.10.21

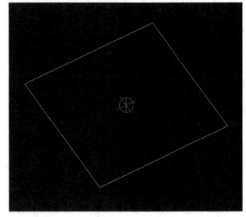

Fig.10.22

- **Longueur** (type échantillonné estompé uniquement) : spécifie la cote spatiale de la longueur de la forme de l'ombre.
- **Largeur** (type échantillonné estompé uniquement) : spécifie la cote spatiale de la largeur de la forme de l'ombre.
- **Rayon** (type échantillonné estompé uniquement) : indique la cote radiale spatiale de la sélection de forme du disque, du cylindre ou de la sphère.

En fonction du choix de la forme vous pouvez entrer diverses dimensions. Par exemple, pour le rectangle : la longueur et la largeur (fig.10.21-10.22).

La forme de la source peut être visible dans le rendu, il suffit pour cela d'entrer Oui (Yes) dans le champ **Visible dans le rendu** (Visible in render).

Sauvegarder une lumière ponctuelle

Vous pouvez glisser une lumière ponctuelle dans la palette d'outils Lumières afin de pouvoir l'utiliser dans d'autres projets (fig.10.23).

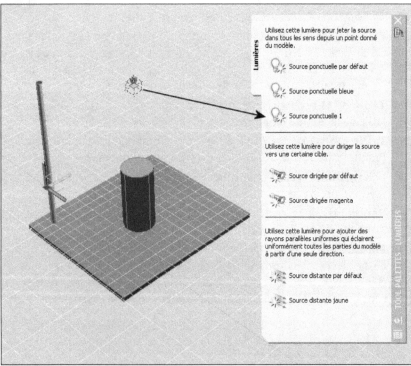

Fig.10.23

La liste d'éclairages

Chaque lumière que vous ajoutez au dessin apparaît dans une liste par nom et par type dans la fenêtre **Lumières dans le modèle** (Lights in Model). Cette fenêtre peut être activée en cliquant sur la petite flèche située en bas à droite du groupe de fonctions Lumières (Lights).

Vous pouvez choisir une lumière dans la liste pour la sélectionner dans le dessin. Pour trier la liste, cliquez sur les en-têtes de colonne **Type** ou **Nom de la lumière** (fig.10.24).

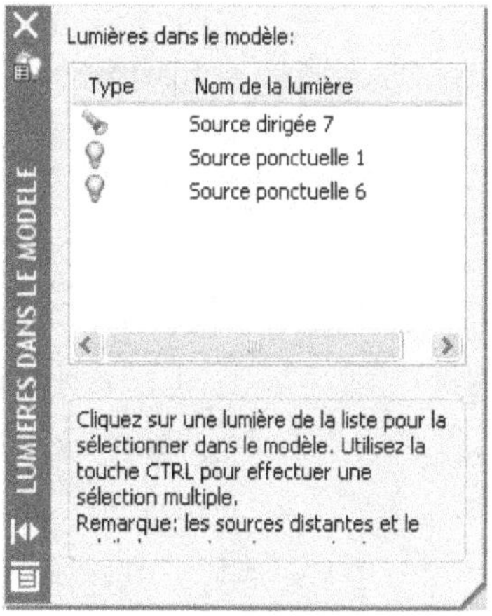

Après avoir sélectionné une ou plusieurs lumières, cliquez avec le bouton droit de la souris et choisissez Supprimer la lumière ou Supprimer les lumières pour la (les) supprimer du dessin.

Après avoir sélectionné une ou plusieurs lumières, cliquez avec le bouton droit de la souris et choisissez Propriétés pour afficher la palette Propriétés, qui vous permet de modifier les propriétés des lumières et de les allumer ou de les éteindre. Si une propriété est sélectionnée, le volet inférieur affiche sa description. Vous pouvez également cliquer deux fois pour afficher la palette Propriétés.

Fig.10.24

Les figures 10.25 et 10.26, illustrent une série de plafonniers. La procédure est la suivante :

1. Affichez la vue en plan.

2. Vérifiez que l'unité d'éclairage est de type Internationale (variable Lightingunits = 1) pour utiliser des lumières photométriques.

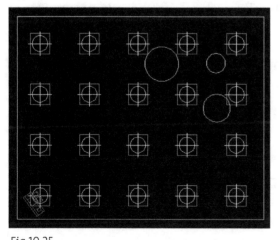

Fig.10.25

Fig.10.26

3. Placez une source ponctuelle en sélectionnant l'option **Point** du groupe de fonctions **Lumières** (Lights).

4. Cliquez deux fois sur la lumière pour afficher la palette des propriétés.

5. Dans la section **Détails sur l'ombre rendue** (Rendered Shadow Details) sélectionnez **Estompé échantillonné** (Soft Sampled) dans le champ **Type**.

6. Dans le champ **Forme** (Shape) sélectionnez l'option **Rectangle**.

7. Dans les champs **Longueur** (Length) et **Largeur** (Width) entrez les valeurs 40 et 40

8. Dans le champ **Visible dans le rendu** (Visible in render), activez **Oui** (Yes).

9. Dans la vue de face, déplacez la lumière vers le haut juste au-dessous du plafond.

10. Utilisez la fonction **Réseau** (Array) pour distribuer la lumière sur le plafond.

11. Lancez le calcul du rendu.

Création et manipulation d'une source dirigée

Pour créer une source dirigée photométrique et modifier les propriétés photométriques, la procédure est la suivante :

1. Cliquez sur l'onglet **Rendu** (Render) puis sur le groupe de fonctions **Lumières** (Lights).

2. Dans la liste déroulante **Unités d'éclairage** (Lights), sélectionnez **Unités d'éclairage internationales** (International lighting units). Vous pouvez également entrer LIGHTINGUNITS sur la ligne de commande et définir la valeur sur 1 pour l'éclairage international.

3. Cliquez sur le bouton **Créer des lumières** (Create Light) et sélectionnez **Source dirigée** (Spot).

4. Dans le message **Mode d'éclairage de la fenêtre** (Viewport Lighting Mode), cliquez sur **Désactiver l'éclairage par défaut** (Turn off default lighting).

5. Cliquez dans le dessin pour spécifier un emplacement pour la source lumineuse.

6. Cliquez pour spécifier la cible de la source dirigée.

7. Si vous êtes en mode dynamique, cliquez sur **Nom** (Name), sinon entrez n sur la ligne de commande et entrez un nom. Ce nom apparaîtra dans les propriétés et dans la zone Lumières de la fenêtre Objet.

Vous pouvez continuer de spécifier des propriétés en entrant des options ou quitter la fenêtre et définir des propriétés de manière interactive. Lorsque vous utilisez la méthode interactive, vous pouvez voir les résultats de vos changements à mesure que vous travaillez.

⑧ Appuyez deux fois sur ENTREE pour quitter la commande (fig.10.27).

⑨ Sélectionnez la lumière et utilisez les outils de poignée pour la modifier.

⑩ Pour changer les propriétés, cliquez avec le bouton droit de la souris sur la lumière. Cliquez sur Propriétés. Utilisez la palette Propriétés de la lumière pour modifier les propriétés photométriques.

Les propriétés d'une source dirigée sont en grandes parties identiques à celles d'une source ponctuelle. On a en plus :

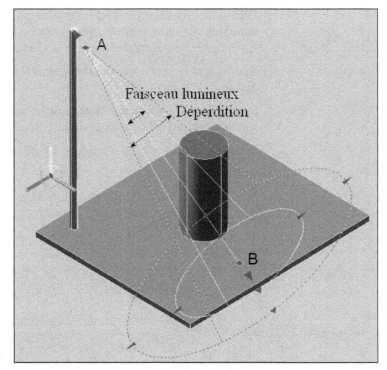

Fig.10.27

▸ **Angle de l'impact lumineux (Hotspot angle) :** indique l'angle définissant le cône de lumière le plus intense, également connu sous le nom d'angle de faisceau. Cette valeur peut être comprise entre 0 et 160 degrés.

▸ **Angle de déperdition (Fall of angle) :** indique l'angle définissant le cône de lumière dans son intégralité, également connu sous le nom d'angle de champ. Cette valeur doit être comprise entre 0 et 160 degrés. La valeur par défaut est égale à 45 degrés. L'angle de déperdition doit être supérieur ou égal à l'angle de l'impact lumineux.

Création et manipulation d'une source distante

Les sources distantes sont utiles pour éclairer des objets ou pour éclairer une toile de fond. Elles émettent des rayons lumineux parallèles orientés dans une seule direction. Comme les sources distantes ne sont pas physiquement précises, il est déconseillé de les utiliser dans un flux de travail photométrique.

Pour créer une source distante standard et modifier les propriétés, la procédure est la suivante :

① Cliquez sur l'onglet **Rendu** (Render) puis sur le groupe de fonctions **Lumières** (Lights).

2. Dans la liste déroulante **Unités d'éclairage** (Lights), sélectionnez **Unités d'éclairage standard** (Generic lighting units). Vous pouvez également entrer LIGHTINGUNITS sur la ligne de commande et définir la valeur sur 0 pour l'éclairage international.

3. Cliquez sur le bouton **Créer des lumières** (Create Light) et sélectionnez **Source distante** (Distant).

4. Dans le message **Mode d'éclairage de la fenêtre** (Viewport Lighting Mode), cliquez sur **Désactiver l'éclairage par défaut** (Turn off default lighting).

5. Cliquez dans le dessin pour spécifier un emplacement pour la source lumineuse.

6. Cliquez pour spécifier une direction.

7. Si vous êtes en mode dynamique, cliquez sur **Nom** (Name), sinon entrez *n* sur la ligne de commande et entrez un nom. Ce nom apparaîtra dans les propriétés et dans la zone Lumières de la fenêtre Objet.

Vous pouvez continuer de spécifier des propriétés en entrant des options ou quitter la fenêtre et définir des propriétés de manière interactive. Lorsque vous utilisez la méthode interactive, vous pouvez voir les résultats de vos changements à mesure que vous travaillez.

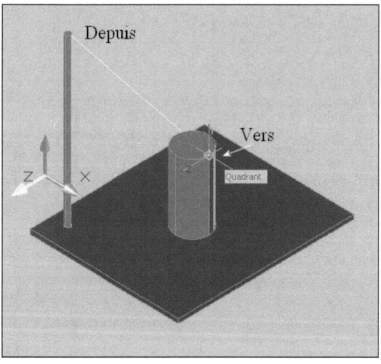

8. Appuyez deux fois sur Entrée pour quitter la commande (fig.10.28).

9. Comme une source distante ne s'affiche pas comme glyphe de lumière dans le dessin, il faut sélectionner la lumière dans la liste des éclairages.

10. Cliquez deux fois sur le nom de la source distante pour ouvrir la palette Propriétés de la lumière et modifiez les propriétés.

Fig.10.28

Création et manipulation d'une source avec une distribution Toile (Web)

Les lumières photométriques avec une distribution de toile représentent la distribution de la lumière réelle. Une toile photométrique (toile) est une représentation 3D de la distribution de l'intensité lumineuse d'une source lumineuse. Les lumières de toile photométriques peuvent être utilisées pour représenter la distribution de la lumière dérivée des données fournies par les fabricants de sources lumineuses réelles. Elles produisent une représentation plus précise de la lumière rendue que ne le permet une source dirigée ou ponctuelle.

Ces informations de distribution de la lumière sont stockées dans un fichier de données photométriques au format IES à l'aide du format de fichier standard IES LM-63-1991 pour les données photométriques. Vous pouvez charger des fichiers de données photométriques fournis par différents fabricants dans le volet Toile photométrique de la palette des propriétés de la lumière.

Pour créer une distribution sur le Web avec le fichier IES d'un fabricant, la procédure est la suivante :

[1] Cliquez sur l'onglet **Rendu** (Render) puis sur le groupe de fonctions **Lumières** (Lights).

[2] Dans la liste déroulante **Unités d'éclairage** (Lights), sélectionnez **Unités d'éclairage internationales** (International lighting units). Vous pouvez également entrer LIGHTINGUNITS sur la ligne de commande et définir la valeur sur 1 pour l'éclairage international.

[3] Dans le dessin, sélectionnez la lumière et affichez les propriétés de la source dirigée.

[4] Sous le volet **Général** (General), remplacez le type d'éclairage sélectionné par **Toile** (Web).

[5] Sous le volet **Toile photométrique** (Photometric Web), sélectionnez la case **Fichier Toile** (Web file).

[6] Cliquez sur le bouton de navigation et sélectionnez un fichier IES (fig.10.29). La lumière possède maintenant une distribution de toile et les paramètres de toile provenant du fichier IES.

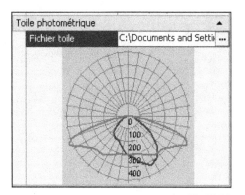

Exemple : éclairage intérieur d'une habitation

Il s'agit d'un projet simple composé de quatre murs extérieurs, d'un mur intérieur, de deux fenêtres, d'un plancher et d'un plafond. Les murs sont habillés avec

Fig.10.29

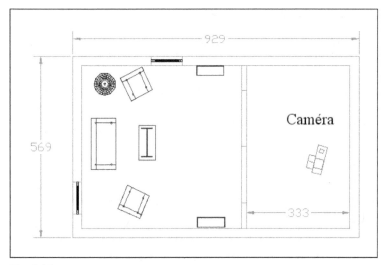

du papier peint, le sol avec du parquet et le plafond est peint (fig.10.30). Une caméra permet de visualiser l'intérieur du projet. L'éclairage s'effectue dans un premier temps avec le flux standard et ensuite avec le flux photométrique.

Fig.10.30

Le tableau qui suit donne les indications pour les différentes sources de lumières :

Vue en perspective du salon en mode Style visuel réaliste.

Fig.10.31

Calcul du rendu par défaut sans ajout de sources lumineuses.

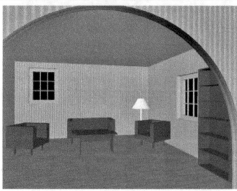

Fig.10.32

Ajout d'une source ponctuelle située près de la table à une hauteur de 270 cm. Le placement peut se faire dans la vue en plan et le déplacement vers le haut dans la vue de face ou à l'aide de la palette des propriétés. L'éclairage est de type standard (lighting units=0)

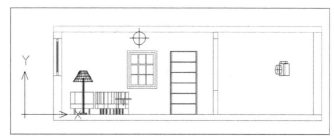

Fig.10.33

Général		
Nom	Ponctuelle	
Type	Source ponctuelle	
Etat actif/inactif	Actif	
Ombres	Actif	
Facteur d'inte...	1	
Couleur	☐ 255,255,255	
Tracer le glyphe	Non	
Géométrie		
Position X	393.9823	
Position Y	255.298	
Position Z	693.1104	
Atténuation		
Type	Aucune	
Utiliser les limites	Non	
Décalage de la...	1	
Décalage de la...	10	
Détails sur l'ombre rendue		
Type	Net	
Taille de la tex...	256	
Estompe	1	

Fig.10.34

Fig.10.35

Ajout d'une source dirigée (vers le bas) située dans l'abat-jour (A=Position, B=cible). Après le placement, vous pouvez augmenter le faisceau lumineux à l'aide des poignées.

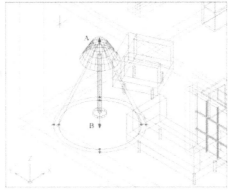

Fig.10.36

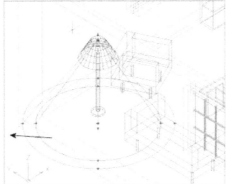

Fig.10.37

Fig.10.38

Général		
Nom	Source dirigée 4	
Type	Source dirigée	
Etat actif/inactif	Inactif	
Ombres	Actif	
Angle du faisc...	64.51	
Angle de dépe...	75.17	
Facteur d'inte...	1.0000	
Couleur	☐ 255,255,255	
Tracer le glyphe	Non	
Géométrie		
Position X	199.4261	
Position Y	-508.2854	
Position Z	146.0000	
Cible X	199.2812	
Cible Y	-508.3829	
Cible Z	-21.1641	
Atténuation		
Type	Aucune	
Utiliser les limites	Non	
Décalage de la...	1.0000	
Décalage de la...	10.0000	
Détails sur l'ombre rendue		
Type	Net	
Taille de la tex...	256	
Estompe	1	

Fig.10.39

Passage en mode photométrique (lighting units=1). Calcul du rendu en mode illumination directe et calcul en mode illumination indirecte (voir le chapitre traitant du Rendu).

Fig.10.40

Fig.10.41

Création et manipulation de la lumière solaire

Principe

Dans AutoCAD, le soleil est une lumière qui simule l'effet du système solaire et peut être utilisée d'une part pour montrer l'ensoleillement d'une scène intérieure ou extérieure et d'autre part pour montrer comment la projection des ombres par des objets peut influer sur la zone environnante (fig.10.42).

Fig.10.42

Le ciel et le soleil sont les sources principales de l'illumination naturelle dans AutoCAD. Tandis que les rayons du soleil sont parallèles et de teinte jaune, la lumière projetée de l'atmosphère provient de toutes les directions et est de couleur bleue. Lorsque la variable système LIGHTINGUNITS est définie sur photométrique, la couleur du soleil est désactivée, car la couleur est calculée automatiquement en fonction de l'heure, de la date et de l'emplacement spécifiés dans le dessin. La couleur est définie en fonction de la position du soleil dans le ciel.

Les rayons du soleil sont parallèles et présentent la même intensité sur toute la distance. Il est possible d'activer ou de désactiver les ombres. Pour améliorer les performances, désactivez les ombres lorsque vous n'en avez pas besoin. Tous les paramètres du soleil, à l'exception de l'emplacement géographique, sont enregistrés par fenêtre, et non par dessin. L'emplacement géographique est enregistré par dessin.

L'angle de la lumière du soleil est déterminé par l'emplacement géographique que vous spécifiez pour votre modèle, ainsi que par la date et l'heure du jour. Il s'agit des propriétés du soleil et elles peuvent être modifiées dans la fenêtre Propriétés du soleil et dans la boîte de dialogue Emplacement géographique. Le fuseau horaire utilisé dépend de cet emplacement, mais vous pouvez le définir de manière indépendante à l'aide de la variable système TIMEZONE.

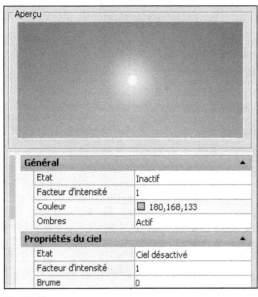

Fig.10.43

L'arrière-plan ciel

L'option qui permet de choisir l'arrière-plan ciel n'est disponible que lorsque l'unité d'éclairage est photométrique (variable système Lightingunits définie sur 1 ou 2). L'arrière-plan soleil et ciel peut être ajusté de façon interactive dans une vue à l'aide de la boîte de dialogue **Ajuster l'arrière-plan Ciel & soleil** (Adjust Sun and Sky Background) (fig.10.43) qui s'active en cliquant sur le premier bouton de la barre de titre **Propriétés du ciel** (Sky Properties) de la palette Propriétés du soleil.

L'illumination du ciel

La vue de la scène peut comporter un ciel en arrière-plan ou un ciel en arrière-plan avec illumination. Cette option est disponible dans la liste déroulante **Etat des propriétés du ciel** (Status) de la fenêtre **Propriétés du soleil**. L'illumination du ciel ajoute une lumière supplémentaire et simule l'effet de la lumière diffusée par l'atmosphère sur la scène. Cette lumière supplémentaire n'est visible que dans la sortie rendue lorsque l'option Final gathering est activée.

L'activation et le paramétrage du soleil et du ciel

Le soleil peut fonctionner de façon standard ou de façon photométrique. Par contre, le ciel est uniquement disponible en mode photométrique.

Pour activer la lumière solaire, la procédure est la suivante :

1. Activez une vue 3D en perspective avec le style visuel **Réaliste**.

2. Cliquez sur l'onglet **Rendu** puis sur le groupe de fonctions **Lumières** (lights) et ouvrez la liste déroulante **Unités d'éclairage** (Lighting units).

3. Sélectionnez **Unités d'éclairage génériques** (Generic lighting units).

4. Cliquez sur l'onglet **Rendu** (Render), puis dans le groupe de fonctions **Soleil et emplacement** (Sun and Location), cliquez sur **Etat du soleil** (Sun Status) pour l'activer. Vous pouvez aussi cliquer sur la flèche en bas à droite pour ouvrir le panneau **Propriétés du soleil** (Sun Properties).

5. Dans la section **Général**, cliquez sur le paramètre **Etat** (Status) et sélectionnez **Actif** (On).

6. Si votre carte graphique le permet (fig.10.44), cliquez sur le bouton **Ombres sur le sol** (Ground Shadows) du groupe de fonctions **Lumières** (Lights), pour afficher l'ombre dans la fenêtre (fig.10.45).

7. Effectuez un Rendu (fig.10.46).

AutoCAD 2009 ✓+	NVIDIA - NVIDIA Quadro FX 3600M	
	OGL	D3D
Gooch hardware shader	✓	✓
Full shadow display ←	✓	✓
Smooth line display	✓	N/A
Texture Compression	✓	✓
Per Pixel Lighting	N/A	✓

Fig.10.44

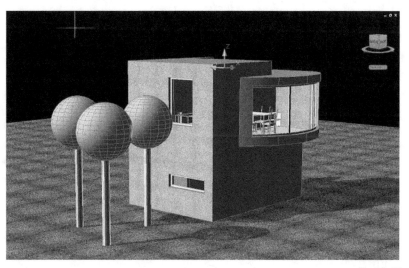

Fig.10.45

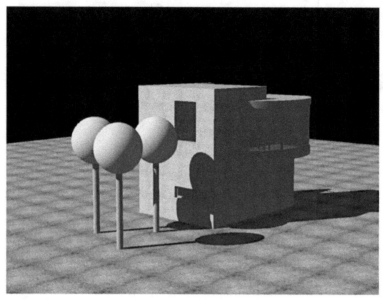

Fig.10.46

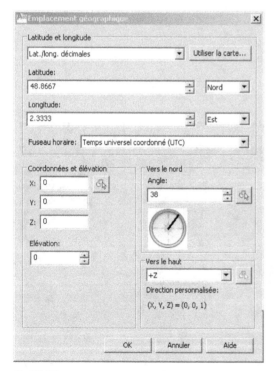

Fig.10.47

Pour changer l'emplacement géographique de votre modèle, la procédure est la suivante :

1 Cliquez sur l'onglet **Rendu** (Render) puis dans le groupe de fonctions **Soleil et emplacement** (Sun and Location) cliquez sur **Définir l'emplacement** (Set Location).

2 Dans la boîte de dialogue **Définir l'emplacement géographique** (Define Geographic Location), sélectionnez la manière de définir l'emplacement. Par exemple, **Entrer les valeurs d'emplacement** (Enter the location values).

3 Dans la boîte de dialogue **Emplacement géographique** (Geographic Location), cliquez sur **Utiliser la carte** (Use Map) (fig.10.47).

4 Pointez un emplacement sur la carte ou sous **Région** (Region), sélectionnez une région et sous **Ville la plus proche** (Nearest City), sélectionnez une ville (fig.10.48).

5 Affichez le fuseau horaire, et s'il n'est pas correct, sélectionnez le fuseau approprié dans la liste.

6 Cliquez sur OK pour refermer la boîte de dialogue.

7 Dans **Vers le nord** (North Direction), cliquez sur l'image interactive ou entrez une valeur pour spécifier l'angle du nord du plan XY du SCG dans votre dessin. Le diagramme est mis à jour pour afficher le paramètre courant.

8 Cliquez sur OK.

9 Effectuez un nouveau rendu pour voir l'impact des modifications sur le projet.

Pour changer l'angle du soleil, la procédure est la suivante :

1 Cliquez sur l'onglet **Rendu** (Render), puis dans le groupe de fonctions **Soleil et emplacement** (Sun and Location), modifiez la date et l'heure ou effectuez les mêmes modifications en cliquant sur la flèche **Propriétés du soleil** (Sun Properties) (fig.10.49).

2 Effectuez un nouveau rendu pour voir l'impact des modifications sur le projet (fig.10.50).

Pour créer une vue avec l'arrière-plan ciel et soleil, la procédure est la suivante :

1 Activez une vue 3D en perspective avec le style visuel **Réaliste**.

2 Cliquez sur l'onglet **Rendu** puis sur le groupe de fonctions **Lumières** (lights) et ouvrez la liste déroulante **Unités d'éclairage** (Lighting units).

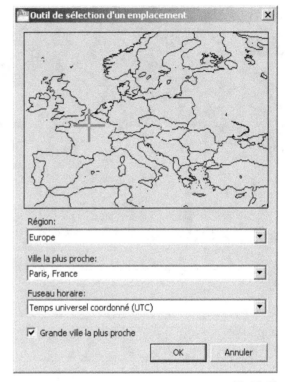

Fig.10.48

3 Sélectionnez **Unités d'éclairage internationales** (ou Lightingunits=1) pour activer un éclairage photométrique.

Fig.10.49

4 Cliquez sur l'onglet **Rendu** (Render) puis dans le groupe de fonctions **Soleil et emplacement** (Sun and Location), cliquez sur **Etat du soleil** (Sun Status) pour l'activer et dans la liste déroulante **Arrière-plan**, choisissez **Arrière-plan ciel** (Sky Background) ou **Arrière-plan ciel et illumination** (Sky Background and Illumination) (fig.10.51). L'illumination du ciel ajoute une lumière supplémentaire et simule l'effet de la lumière diffusée par l'atmosphère sur la scène.

5 Pour définir plus facilement ces différents paramètres, il est plus facile de cliquer sur la flèche **Propriétés du soleil** (Sun Properties). Dans la section **Propriétés du ciel**

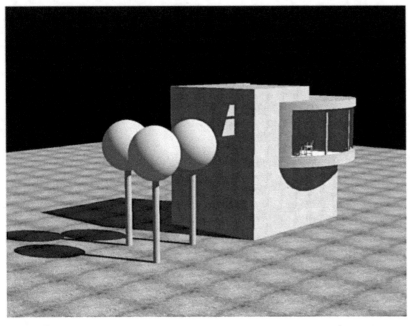

Fig.10.50

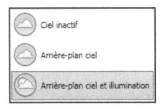

Fig.10.51

(Sky Properties), cliquez sur le bouton **Propriétés du ciel** (Sky Properties), une nouvelle boîte de dialogue affiche un aperçu du ciel qui permet de mieux se rendre compte des modifications (fig.10.52). Vous pouvez ainsi changer l'heure de la journée (fig.10.53) ou la taille du disque solaire (fig.10.54).

6. Effectuez un rendu pour visualiser les modifications (fig.10.55-10.56).

Pour créer une nouvelle vue avec l'arrière-plan ciel et soleil, la procédure est la suivante :

1. Cliquez sur l'onglet **Vue** (View), puis dans le groupe de fonctions **Vues** (Views), cliquez sur **Vues existantes** (Named Views).

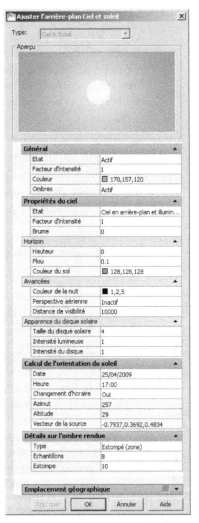

Fig.10.52

Fig.10.53

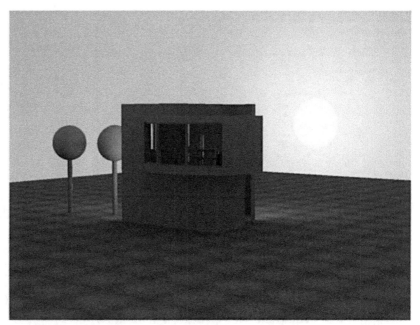

Fig.10.55

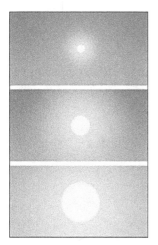

Fig.10.54

Fig.10.56

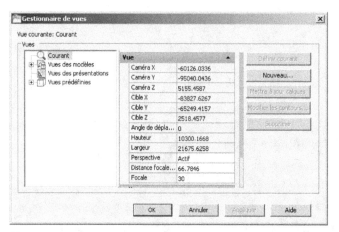

Fig.10.57

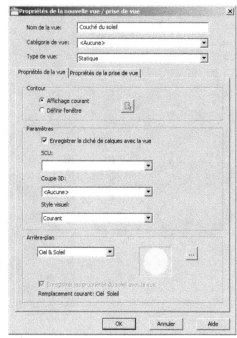

Fig.10.58

[2] Dans la boîte de dialogue **Gestionnaire de vues** (View Manager), cliquez sur le bouton **Nouveau** (New) (fig.10.57).

[3] Dans la boîte de dialogue **Nouvelle vue** (New View), entrez le nom de la vue.

[4] Dans la liste déroulante **Arrière-plan** (Background), choisissez **Ciel & Soleil** (Sun and Sky) comme valeur par défaut (fig.10.58).

[5] Dans la boîte de dialogue **Ajuster l'arrière-plan Ciel et soleil** (Adjust Sun and Sky Background), modifiez l'arrière-plan comme il convient.

[6] Cliquez sur OK.

Exemple d'un coucher de soleil sur un ensemble d'immeubles

La procédure est la suivante :

[1] Créez un sol avec la fonction **Surface Plane** (Planar Surface).

[2] Ajoutez des volumes pour simuler des immeubles.

[3] Ajoutez une caméra et affichez la vue caméra.

[4] Dans le groupe de fonctions **Soleil et emplacement** (Sun and Location), cliquez sur le bouton **Définir l'emplacement** (Set Location) et sélectionnez un lieu.

[5] Dans le groupe de fonctions **Soleil et emplacement** (Sun and Location), utilisez les glissières **Date et Heure** (Date/Time) pour définir la période souhaitée.

[6] Effectuez un rendu (fig.10.59).

[7] Dans le même groupe de fonctions, cliquez en continu sur le bouton **Arrière-plan** (Background) et sélectionnez l'option **Arrière-plan ciel et illumination** (Sky Background and Illumination) pour créer un ciel.

[8] Cliquez sur la flèche **Propriétés du soleil** (Sun Properties) pour changer les paramètres.

[9] Dans la Palette **Propriétés du soleil** (Sun Properties) cliquez sur le bouton situé à droite de **Propriétés du ciel** (Sky Properties) pour modifier l'aspect du ciel.

Fig.10.59

[10] Modifiez les paramètres suivants :

- **Date** : 24-09-2008
- **Heure** (Time) : 17 h 30
- **Brume** (Haze) : 1
- **Horizon** : 0
- **Flou** (Blur) : 1.5

[11] La fenêtre d'aperçu permet de contrôler l'aspect du ciel.

[12] Effectuez un rendu pour voir le résultat (fig.10.60).

[13] Modifiez éventuellement la position de la caméra pour avoir le soleil de face.

Fig.10.60

La création de luminaires

Un luminaire est un objet d'aide qui regroupe des sources lumineuses dans un support physique. L'ensemble peut être sauvegardé dans un bloc. L'exemple des figures 10.61-10.62 illustre un luminaire composé de 4 tubes rectangulaires et d'un tube circulaire dans lesquels sont placées des sources ponctuelles. L'ensemble est sauvegardé en tant que bloc.

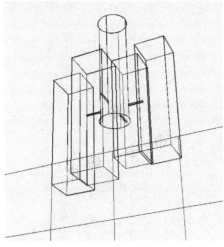

Fig.10.61

Les combinaisons de lumières

L'éclairement d'une scène dépend des saisons et des heures de la journée. Une même scène peut ainsi passer par les étapes suivantes (fig.10.63-10.64) :

Vue intérieure

▸ Eclairage naturel uniquement
▸ Eclairage naturel + artificiel
▸ Eclairage artificiel uniquement

Vue extérieure

▸ Eclairage naturel uniquement
▸ Eclairage naturel + artificiel
▸ Eclairage artificiel uniquement

Fig.10.62

Fig.10.63 (Doc. Autodesk)

L'utilisation des lumières incluses dans des dessins créés avec des versions précédentes d'AutoCAD

Comme signalé plus avant dans le texte, AutoCAD dispose de deux types d'éclairage, à savoir l'éclairage standard et l'éclairage photométrique. Les versions précédentes à AutoCAD 2008 ne disposent que d'un seul type d'éclairage, à savoir l'éclairage standard. Au niveau de la conversion deux cas sont à prendre en compte en fonction de la version :

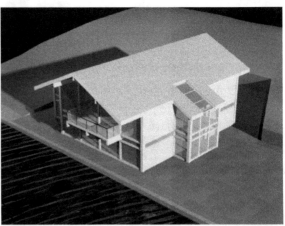

Fig.10.64
(Doc. Autodesk)

▸ Pour les fichiers en provenance d'AutoCAD 2007, il n'y a aucune conversion exigée pour utiliser les lumières d'AutoCAD 2007 en AutoCAD 2010. Les lumières seront simplement converties en lumières standard. Pour passer en éclairage photométrique, vous devez utiliser la variable LIGHTINGUNITS et modifier les propriétés des lumières (type, intensité, etc).

▸ Pour les fichiers en provenance de versions d'AutoCAD antérieures à 2007, il y a un processus de conversion nécessaire. Une variable système peut être employée pour convertir automatiquement ces fichiers et rendre l'éclairage compatible avec AutoCAD 2010. La variable en question est 3DCONVERSIONMODE, qui peut prendre trois valeurs. Si la valeur est égale à 0, aucune conversion n'aura lieu. Si elle a une valeur égale à 1, qui est la valeur par défaut, la conversion aura lieu automatiquement. Si la valeur est égale à 2, l'utilisateur sera questionné pour savoir si les lumières doivent être converties ou non. Si vous avez choisi la première option, c'est-à-dire pas de conversion, vous pouvez utiliser la commande CONVERTOLDLIGHTS pour convertir manuellement les anciens éclairages au format 2010.

CHAPITRE 11
CAMÉRA ET ANIMATION

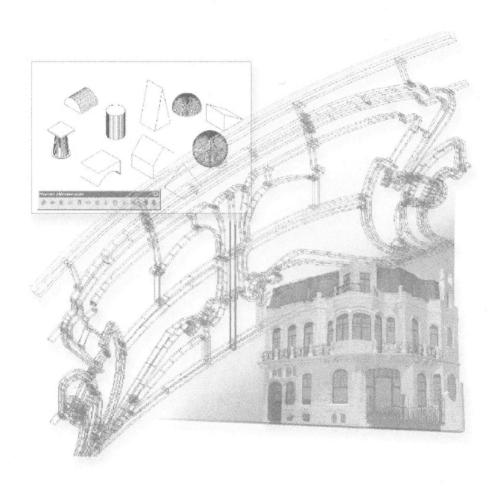

L'usage des caméras

Les caméras permettent de voir la scène sous un angle ou un point de vue particulier. Les objets caméras simulent des caméras réelles utilisées pour la création séquences vidéo ou de plans fixes (fig.11.1).

Vous pouvez créer une nouvelle caméra en définissant sa position et une cible, puis en lui donnant un nom et en précisant sa hauteur, sa distance focale et ses plans de délimitation. Vous avez également la possibilité d'utiliser l'un des types de caméras prédéfinies qui sont disponibles dans la palette d'outils. Les caractéristiques de base sont donc les suivantes :

▶ **Position** (Location) : définit la position de la caméra, c'est-à-dire le point à partir duquel vous visualisez un modèle 3D.

▶ **Cible** (Target) : définit le point visé par la caméra c'est-à-dire le point que vous visualisez à l'aide de la coordonnée au centre de la vue.

▶ **Focale** (Field of view) : elle détermine la partie visible de la scène. Elle est mesurée en degrés par rapport à l'horizon et est directement liée à la distance focale de l'objectif. Exemple : un objectif de 50 mm montre un horizon de 46 degrés. Plus l'objectif est long, plus la focale est étroite. Plus l'objectif est court, plus la focale est large (fig.11.2).

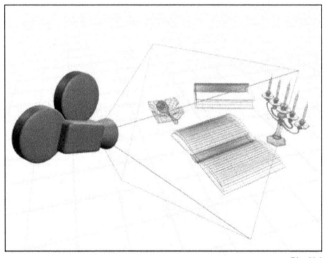

Fig.11.1
(Doc. Autodesk)

▶ **Distance focale** (Lens length) : c'est la distance entre l'objectif et la surface photosensible, qu'il s'agisse d'une caméra cinématographique ou vidéo. Elle détermine ce qui apparaît sur l'image. Avec une faible distance focale, une plus grande partie de la scène sera comprise dans l'image. Avec une distance focale élevée, la partie de la scène incluse dans l'image sera réduite, mais les objets distants seront représentés avec davantage de détails. La distance focale est toujours exprimée en millimètres. Un objectif de

50 mm constitue la norme en photographie. Les objectifs dont la distance focale est inférieure à 50 mm sont appelés objectifs *grand angle*. Un objectif dont la longueur focale est supérieure à 50 mm s'appelle objectif *long* ou *téléobjectif*.

▸ **Plans de délimitation avant et arrière** (Clipping) : spécifie l'emplacement des plans de délimitation. Les plans de délimitation constituent des contours qui définissent, ou découpent, une vue. Dans la vue de la caméra, tout ce qui se trouve entre la caméra et le plan de délimitation avant est masqué. De la même manière, tout ce qui se trouve entre le plan de délimitation arrière et la cible est masqué (fig.11.3).

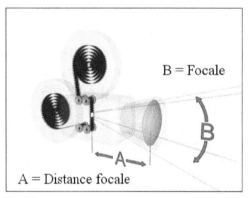

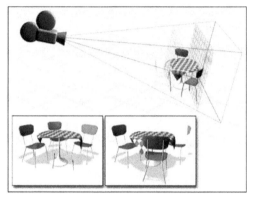

Fig.11.2
Doc. Autodesk

Fig.11.3

La création d'une caméra

Pour créer et placer une caméra, la procédure est la suivante :

1. Sélectionnez la fonction Caméra par l'une des méthodes suivantes :

Ruban : dans le groupe de fonctions **Caméra** (Camera), cliquez sur **Créer une caméra** (Create Camera).

Icône : cliquez sur la fonction **Caméra** (Create Camera) dans la barre d'outils **Vue** (View).

Clavier : entrez la commande CAMERA.

2. Cliquez dans le dessin pour spécifier l'emplacement de la caméra (A).

3. Cliquez à nouveau dans le dessin pour spécifier un emplacement cible (B).

4 Effectuez l'une des opérations suivantes :

- Une fois que vous avez terminé le placement de la caméra, appuyez sur ENTREE. Dans ce cas la caméra est placée dans le plan XY courant (fig.11.4).

- Pour définir les autres propriétés de la caméra, choisissez une des options dans la liste. Par exemple, pour définir la hauteur de la caméra, tapez H et spécifiez la hauteur. Appuyez sur ENTREE pour mettre fin à la configuration de la caméra.

5 Cliquez ensuite sur la caméra pour afficher la fenêtre de contrôle (fig.11.5).

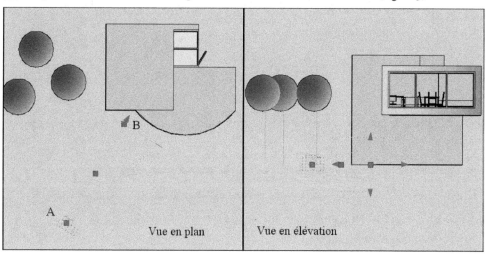

Vue en plan   Vue en élévation

Fig.11.4

Les modifications des caméras

Après avoir créé une caméra vous pouvez modifier une série de paramètres afin d'aboutir au résultat souhaité : modification de la hauteur et de la position, modification de la distance focale, paramétrage des plans de délimitation, etc.

Fig.11.5

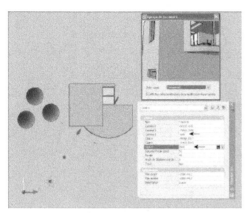

Fig.11.6

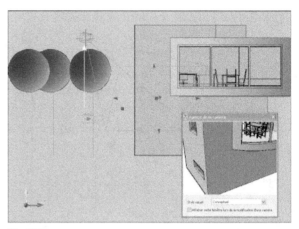

Fig.11.7

Pour modifier la position verticale de la caméra ou de la cible, la procédure est la suivante :

Dans toutes les vues et en particulier dans la vue en plan (fig.11.6) :

[1] Effectuez un double clic sur la caméra pour afficher la palette des propriétés.

[2] Modifiez les champs Caméra Z (Camera Z) et/ou Cible Z (Target Z).

Dans les vues d'élévations :

Déplacez la caméra et/ou la cible à l'aide des poignées (fig.11.7).

Dans une vue 3D :

[1] Activez le mode DYN dans la barre d'état.

[2] Survolez la poignée de la caméra, ce qui a pour effet d'afficher le repère XYZ

[3] Survolez l'axe OY du repère. Une ligne bleue apparaît.

[4] Déplacez la caméra le long de cette ligne ou entrez une distance pour le déplacement vertical (fig.11.8).

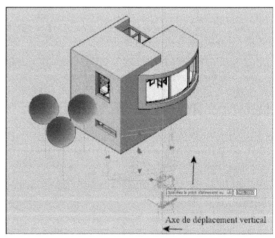

Fig.11.8

Pour changer la distance focale d'une caméra, la procédure est la suivante :

1. Si les caméras ne sont pas déjà affichées dans le dessin, cliquez sur l'option **Afficher les caméras** (Show cameras) du groupe de fonctions Caméra (Camera).

2. Cliquez sur la caméra pour la sélectionner.

3. Cliquez sur la poignée **Distance focale/Focale** (Lens Length/FOV).

4. Déplacez le curseur et cliquez à l'endroit où vous voulez positionner la focale (fig.11.9).

5. Appuyez sur **ENTREE**.

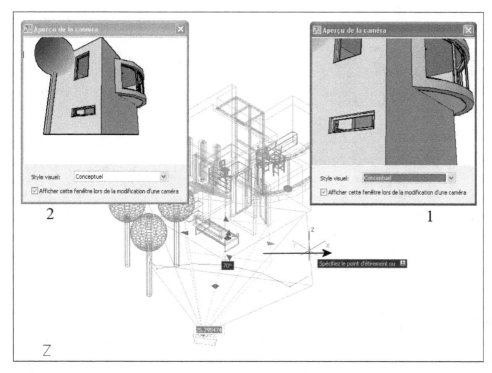

Fig.11.9

REMARQUE

Pour définir une distance focale avec une valeur précise, cliquez deux fois sur la caméra pour ouvrir la palette Propriétés. Dans la section Caméra, entrez une valeur numérique pour l'option Focale (mm).

Pour définir les plans de délimitation d'une caméra, la procédure est la suivante :

1   Si les caméras ne sont pas déjà affichées dans le dessin, cliquez sur l'option **Afficher les caméras** (Show cameras) du groupe de fonctions **Caméras** (Cameras).

2   Cliquez deux fois sur la caméra dont vous voulez définir les plans de délimitation.

3   Dans la palette **Propriétés**, option **Délimitation** (Clipping), activez le plan avant (Front plane), le plan arrière (Back Plane) ou les deux.

4   Pour l'option **Plan avant** (Front Plane) ou **Plan arrière** (Back Plane), déplacez les poignées de délimitation ou entrez des valeurs numériques (fig.11.10-11.11).

5   Appuyez sur ENTREE.

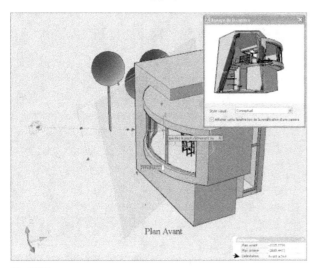

Plan Avant

Fig.11.10

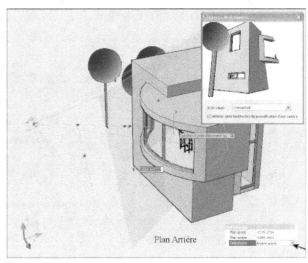

Plan Arrière

Fig.11.11

Les vues caméra

Lorsque vous ajoutez une caméra à votre scène, AutoCAD crée automatiquement une vue caméra sous le même nom que la caméra et avec les propriétés du style visuel en cours. Vous pouvez afficher une vue caméra dans la fenêtre de travail AutoCAD selon la procédure suivante :

1   Dans le groupe de fonctions **Vues** (Views) de l'onglet **Vue** (View), parcourez la liste des vues.

2   Cliquez sur le nom de la caméra. Par exemple Caméra1.

La vue Caméra1 s'affiche à l'écran (fig.11.12).

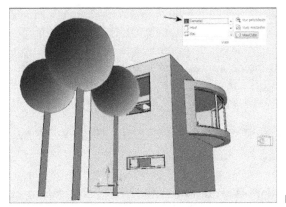

Fig.11.12

Fig.11.13

Vous pouvez modifier les propriétés de la vue en cliquant sur l'option **Gestionnaire de vues** (view manager) située dans la même liste déroulante. Cela vous permet par exemple de modifier le style visuel ou d'associer une image ou une couleur d'arrière-plan (fig.11.13-11.14). Vous pouvez aussi afficher une coupe 3D si elle existe dans le dessin (fig.11.15).

Navigation dans le modèle

Vous pouvez simuler une navigation ou un mouvement dans un dessin 3D. Lorsque vous naviguez dans un modèle, vous vous déplacez le long du plan XY. Lorsque vous vous déplacez dans un modèle, votre mouvement n'est pas contraint par rapport au plan XY; vous semblez ainsi « survoler » une zone du modèle.

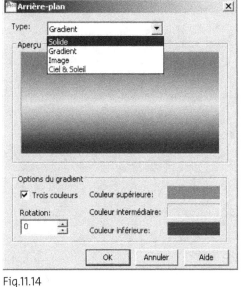

Fig.11.14

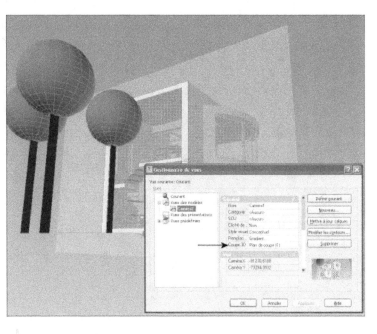

Fig.11.15

Vous pouvez utiliser un jeu de touches et d'interactions de la souris standard pour naviguer ou vous déplacer dans un dessin. Utilisez les quatre touches fléchées ou les touches W, A, S et D pour vous déplacer vers le haut, le bas, la gauche ou la droite. Pour permuter entre les modes Navigation et Mouvement, appuyez sur la touche F. Pour spécifier la direction de la vue, faites glisser la souris dans la direction dans laquelle vous voulez regarder.

Pour démarrer le mode Navigation ou Mouvement, la procédure est la suivante :

1️⃣ Exécutez la commande à l'aide de l'une des procédures suivantes :

   Ruban : dans le groupe de fonctions **Animations** sélectionnez **Navigation et mouvement** (Walk and Fly) puis **Navigation** (Walk) ou **Mouvement** (Fly).

   Icône : dans la barre d'outils **Navigation 3D** (3D Navigation), cliquez sur **Navigation** (Walk) ou **Mouvement** (Fly).

   Clavier : entrez la commande : **NAVIGATION3D** (3DWALK).

2️⃣ La fenêtre **Releveur des positions** (Position Locator) s'affiche à l'écran. Il permet de visualiser le déplacement dans le projet (fig.11.16). Pour vous déplacer dans le modèle, vous pouvez utiliser les touches suivantes :

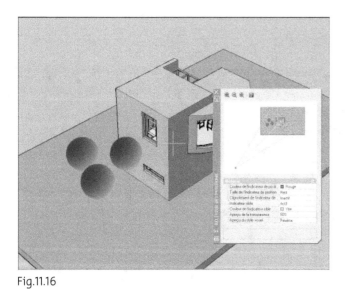

Fig.11.16

Fig.11.17

Touche	Fonction
Flèche Haut / touche Z	Avancer
Flèche Bas / touche S	Reculer
Flèche Gauche / touche Q	Déplacer vers la gauche
Flèche Droite / touche D	Déplacer vers la droite
Souris	Regarder autour & tourner
Flèche Bas / touche S	Activer le mode Mouvement

Vous pouvez aussi vous déplacer dans le Releveur des positions en déplaçant l'indicateur de position ou la cible.

3 Pour accélérer le déplacement, vous devez d'abord ouvrir la boîte de dialogue **Paramètres de navigation et de mouvement** (Walk and Fly Settings) disponible à partir de la liste déroulante **Navigation et Mouvement** du groupe de fonctions **Animations**. Vous pouvez ensuite définir la taille du pas dans le champ **Taille du pas de navigation/mouvement** (Walk/fly step size). Par exemple 300 pour un dessin en millimètres (fig.11.17).

Fig.11.18

Vous pouvez aussi enregistrer une animation lors de l'utilisation des fonctions de navigation 3D et de mouvement 3D.

1 Cliquez sur le bouton **Navigation** (Walk) pour lancer le déplacement dans le projet.

2 Cliquez sur le bouton **Enregistrer** (Start recording animation) pour lancer l'enregistrement (fig.11.18).

3 Naviguez dans le projet.

Fig.11.19

4 Cliquez sur **Sauvegarder** (Save animation) pour enregistrer l'animation.

5 Cliquez sur **Paramètres de l'animation** (Animation Settings) (fig. 11.19).

6 Sélectionnez le style visuel souhaité. Par exemple : Conceptuel (Conceptual).

7 Sélectionnez la résolution. Par exemple : 320x240.

8 Sélectionnez le nombre d'images par seconde. Par exemple : 25.

⑨ Sélectionnez le format AVI.

⑩ Cliquez sur OK pour confirmer.

⑪ Cliquez sur **Lire l'animation** (Play animation) pour visualiser le résultat (fig.11.20)

L'animation le long d'une trajectoire

Principes

L'animation de la caméra le long d'une trajectoire permet de simuler le déplacement d'une personne dans un projet (architecture, paysage...) ou de présenter visuellement un modèle de manière dynamique (fig.11.21).

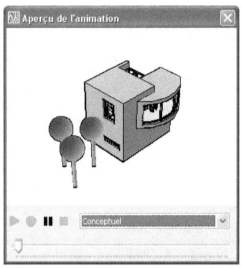

Fig.11.20

Lorsque vous configurez une animation de caméra le long d'une trajectoire, vous pouvez :

▸ Spécifier une trajectoire ou un point de départ pour la caméra.

▸ Spécifier une trajectoire ou un point de destination pour la cible.

▸ Afficher un aperçu de la relation caméra-trajectoire courante.

▸ Ajuster des paramètres d'animation.

▸ Enregistrer une animation.

Pour créer une animation à l'aide de trajectoires de mouvement, vous devez lier la caméra et sa cible à un point ou à une trajectoire. Si vous voulez que la caméra reste fixe, liez-la à un point. Si vous voulez que la caméra se déplace le long d'une trajectoire, liez-la à une trajectoire.

Fig.11.21

Si vous voulez que la cible reste fixe, liez-la à un point. Si vous voulez que la cible se déplace, liez-la à une trajectoire. Il n'est pas possible de lier à la fois la caméra et la cible à un point.

Utilisez la même trajectoire lorsque vous voulez que la vue de l'animation suive la trajectoire de la caméra. Pour ce faire, définissez la trajectoire de la cible sur Aucune (None) dans la boîte de dialogue Animation de la trajectoire du mouvement (Motion Path Animation). Il s'agit du paramètre par défaut.

Pour lier une caméra ou une cible à une trajectoire, commencez par créer l'objet trajectoire avant l'animation de la trajectoire du mouvement. Une trajectoire peut être une ligne, un arc, un arc elliptique, un cercle, une polyligne, une polyligne 3D ou une spline.

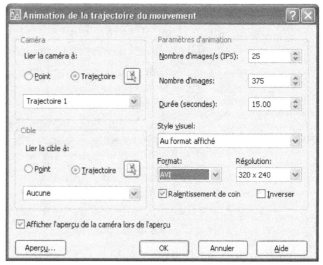

Fig.11.22

Création d'une animation le long d'une trajectoire

Pour créer une animation le long d'une trajectoire, la procédure est la suivante :

[1] Dans le dessin, créez un objet trajectoire pour la caméra ou la cible. Une trajectoire peut être une ligne, un arc, un arc elliptique, un cercle, une polyligne, une polyligne 3D ou une spline. Il convient de souligner que la trajectoire que vous créez ne sera pas visible dans l'animation.

[2] Cliquez dans le groupe de fonctions Animations sur l'option **Trajectoire du mouvement** d'animation (Motion Path Animation).

[3] Dans la section **Caméra** (Camera), cliquez sur **Point** ou sur **Trajectoire** (Path) (fig.11.22).

[4] Effectuez l'une des opérations suivantes :

- Pour spécifier un point pour la caméra, cliquez sur le bouton **Choisir un point** (Pick Point) et spécifiez un point dans le dessin. Entrez un nom pour le point. Cliquez sur OK.

- Pour spécifier une trajectoire pour la caméra, cliquez sur le bouton **Sélectionner une trajectoire** (Select Path) et spécifiez une trajectoire dans le dessin (fig.11.23). Entrez un nom pour la trajectoire. Cliquez sur OK.

- Pour spécifier une trajectoire ou un point existant pour la caméra, choisissez-le dans la liste déroulante.

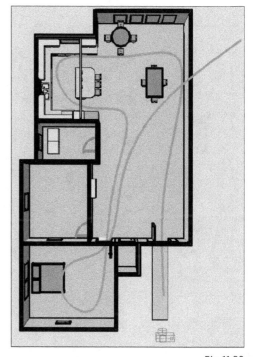

Fig.11.23

5 Dans la section **Cible** (Target) de la boîte de dialogue **Animation de la trajectoire du mouvement** (Motion Path Animation), cliquez sur **Point** ou sur **Trajectoire** (Path).

6 Effectuez l'une des opérations suivantes :

■ Pour spécifier un point pour la cible, cliquez sur le bouton **Choisir un point** (Pick Point) et spécifiez un point dans le dessin. Entrez un nom pour le point. Cliquez sur OK.

■ Pour spécifier une trajectoire pour la cible, cliquez sur le bouton **Sélectionner une trajectoire** (Select Path) et spécifiez une trajectoire dans le dessin. Entrez un nom pour la trajectoire. Cliquez sur OK.

■ Pour spécifier une trajectoire ou un point existant pour la cible, choisissez-le dans la liste déroulante.

■ Pour utiliser la même trajectoire que la caméra, sélectionnez **Aucune** (None) dans la liste déroulante (fig.11.24).

7 Dans la section **Paramètres d'animation** (Animation settings), ajustez les paramètres d'animation afin de créer l'animation en fonction de vos besoins.

8 Lorsque vous avez terminé l'ajustement des points, des trajectoires et des paramètres, cliquez sur **Aperçu** (Preview) pour afficher l'animation ou sur OK pour l'enregistrer (fig.11.25).

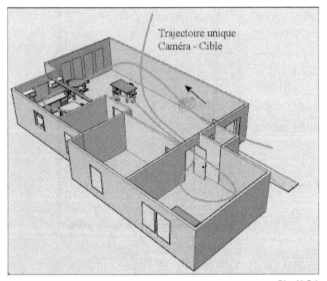

Fig.11.24

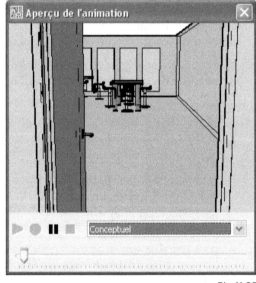

Fig.11.25

Spécification des paramètres pour l'animation

Dans la section **Paramètres d'animation** (Animation settings) de la boîte de dialogue **Animation de la trajectoire du mouvement** (Motion Path Animation), vous pouvez spécifier les paramètres suivants (fig.11.26) :

▶ La vitesse de l'animation en spécifiant le nombre d'images par seconde (IPS). Les standards habituels sont 30 IPS (NTSC), 25 IPS (PAL) et 24 IPS (Film) (fig.11.27).

▶ La durée de l'animation en secondes ou le nombre total d'images. Par exemple, si vous souhaitez créer une animation sous la forme d'une balade dans un bâtiment, le calcul est le suivant (fig.11.28) :

- Distance parcourue : 60 mètres

- Vitesse du déplacement humain : 1,5 mètre par seconde

- Durée de la visite : 60/1.5 = 40 secondes

- Le nombre d'images qui en résulte est de 1000.

- La résolution souhaitée. Elle désigne le nombre de pixels en X et en Y. Ce qui permet de définir la taille de l'image.

- Le format vidéo : AVI, MPG, MOV ou WMV.

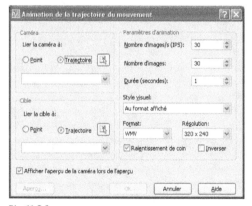

Fig.11.26

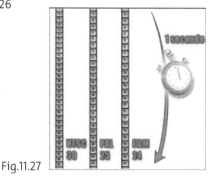

Fig.11.27

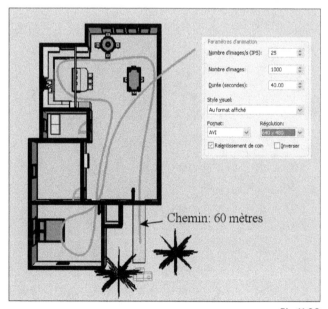

Chemin: 60 mètres

Fig.11.28

Chapitre 12
Le rendu réaliste

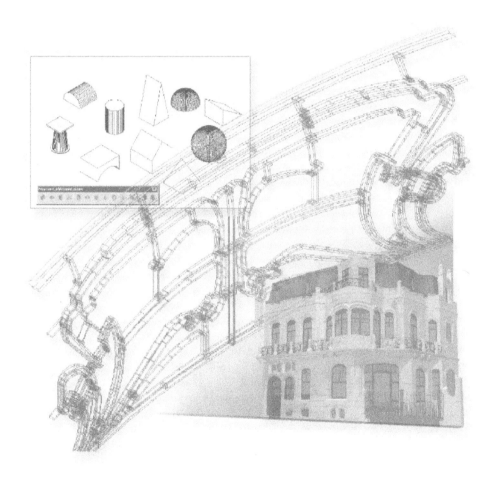

Principe du rendu

Le rendu réaliste d'un modèle ou d'une scène 3D permet de donner une vision plus claire de la conception par rapport au tracé classique en mode filaire. Le calcul du rendu génère les ombres dans la géométrie de la scène en utilisant les sources de lumière que vous avez définies et reproduit les matériaux que vous avez appliqués, ainsi que les paramètres d'environnement, tels que l'arrière-plan et le brouillard, que vous avez choisis (fig.12.1).

Depuis la version 2007, AutoCAD utilise le rendu « mental ray » de la société Mental images. Il s'agit d'un rendu à usage général capable de générer des simulations physiquement correctes d'effets d'éclairage tels que des réflexions et des réfractions par lancer de rayons, des réverbérations et une illumination globale. Le lancer de rayons trace la trajectoire de rayons échantillonnés à partir de la source de lumière. Les réflexions et les réfractions ainsi créées sont extrêmement précises d'un point de vue physique.

Fig.12.1

L'illumination globale, quant à elle, améliore le réalisme d'une scène en simulant la radiosité ou les inter-réflexions de lumière de la scène. Elle génère des effets tels que le « débordement de la couleur », selon lequel, par exemple, une chemise blanche près d'un mur rouge aura une légère teinte rouge.

Plusieurs points sont à prendre en compte au niveau du rendu :

▶ La préparation du modèle en vue du rendu : gestion de l'affichage et de la densité des faces.

▶ Les effets environnementaux : brouillard et arrière-plan.

▶ La destination du rendu : fenêtre, fenêtre de rendu, fichier.

▶ La sélection des objets pour le rendu.

▶ La résolution de sortie du rendu.

▶ Le paramétrage du rendu.

▶ L'enregistrement des images rendues.

Préparer le modèle pour le rendu

Deux points sont à prendre en compte, au niveau géométrique, pour rendre le rendu plus performant : la gestion de l'affichage des faces des solides et la gestion de la densité des faces des solides.

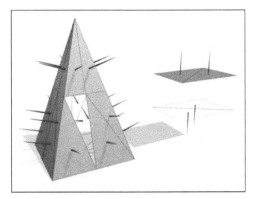

Fig.12.2

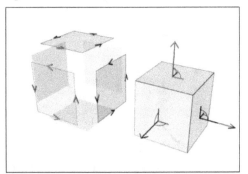

Fig.12.3

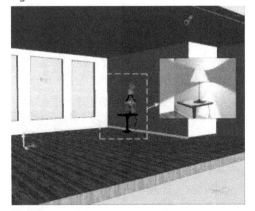

Fig.12.4

La gestion de l'affichage des faces

Chaque surface que vous modélisez est composée de faces. Les faces sont soit triangulaires, soit quadrilatérales et chacune d'entre elles possède un côté orienté à l'intérieur et à l'extérieur. La direction d'une face est définie par un vecteur appelé une normale. La direction de la normale indique la surface externe ou avant de la face. Lorsque les normales sont unifiées et pointent dans la même direction extérieure, le rendu traite chaque face afin d'aboutir au modèle. Si des normales sont inversées et pointent vers l'intérieur, le rendu les ignore et laisse des trous triangulaires ou quadrilatéraux dans le rendu de l'image (fig.12.2).

Lorsque vous voyez un trou, cela signifie généralement que la normale pointe vers l'intérieur ou que la face est physiquement absente du modèle. Pour y remédier vous pouvez soit, activer l'option **Forcer les deux côtés** (Force 2-sided) dans la palette Paramètres avancés du rendu (Advanced Render Settings), soit redessiner la face. Dans ce dernier cas, vous devez tenir compte du fait que la direction des normales est déterminée par la manière dont une face est tracée dans un système de coordonnées pour droitiers : si vous dessinez la face selon le sens trigonométrique, les normales pointent vers l'extérieur ; si vous la dessinez dans le sens horaire, elles pointent vers l'intérieur. En conséquence, veillez à ce que la définition des faces soit cohérente (fig.12.3).

Vous devez aussi tenir compte du fait que chaque objet d'une scène est traité par le module de rendu, même les objets se trouvant « hors caméra » et qui ne seront pas présents dans la vue rendue. Le rendu bénéficie donc des avantages d'une bonne gestion des calques. Lorsque vous désactivez des calques contenant des objets qui ne se trouvent pas dans la vue, vous pouvez optimiser notablement la vitesse du rendu (fig.12.4).

Un autre problème est celui des faces sécantes. Elles apparaissent dans un modèle lorsque deux objets se traversent. Pour se rendre compte du phénomène, il suffit de placer un objet à travers un autre pour voir rapidement le résultat que l'on obtiendra. Ainsi, l'arête créée à l'intersection des deux objets peut présenter une apparence ondulée (fig.12.5). Dans le cas de l'exemple, le remède consiste à unir les deux objets par une opération booléenne de type Union (fig.12.6). Il en résulte une arête beaucoup plus nette et précise.

Dans un projet, il peut arriver que des faces se chevauchent et sont situées sur le même plan. Ces faces, dites coplanaires, peuvent produire des résultats peu précis, en particulier si les matériaux appliqués aux deux faces sont différents. La figure 12.7, qui illustre la combinaison de deux volumes, montre une série d'altérations aux endroits ou les faces occupent le même emplacement. Pour remédier à ce problème, il suffit de déplacer un objet afin que ses faces n'occupent plus le même plan qu'un autre objet. Unir les objets par une opération booléenne est aussi une solution.

La gestion de la densité des faces

Lorsque vous rendez un modèle, la densité du maillage a une incidence sur le lissage des surfaces. En effet, il faut savoir que la surface extérieure d'un solide est composée de sommets, de faces, de polygones et d'arêtes.

Dans un dessin, chaque face possède trois sommets, à l'exception des faces dans les maillages polyfaces, considérées comme des triangles adjacents. Pour faciliter l'opération de rendu, chaque face quadrilatérale est constituée de deux faces triangulaires partageant une arête.

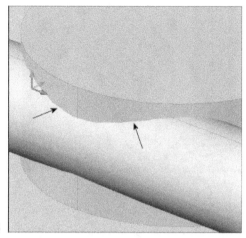

Fig.12.5

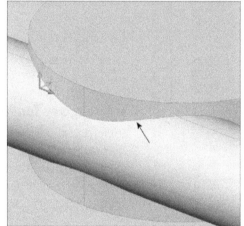

Fig.12.6

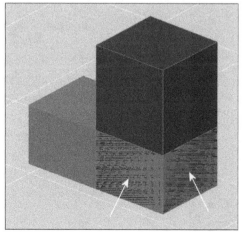

Fig.12.7

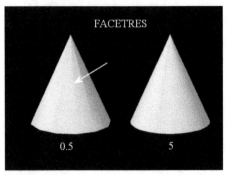

FACETRES

0.5   5

Fig.12.8

Le lissage d'un objet est géré automatiquement par le module de rendu. Deux types de lissage peuvent se produire au cours du processus de rendu. Une opération de lissage interpole les normales de face sur une surface. L'autre opération tient compte du nombre de faces qui constitue la géométrie. Plus le nombre de faces est élevé, plus le lissage des surfaces est précis, mais il faut plus de temps pour effectuer le traitement. Si vous n'avez aucun moyen de contrôler l'interpolation des normales de face, vous pouvez en revanche déterminer la précision d'affichage des objets incurvés à l'aide de la variable système FACETRES.

La variable système FACETRES détermine la densité du maillage et le lissage des solides ombrés et incurvés rendus. La valeur par défaut de la variable FACETRES est définie sur 0.5. Les valeurs possibles sont comprises entre 0.01 et 10. Dans l'exemple de la figure 12.8, le cône de gauche à une valeur de 0.5 et le cône de droite une valeur de 5.

Le calcul du rendu

Le calcul du rendu peut se faire de façon simple en utilisant les paramètres par défaut ou de façon plus élaborée en configurant les paramètres de façon personnalisée.

Le groupe de fonctions Rendu

L'onglet Rendu comprend le groupe de fonctions Rendu. Il permet de contrôler l'ensemble du processus du calcul de rendu. Ce groupe est affiché par défaut en mode réduit. En cliquant sur la flèche, il s'ouvre pour afficher l'ensemble des fonctions. La figure 12.9 illustre l'ensemble des fonctionnalités qui comprend :

- ▸ Le lancement du calcul du rendu en vue entière ou en région découpée.
- ▸ La sélection d'une valeur prédéfinie de rendu et l'annulation de la tâche de rendu en cours. Une barre de progression du rendu, que l'on trouve aussi dans la fenêtre du rendu, indique également l'avancement du processus de rendu.
- ▸ La boîte de dialogue Environnement du rendu dans laquelle vous pouvez définir les effets brouillard et profondeur de champ.
- ▸ La palette Paramètres avancés du rendu pour définir des valeurs plus avancées.
- ▸ La fenêtre de rendu pour voir les images et les entrées de l'historique de rendu qui ont été enregistrées avec le dessin courant.
- ▸ Le réglage de la qualité de l'image pour rendre plus ou moins de détails.
- ▸ L'emplacement de stockage, nom et format de fichier pour enregistrer vos images une fois rendues
- ▸ Les paramètres de résolution de sortie pour vos rendus.

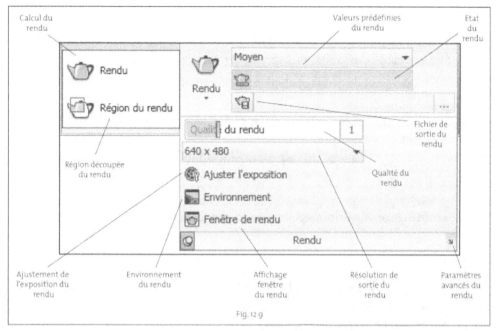

Fig. 12.9

Fig.12.9

Les effets environnementaux

Vous pouvez améliorer une image rendue au moyen d'effets atmosphériques, comme le brouillard, ou en ajoutant une image bitmap comme arrière-plan.

Le brouillard

Le brouillard permet d'estomper les objets à mesure que ceux-ci s'éloignent de la caméra. Le brouillard utilise une couleur blanche, tandis que la palette des couleurs utilise le noir.

Le brouillard est fonction des plans de délimitation avant ou arrière de votre caméra, ainsi que des paramètres « à proximité » et « à distance » définis dans la boîte de dialogue Environnement du rendu. Par exemple, imaginons que le plan de délimitation arrière d'une caméra soit actif et situé à 10 m de l'emplacement de la caméra. Si vous voulez que le brouillard commence à 5 m de la caméra et s'étende à l'infini, définissez A proximité sur 50 et A distance sur 100.

La densité du brouillard est déterminée par les valeurs « Pourcentage de brouillard à proximité » et « Pourcentage de brouillard à distance ». Les valeurs de ces paramètres sont comprises entre 0.0001 et 100. Des valeurs plus élevées signifient que le brouillard est plus opaque.

Pour ajouter du brouillard la procédure est la suivante :

1. Sélectionnez une caméra et ouvrez la palette **Propriétés** correspondante.

2. Activez son plan de délimitation avant ou arrière (fig.12.10).

3. Définissez la valeur de décalage du plan de délimitation.

4. Dans le groupe de fonctions Rendu (Render), sélectionnez l'option Environnement (Environment) puis **Activer le brouillard** (Enable Fog) (fig.12.11) et définissez la couleur du brouillard.

5. Définissez les valeurs **A proximité** (Near Distance) et **A distance** (Far Distance) pour indiquer où commence et s'arrête le brouillard.

6. Définissez l'opacité du brouillard à l'aide des valeurs **Pourcentage de brouillard à proximité** (Near Fog Percentage) et **Pourcentage de brouillard à distance** (Far Fog Percentage). Cliquez sur OK.

7. Rendez le modèle.

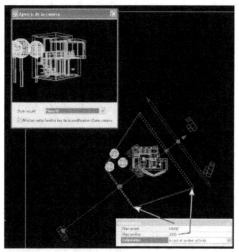

Fig.12.10

Fig.12.11

L'arrière-plan

Un arrière-plan correspond en fait à une toile de fond qui s'affiche derrière votre modèle. Un arrière-plan peut être d'une seule couleur, ou se présenter sous la forme d'un gradient multicolore, d'une image bitmap ou d'un ciel et soleil. Cette dernière option a pour effet de générer un rendu plus réaliste.

Les arrière-plans se prêtent particulièrement bien au rendu d'images fixes ou d'animations dans lesquelles la vue ne change pas ou la caméra ne bouge pas. Une fois défini, l'arrière-plan est associé à la caméra ou à la vue existante, et enregistré avec le dessin.

Pour définir l'arrière-plan d'une vue existante, la procédure est la suivante :

1. Dans le groupe de fonctions **Vues** (Views) de l'onglet **Vue** (View), déroulez la liste déroulante des vues.

2. Cliquez sur **Gestionnaire de vues** (View Manager).

3. Sélectionnez une vue existante dans la boîte de dialogue **Gestionnaire de vues** (View Manager) (fig.12.12).

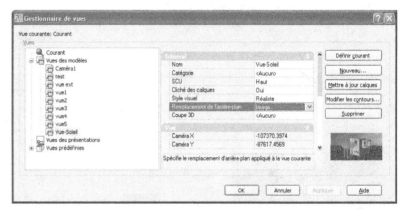

Fig.12.12

4. Cliquez sur **Aucun** (None) dans le champ **Remplacement de l'arrière-plan** (Background override) et choisissez **Solide**, **Gradient**, **Image**, ou ciel et soleil.

5. Définissez les couleurs ou choisissez une image bitmap à utiliser pour l'arrière-plan. Par exemple l'image d'un ciel. Cliquez sur OK.

6. Cliquez sur OK pour fermer le Gestionnaire de vues.

7. Choisissez la vue ainsi modifiée.

8. Rendez la scène (fig.12.13).

Les paramètres de base du rendu

Avant de lancer le calcul du rendu, plusieurs points peuvent être pris en considération :

- La destination du rendu
- La sélection des éléments pour le rendu
- La définition de la résolution de sortie
- L'utilisation de valeurs prédéfinies

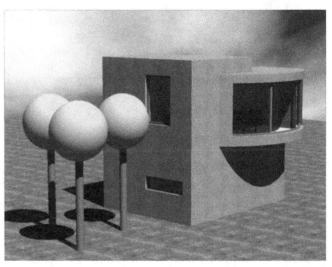

Fig.12.13

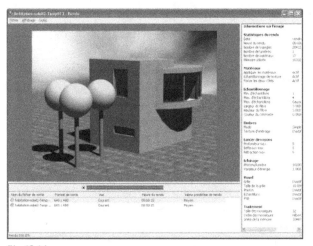

Fig.12.14

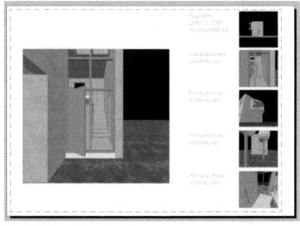

Fig.12.15 (Doc.ISA – ISA N. Brabant)

La destination du rendu

Les images rendues peuvent apparaître dans une fenêtre de l'espace objet ou papier ou être affichées dans la fenêtre de rendu qui s'ouvre lors du lancement du calcul de rendu (fig.12.14-12.15).

Pour définir la destination du rendu, la procédure est la suivante :

1. Dans le groupe de fonctions **Rendu** (Render), cliquez sur la flèche **Paramètres avancés du rendu** (Advanced Render Settings).

2. Dans la section **Contexte du rendu** (Render Context), cliquez sur le champ situé à droite de **Destination** et sélectionnez l'option souhaitée (fig.12.16).

Lorsque la destination du rendu est Fenêtre de rendu, le module de rendu ouvre automatiquement la fenêtre de rendu pour traiter l'image. Ceci fait, l'image est affichée et une entrée d'historique est créée. A mesure que vous effectuez des rendus, ils sont ajoutés à l'historique de rendu. Ainsi, vous pouvez jeter un coup d'œil rapide aux images précédentes et les comparer afin de déterminer celles qui produisent les effets escomptés. Les images que vous souhaitez conserver peuvent être enregistrées depuis la fenêtre de rendu.

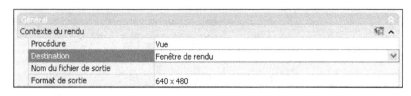

Fig.12.16

Si vous choisissez de définir la destination du rendu sur Fenêtre, l'image générée est rendue et affichée directement dans la fenêtre active. Par définition, il s'agit d'une opération de rendu unique, car il n'existe aucune entrée d'historique de rendu pour vous permettre d'effectuer une comparaison avec d'autres images à l'avenir. Si vous souhaitez conserver l'image que vous avez rendue dans la fenêtre, vous pouvez l'enregistrer à l'aide de la commande SAUVEIMG.

La sélection des éléments pour le rendu

Vous pouvez rendre une vue entière, un ensemble d'objets sélectionnés ou une portion du contenu affiché dans la fenêtre.

La procédure de rendu par défaut consiste à rendre tous les objets dans la vue courante du dessin. Si vous n'avez pas ouvert de vue existante ou de vue de caméra, c'est la vue courante qui est rendue. Si le processus de rendu est plus rapide lorsque vous rendez des objets clés ou des portions plus petites d'une vue, le rendu d'une vue entière vous permet de voir comment les objets sont orientés les uns par rapport aux autres.

Selon la destination de rendu que vous avez choisie, la vue rendue s'affiche soit dans la fenêtre de rendu, soit directement dans la fenêtre active.

Rendu d'objets sélectionnés

Rendre un jeu de sélection d'objets peut s'avérer très efficace lorsque vous testez différents matériaux, et notamment lorsque ces derniers comportent des textures. En rendant un objet sélectionné, vous pouvez vérifier rapidement l'aspect du matériau et déterminer si les coordonnées de sa texture doivent être modifiées.

Pour définir la sélection d'objets pour le rendu, la procédure est la suivante :

1. Dans le groupe de fonctions **Rendu** (Render), cliquez sur la flèche **Paramètres avancés du rendu** (Advanced Render Settings).

2. Dans la section **Contexte du rendu** (Render Context), cliquez sur le champ situé à droite de **Procédure** (Procedure) et choisissez l'option **Sélectionné** (Selected) (fig.12.17).

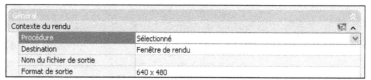

Fig.12.17

Rendu d'une région découpée

Il arrive parfois que vous ne deviez rendre qu'une partie de ce qui est affiché dans la fenêtre, tout en gardant un aperçu de l'environnement proche.

Dans l'exemple de la figure 12.18, seule est rendue la région entourant les trois arbres.

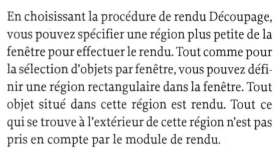

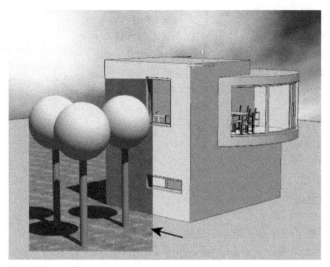

Fig.12.18

En choisissant la procédure de rendu Découpage, vous pouvez spécifier une région plus petite de la fenêtre pour effectuer le rendu. Tout comme pour la sélection d'objets par fenêtre, vous pouvez définir une région rectangulaire dans la fenêtre. Tout objet situé dans cette région est rendu. Tout ce qui se trouve à l'extérieur de cette région n'est pas pris en compte par le module de rendu.

Pour définir le rendu d'une région, la procédure est la suivante :

1. Dans le groupe de fonctions **Rendu** (Render), cliquez sur le bouton **Région de rendu** (Render region).

2. Sélectionnez la zone à rendre par deux points (fig.12.19).

Fig.12.19

Définition de la résolution de sortie

Trois paramètres de résolution permettent de déterminer l'apparence d'une image rendue : la largeur, la hauteur et le rapport hauteur/largeur de l'image.

Les paramètres de largeur et de hauteur déterminent la taille de l'image rendue, exprimée en pixels. Un pixel (contraction de Picture Element) est un point unique dans une image graphique.

La résolution de sortie par défaut est de 640 x 480, mais elle peut atteindre 4 096x4 096. Plus le paramètre de résolution est élevé, plus les pixels sont petits et les détails précis. Les images présentant une résolution élevée sont plus longues à rendre.

Lorsque vous définissez une résolution de sortie, elle est stockée avec le dessin courant et ajoutée à la liste des résolutions de sortie figurant dans le panneau de configuration Rendu du tableau de bord. Le plus souvent, vous utiliserez des paramètres de résolution faibles, autour de 320 x 200 ou moins élevés, lorsque vous souhaitez simplement voir comment apparaissent des objets dans le modèle. A mesure que vous ajouterez des détails et des matériaux, vous opterez pour des valeurs moyennes, comme 640 x 480. Le rendu final utilise toujours la résolution la plus élevée requise par le projet, soit 1024 x 768 ou des valeurs plus élevées, étant donné que l'image doit être présentée à un client ou imprimée.

Le rapport de linéarité décrit les proportions d'une image exprimées sous forme d'un rapport largeur-hauteur, quelle que soit la résolution de l'image. Le rapport de linéarité est généralement exprimé sous la forme d'un rapport de la largeur sur la hauteur (4 :3, par exemple) ou d'un multiplicateur (1.333, par exemple). Si vous modifiez cette valeur, la valeur Hauteur change pour préserver des dimensions correctes pour la résolution de sortie.

Si vous choisissez de verrouiller l'aspect de l'image, la largeur et la hauteur sont liées. Ainsi, si vous changez une valeur, l'autre est modifiée automatiquement pour conserver le rapport de linéarité.

Pour définir la résolution du rendu, la procédure est la suivante :

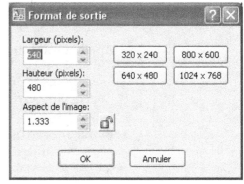

1. Cliquez sur la flèche du groupe de fonctions **Rendu** (Render) pour afficher le contenu complet du groupe.

2. Sélectionnez le format souhaité dans la liste déroulante **Format de sortie** (Output size) ou sélectionnez l'option **Indiquer la taille de l'image** (Specify Output Size).

Fig.12.20

3. Dans la boîte de dialogue **Format de sortie** (Specify output size), définissez le format souhaité (fig.12.20).

Utilisation des valeurs prédéfinies de rendu

Pour le calcul du rendu, une liste déroulante vous permet de choisir parmi un ensemble de paramètres de rendu prédéfinis appelés valeurs prédéfinies de rendu. Les valeurs prédéfinies de rendu regroupent des paramètres qui permettent au module de rendu de produire des images de différente qualité. Les valeurs prédéfinies de rendu standard vont de la qualité Brouillon qui permet d'obtenir rapidement des images de test, jusqu'à la qualité Présentation qui génère des images photoréalistes (fig.12.21). Vous pouvez également ouvrir le Gestionnaire des valeurs prédéfinies de rendu pour créer des valeurs prédéfinies personnalisées.

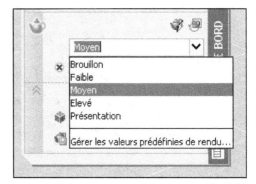

Fig.12.21

Le paramètrage du rendu

Pour améliorer la qualité du rendu, vous pouvez utiliser une série de paramètres qui sont contenus dans la palette **Paramètres avancés du rendu** (Advanced Render Settings), disponible à partir de la flèche à droite du groupe de fonctions **Rendu** (Render).

Section Matériaux

Dans le contexte du rendu, les matériaux décrivent la manière dont un objet réfléchit ou transmet la lumière. Dans un matériau, il est possible de simuler des textures, des effets de relief, des réflexions ou des réfractions.

Cette section contient des paramètres qui affectent la manière dont les matériaux sont traités par le module de rendu. Les options sont les suivantes (fig.12.22) :

▶ **Appliquer les matériaux (Apply materials)** : applique les matériaux de surface définis et associés à un objet dans le dessin. Si cette option n'est pas sélectionnée, tous les objets du dessin utiliseront les valeurs des attributs de couleur, couleur ambiante, couleur diffuse, réflexion, rugosité, transparence, réfraction et texture en relief du matériau GLOBAL.

▶ **Filtrage des textures (Texture filtering)** : spécifie si les textures sont filtrées ou non. Lorsque le filtrage des textures est désactivé, aucun anti-crénelage n'a lieu au niveau des textures lors du rendu du modèle.

▶ **Forcer les deux côtés (Force 2-sided)** : détermine si les deux côtés des faces sont rendus. Cette option est utile pour remédier au problème de l'absence de face dû à des normales mal orientées.

Matériaux		^
Appliquer les matériaux	Actif	
Filtrage des textures	Actif	
Forcer les deux côtés	Actif	

Fig12.22

Section Echantillonnage

L'image d'un moniteur étant constituée de pixels isolés sur une grille fixe, les scènes rendues peuvent présenter des zones irrégulières et imprécises principalement au niveau des lignes diagonales et des arêtes incurvées. Ce phénomène porte le nom de Crénelage. Plus la résolution est élevée (et donc plus les pixels sont petits), moins le crénelage est visible. Toutefois, il est souvent préférable de réduire cet effet en faisant appel aux techniques d'anti-crénelage. La technique d'anti-crénelage utilisée par le module de rendu est connue sous le terme échantillonnage. Les options sont les suivantes (fig.12.23) :

▶ **Min. d'échantillons (Min samples)** : définit le taux d'échantillonnage minimal. La valeur représente le nombre d'échantillons par pixel. Une valeur supérieure ou égale à 1 indique qu'un ou plusieurs échantillons sont calculés par pixel. Une valeur fractionnaire indique qu'un échantillon est calculé pour tous les N pixels (par exemple, 1/4 calcule au minimum un échantillon tous les quatre pixels). Valeur par défaut=1/4.

▶ **Max. d'échantillons (Max samples)** : définit le taux d'échantillonnage maximal. Si les échantillons voisins obtiennent une différence de contraste qui dépasse la limite de contraste, la zone contenant le contraste est subdivisée jusqu'à la profondeur spécifiée par le maximum. Valeur par défaut=1 (fig.12.24).

Echantillonnage		⌃
Min. d'échantillons	1	
Max. d'échantillons	4	
Type de filtre	Gauss	
Largeur du filtre	3	
Hauteur du filtre	3	
Couleur du contraste	0.05, 0.05, 0.05, 0.05	
Rouge de contraste	0.05	
Bleu de contraste	0.05	
Vert de contraste	0.05	
Alpha de contraste	0.05	

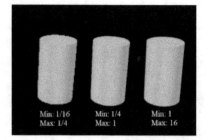

Fig.12.23   Fig.12.24

▸ **Type de filtre (Filter type)** : détermine comment plusieurs échantillons sont combinés en une seule valeur de pixel. Les types de filtre sont les suivants :

- ▪ **Zone (Box)** : totalise tous les échantillons dans la zone de filtre avec un poids égal. Il s'agit de la méthode d'échantillonnage la plus rapide.

- ▪ **Gauss** : pèse les échantillons à l'aide d'une courbe (en cloche) gaussienne centrée sur le pixel.

- ▪ **Triangle :** pèse les échantillons à l'aide d'une pyramide centrée sur le pixel.

- ▪ **Mitchell** : pèse les échantillons à l'aide d'une courbe (plus inclinée que la courbe gaussienne) centrée sur le pixel.

- ▪ **Lanczos** : pèse les échantillons à l'aide d'une courbe (plus inclinée que la courbe gaussienne) centrée sur le pixel, diminuant l'effet des échantillons à l'extrémité de la zone de filtre.

▸ **Largeur et hauteur du filtre (Filter width and height)** : spécifie la taille de la zone filtrée. Lorsque vous augmentez les valeurs de largeur et de hauteur du filtre, l'image est estompée, mais la durée du rendu est plus longue.

▸ **Couleur du contraste (Contrast color)** : permet de spécifier de manière interactive des valeurs de seuil R, V, B.

▸ **Rouge, Bleu, Vert de contraste (Contrast Red, Blue, Green)** : spécifie les valeurs de seuil pour les composants rouge, bleu et vert des échantillons. Ces valeurs sont normalisées. Elles sont comprises entre 0.0 et 1.0, où 0.0 indique que le composant de couleur est complètement insaturé (noir ou 0 dans le codage huit bits) et 1.0 indique que le composant de couleur est totalement saturé (blanc ou 255 dans le codage huit bits).

▸ **Alpha de contraste (Contrast alpha)** : spécifie la valeur seuil pour le composant alpha des échantillons. Cette valeur est normalisée. Elle est comprise entre 0.0 (transparence totale ou 0 dans le codage huit bits) et 1.0 (opacité totale ou 255 dans le codage huit bits).

Fig.12.25
(Doc. Autodesk)

Section Ombre

Les ombres vous permettent de créer des images rendues présentant plus de profondeur et de réalisme (fig.12.25). Le module de rendu peut générer des ombres par texture d'ombrage ou lancer de rayons. Les ombres à texture d'ombrage reposent sur un fichier bitmap que le module de rendu génère lors de la phase préliminaire du rendu de la scène. Les textures d'ombrage donnent des arêtes plus douces et nécessitent généralement moins de calculs que les ombres par lancer de rayons, mais elles sont moins précises. Le lancer de rayons suit la trajectoire des rayons échantillonnés depuis la source de lumière. Des ombres apparaissent lorsque des rayons ont été bloqués par des objets. Les ombres par lancer de rayons possèdent des arêtes contrastées et précises. En contrepartie, elles exigent des calculs plus longs.

Les options sont les suivantes :

▸ **Activer :** spécifie si les ombres sont calculées durant le rendu. L'activation s'effectue en cliquant sur l'ampoule située à droite du titre de la section.

▸ **Mode :** spécifie la manière dont les ombres sont générées. Le mode des ombres peut être Simple, Trié ou Segment.

  ▪ **Simple** : génère les projecteurs d'ombre dans un ordre aléatoire.

  ▪ **Trié** (Sorted) : génère les projecteurs d'ombre dans l'ordre, de l'objet à la lumière.

  ▪ **Segment** : génère les projecteurs d'ombre dans l'ordre le long du rayon lumineux, depuis les projecteurs de volume jusqu'aux segments du rayon lumineux entre l'objet et la lumière.

▸ **Texture d'ombrage (Shadow map)** : détermine si une texture d'ombrage est utilisée pour rendre des ombres. Lorsqu'elle est activée, le module de rendu rend les ombres avec une texture d'ombrage. Lorsqu'elle est désactivée, toutes les ombres sont rendues par lancer de rayons. Ces dernières sont plus précises et réalistes (fig. 12.26)

▸ **Variateur d'échantillonnage** (Sampling Multiplier) : limite globalement l'échantillonnage des ombres.

Fig.12.26 — Texture d'ombrage — Lancer de rayon

Section Lancé de rayons

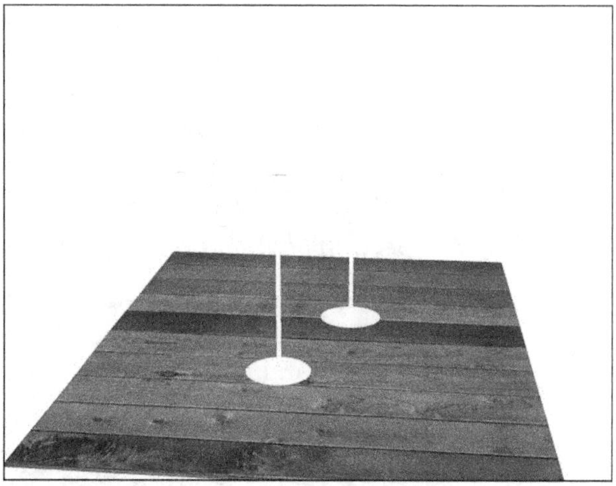

Le lancé de rayons est une technique de rendu utile pour rendre avec réalisme les objets ayant comme propriétés de réfléchir et/ou de réfracter la lumière.

Le lancer de rayons suit la trajectoire des rayons échantillonnés depuis la source de lumière. Les réflexions et les réfractions générées de cette manière sont exactes du point de vue physique.

La profondeur de suivi détermine la fréquence à laquelle un rayon lumineux peut être réfléchi ou réfracté. Augmenter ces valeurs peut accroître la complexité et le réalisme du rendu d'une image. En contrepartie, il faut plus de temps pour effectuer le rendu.

Fig.12.27

Pour réduire la durée requise pour générer des réflexions et des réfractions, les rayons sont limités par la profondeur de suivi. La profondeur de suivi limite la fréquence à laquelle un rayon peut être réfléchi et/ou réfracté.

Lorsque l'option Lancer de rayons est désactivée, aucune réflexion ni réfraction n'a lieu (fig.12.27-12.28).

Les options sont les suivantes (fig.12.29) :

- **Activer :** spécifie si le lancer de rayons doit être effectué lors de l'ombrage.

- **Profondeur max. (Max depth) :** limite la combinaison de réflexion et de réfraction. Le suivi d'un rayon prend fin lorsque le nombre total de réflexions et de réfractions

Fig.12.28

atteint la profondeur maximale. Par exemple, si la profondeur maximale est égale à 3 et que les deux profondeurs de lancer sont chacune égales à la valeur par défaut de 2, un rayon peut être réfléchi deux fois et réfracté une fois ou vice versa, mais il ne peut pas être réfléchi et réfracté quatre fois.

Lancer de rayons	
Profondeur max.	5
Réflexions max.	5
Réfractions max.	5

Fig.12.29

▶ **Réflexions max. (Max.reflections)** : définit le nombre de fois où un rayon peut être réfléchi. A 0, aucune réflexion n'a lieu. A 1, le rayon peut être réfléchi une fois uniquement. A 2, le rayon peut être réfléchi deux fois, etc.

▶ **Réfractions max. (Max.refractions)** : définit le nombre de fois où un rayon peut être réfracté. A 0, aucune réfraction n'a lieu. A 1, le rayon peut être réfracté une fois uniquement. A 2, le rayon peut être réfracté deux fois, etc.

Section Illumination indirecte/globale

Les techniques d'illumination indirecte, dont l'illumination globale et le Final Gathering, améliorent le réalisme d'une scène en donnant une illusion de radiosité, ou de réflexion mutuelle de lumière dans une scène (fig.12.30-12.31).

Fig.12.30

Sans illumination globale

Fig.12.31

Avec illumination globale

L'illumination globale permet d'obtenir des effets tels que le débordement des couleurs. Par exemple, si un plan de travail rouge se trouve à côté d'un mur blanc, ce dernier prend une teinte légèrement rosée. Vous pouvez penser qu'il s'agit là d'un détail sans importance, mais si la teinte rosée manque dans l'image, celle-ci semble faussée, même s'il est difficile d'en trouver la raison exacte. Cet effet n'est pas disponible avec des calculs de lancer de rayons ordinaires.

Pour calculer l'illumination globale, le module de rendu utilise des textures photons. Il s'agit d'une technique pour générer les effets d'illumination indirecte et l'illumination globale. L'un des effets indésirables d'une texture photon réside dans les altérations qui peuvent apparaître, comme les angles noirs et les variations basse fréquence dans l'éclairage. Vous pouvez réduire ou éliminer ces altérations en activant Final Gathering, afin d'augmenter le nombre de rayons utilisés pour calculer l'illumination globale.

Lorsque vous préparez un rendu final, veillez à spécifier les unités de dessin que vous voulez utiliser avant de définir des paramètres d'illumination globale. Si vous changez les unités de dessin après avoir défini les paramètres d'illumination globale à votre convenance, vous risquez d'obtenir des résultats de rendu inattendus.

La précision et l'intensité de l'illumination globale sont déterminées par le nombre de photons générés, le rayon d'échantillonnage et la profondeur de suivi.

Les options sont les suivantes (fig.12.32) :

▸ **Activer** : spécifie si les lumières doivent jeter une lumière indirecte sur la scène.

▸ **Photons/échantillons (Photons/sample)** : définit le nombre de photons (particules de lumière) utilisés pour calculer l'intensité de l'illumination globale. Lorsque cette valeur augmente, l'illumination est moins prononcée (il y a moins de bruit), mais plus floue. Lorsque cette valeur diminue, l'illumination est plus prononcée (plus de bruit), mais moins floue. Plus la valeur des échantillons est élevée, plus la durée du rendu est longue.

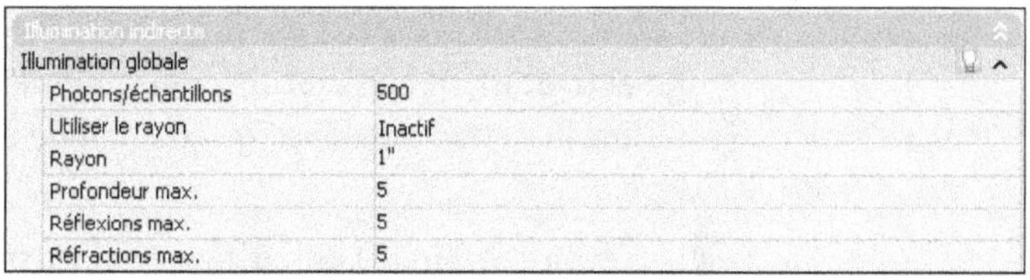

Illumination indirecte	
Illumination globale	
Photons/échantillons	500
Utiliser le rayon	Inactif
Rayon	1"
Profondeur max.	5
Réflexions max.	5
Réfractions max.	5

Fig.12.32

▸ **Utiliser le rayon (Use radius)** : détermine la taille des photons. Lorsque cette option est définie sur actif, la valeur du compteur définit la taille des photons. Lorsqu'elle est définie sur inactif, chaque photon est calculé de façon à représenter 1/10 du rayon de l'intégralité de la scène.

▸ **Rayon (Radius)** : détermine si les photons se chevauchent. Lorsque les photons se chevauchent, le module de rendu les lisse. Augmenter le rayon accroît le degré de lissage et peut créer une illumination à l'aspect plus naturel. Lorsque les photons ont un petit rayon et qu'ils ne se chevauchent pas, aucun lissage n'a lieu. Dans l'idéal, il est préférable que les photons se chevauchent. Pour obtenir des résultats satisfaisants, il convient d'activer l'option Utiliser le rayon et d'augmenter la taille du rayon.

▸ **Profondeur max. (Max depth)** : limite la combinaison de réflexion et de réfraction. La réflexion et la réfraction d'un photon s'arrêtent lorsque le nombre total des deux est égal au paramètre de profondeur maximale. Par exemple, si la profondeur maximale est égale à 3 et que les profondeurs de lancer sont égales à 2 chacune, un photon peut être réfléchi deux fois et réfracté une fois ou vice versa, mais il ne peut pas être réfléchi et réfracté quatre fois.

▸ **Réflexions max. (Max reflections)** : définit le nombre de fois où un photon peut être réfléchi. A 0, aucune réflexion n'a lieu. A 1, le photon peut être réfléchi une fois uniquement. A 2, le photon peut être réfléchi deux fois, etc.

▸ **Réfractions max. (Max refractions)** : définit le nombre de fois où un photon peut être réfracté. A 0, aucune réfraction n'a lieu. A 1, le photon peut être réfracté une fois uniquement. A 2, le photon peut être réfracté deux fois, etc.

Section Final gathering

Final Gathering est une étape supplémentaire facultative permettant d'améliorer l'illumination globale. Elle augmente le nombre de rayons utilisés pour calculer l'illumination globale afin d'éliminer les altérations lumineuses indésirables (fig.12.33-12.34).

Comme l'illumination globale est calculée à partir d'une texture photon, des altérations, comme des angles noirs et des variations basse fréquence dans l'éclairage peuvent se produire.

En activant Final Gathering, vous augmentez le nombre de rayons utilisés pour calculer l'illumination globale, ce qui contribue à réduire, voire totalement éliminer ces altérations.

Le recours à Final Gathering peut sensiblement augmenter la durée du rendu. Il est notamment utile pour les scènes présentant un éclairage diffus global.

Fig.12.33
(Doc. Autodesk)

Fig.12.34

Les options sont les suivantes (fig.12.35) :

▶ **Mode** : contrôle les paramètres dynamiques du Final Gathering.

- Actif (on) : active l'illumination globale dans le Final Gathering.
- Inactif (off) : désactive l'illumination globale dans le Final Gathering.
- Auto : indique que le Final Gathering doit être activé ou désactivé dynamiquement au moment du rendu.

▶ **Rayons (Rays)** : définit le nombre de rayons utilisés pour calculer l'illumination indirecte dans un rassemblement final. Lorsque cette valeur augmente, l'illumination globale est moins prononcée, mais la durée du rendu est plus longue.

▶ **Mode de rayon (Radius mode)** : détermine le mode de rayon pour le traitement de rassemblement final. Les choix possibles sont Actif, Inactif et Vue.

- **Actif (On)** : le paramètre de rayon maximal est utilisé pour le traitement Final Gathering. Le rayon est spécifié en unités générales, sa valeur par défaut est de 10 % de la circonférence maximale de l'objet.

- **Inactif (Off)** : le rayon maximal correspond à la valeur par défaut de 10 % du rayon maximal du modèle, en unités générales.

- **Vue (View)** : le paramètre de rayon maximal est spécifié en pixels et non en unités générales, et est utilisé pour le traitement Final Gathering.

▸ **Rayon maximal (Max radius)** : définit le rayon maximal à l'intérieur duquel Final Gathering est utilisé. Lorsque vous diminuez cette valeur, la qualité est améliorée, mais la durée du rendu est plus longue.

▸ **Utiliser min. (Use min)** : détermine si le paramètre de rayon minimal est utilisé lors du traitement Final Gathering. Lorsque cette option est activée, le paramètre de rayon minimal est utilisé pour le traitement Final Gathering. Lorsqu'elle est désactivée, le rayon minimal n'est pas utilisé.

Final Gathering	
Rayons	200
Mode de rayon	Inactif
Rayon maximal	1.00000
Utiliser min.	Inactif
Rayon minimal	0.10000

Fig.12.35

▸ **Rayon minimal (Min radius)** : définit le rayon minimal à l'intérieur duquel Final Gathering est utilisé. Lorsque vous augmentez cette valeur, la qualité est améliorée, mais la durée du rendu est plus longue.

Section Propriétés de la lumière

Les paramètres de cette section affectent la façon dont les lumières se comportent lors du calcul de l'illumination indirecte. Par défaut, les paramètres d'énergie et de photon s'appliquent à toutes les lumières d'une scène. Les options sont les suivantes (fig.12.36) :

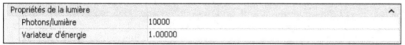

Propriétés de la lumière	
Photons/lumière	10000
Variateur d'énergie	1.00000

Fig.12.36

▸ **Photons/lumière (Photons/light)** : définit le nombre de photons émis pour chaque lumière, à utiliser dans l'illumination globale. L'augmentation de cette valeur augmente la précision de l'illumination globale, mais augmente également la quantité de mémoire utilisée et la durée du rendu. La diminution de cette valeur améliore l'utilisation de la mémoire et la durée du rendu, et peut être utile pour afficher l'aperçu des effets de l'illumination globale.

▸ **Variateur d'énergie (Energy multiplier)** : multiplie les valeurs de l'illumination globale, de l'éclairage indirect et de l'intensité de l'image rendue. Dans le cas d'un éclairage solaire non photométrique et avec l'illumination globale active, il faut fortement diminuer cette valeur (fig.12.37-12.38).

Fig.12.37

Fig.12.38

Section Visuel

Permet de comprendre comment le module de rendu se comporte, en fonction des paramètres utilisés. Les options sont les suivantes (fig.12.39) :

- **Grille** (Grid) : effectue le rendu d'une image qui affiche un espace de coordonnées d'objet, générales ou d'une caméra.
  - ▪ **Objet** (Object) : affiche les coordonnées locales (UVW). Chaque objet dispose de son propre espace de coordonnées.
  - ▪ **Général** (World) : affiche les coordonnées générales (XYZ). Le même système de coordonnées s'applique à tous les objets.
  - ▪ **Caméra** (Camera) : affiche les coordonnées de la caméra ; elles apparaissent sous la forme d'une grille rectangulaire superposée à la vue.
- **Taille de la grille** (Grid size) : définit la taille de la grille.
- **Photon** : rend l'effet d'une texture photon (fig.12.38). Cela nécessite la présence d'une texture photon. Si aucune texture photon n'est présente, le rendu photon a l'aspect d'un rendu non diagnostiqué de la scène. Le module de rendu rend d'abord la scène ombragée, puis la remplace par l'image en pseudo couleur.
  - ▪ **Densité** (Density) : rend la texture photon telle qu'elle est projetée sur la scène. Une densité élevée est affichée en rouge, les valeurs plus faibles sont rendues avec des couleurs plus froides.

Diagnostic		
Visuel		
Grille	Inactif	
Taille de la grille	10	
Photon	Inactif	
Echantillons	Inactif	
PSB	Inactif	

Fig.12.39

- **Irradiance** (Irradiance) : identique au rendu de densité, mais l'ombrage des photons est basé sur l'irradiance. L'irradiance maximale est rendue en rouge, les valeurs plus faibles sont rendues avec des couleurs plus froides.

▶ **PSB** : rend une visualisation des paramètres utilisés par l'arborescence dans la méthode d'accélération de lancer de rayons. Si un message du module de rendu indique des valeurs de profondeur ou de taille très élevées ou si le rendu est inhabituellement lent, cela permet de situer le problème.

- **Profondeur** (Depth) : affiche la profondeur de l'arborescence, avec les faces supérieures en rouge vif, et les faces plus profondes en couleurs plus froides.

- **Taille**(Size) : affiche la taille des dossiers de l'arborescence, avec des dossiers de tailles différentes indiqués par des couleurs différentes.

Section Traitement

Permet de définir le déroulement du rendu. Les options sont les suivantes (fig.12.40) :

Traitement	
Taille des mosaïques	32
Ordre des mosaïques	Hilbert
Limite de la mémoire	1048

Fig.12.40

▶ **Taille des mosaïques** (Tile size) : détermine la taille des mosaïques pour le rendu. Pour rendre la scène, l'image est subdivisée en mosaïques. Plus la taille des mosaïques est petite, plus le nombre de mises à jour de l'image générées est important durant le rendu. Lorsque vous diminuez la taille des mosaïques, le nombre de mises à jour de l'image augmente, ce qui signifie que le rendu prend plus de temps. Lorsque vous augmentez la taille des mosaïques, le nombre de mises à jour de l'image diminue, ce qui signifie que le rendu prend moins de temps.

▶ **Ordre des mosaïques** (Tile order) : spécifie la méthode à utiliser (ordre de rendu) pour les mosaïques lors du rendu de l'image. Vous pouvez choisir une méthode basée sur la manière dont vous préférez que l'image apparaisse lors de son rendu dans la fenêtre de rendu.

- **Hilbert :** la prochaine mosaïque rendue est choisie en fonction du coût de passage à la suivante.

- **Spirale**(Spiral) : les mosaïques sont rendues en partant du centre de l'image, et en spirale.

- **De gauche à droite** (Left to Right) : les mosaïques sont rendues en colonnes, de bas en haut et de gauche à droite.

- **De droite à gauche** (Right to Left) : les mosaïques sont rendues en colonnes, de bas en haut et de droite à gauche.
- **De haut en bas** (Top to Bottom) : les mosaïques sont rendues par rangées, de droite à gauche et de haut en bas.
- **De bas en haut** (Bottom to Top) : les mosaïques sont rendues par rangées, de droite à gauche et de bas en haut.

▶ **Limite de la mémoire** (Memory limit) : détermine la limite de mémoire pour le rendu. Le module de rendu calcule la quantité de mémoire utilisée au moment du rendu. Si la limite de mémoire est atteinte, la géométrie de quelques objets est ignorée afin de libérer de la mémoire pour les autres objets.

Le réglage de l'exposition

Le réglage de l'exposition de la sortie de rendu la plus récente vous permet d'ajouter ou de supprimer l'éclairage de façon globale, sans avoir à effectuer d'autres rendus du dessin à chaque fois que vous le modifiez pour voir les effets produits (fig.12.41-12.42-12.43).

Fig.12.41

Fig.12.42

Fig.12.43

Pour utiliser le réglage de l'exposition, la procédure est la suivante :

1. Dans le groupe de fonction **Rendu** (Render), cliquez sur la flèche pour ouvrir le panneau.

2. Cliquez sur le bouton **Ajuster l'exposition** (Adjust Exposure).

3. Modifiez les paramètres :

   - **Luminosité** (Brightness) : règle la luminosité des couleurs converties. Les valeurs s'étendent de 0 à 200.0. La valeur par défaut est de [65.0].
   - **Contraste** (Contrast) : règle le contraste des couleurs converties. Les valeurs s'étendent de 0 à 100.0. La valeur par défaut est de [100.0].
   - **Demi-teintes** (Mid tones) : règle les valeurs de demi-teintes des couleurs converties. Les valeurs s'étendent de 0 à 20.0. La valeur par défaut est de [1.0].
   - **Lumière du jour Extérieur** (Exterior Daylight) : définit l'exposition pour les scènes extérieures éclairées par le soleil. Les valeurs possibles sont Inactif/Actif/ Auto. La valeur par défaut est [Auto].
   - **Traiter arrière-plan** (Process Background) : indique si l'arrière-plan doit être traité par l'option d'exposition au moment du rendu. Les valeurs sont Actif/Inactif. La valeur par défaut est [Actif].

L'enregistrement des images rendues

Pour enregistrer une image rendue, vous pouvez effectuer le rendu directement dans un fichier, dans la fenêtre active puis enregistrer l'image, ou dans la fenêtre de rendu puis enregistrer l'image ou une copie de l'image. Une fois que vous avez enregistré une image, vous pouvez la visualiser à tout moment. Les images enregistrées peuvent également être utilisées comme textures pour les matériaux que vous avez créés.

Pour enregistrer un rendu d'image directement dans un fichier, la procédure est la suivante :

1. Dans le groupe de fonctions **Rendu** (Render), activez l'option **Fichier de sortie du rendu**.

2. Cliquez sur le bouton [...] en regard de l'option précédente.

3. Dans la boîte de dialogue **Fichier de sortie du rendu** sélectionnez un type de fichier, ainsi que l'emplacement où l'image doit être enregistrée. Cliquez sur **Enregistrer** (Save).

4. Cliquez sur **Rendu** (Render).

Lorsque le rendu est terminé, l'image apparaît dans la fenêtre de rendu. Elle est également enregistrée dans l'unité que vous avez choisie, sous le nom indiqué.

Pour enregistrer une image rendue dans la fenêtre active, la procédure est la suivante :

1. Une fois que l'image est rendue dans la fenêtre, entrez **SAUVEIMG** (SAVEIMG) sur la ligne de commande.

2. Dans la boîte de dialogue **Fichier de sortie du rendu** (Render Output File), accédez au dossier dans lequel vous voulez stocker l'image.

3. Entrez un nom pour l'image, ainsi qu'un format de fichier de sortie.

4. Cliquez sur Enregistrer.

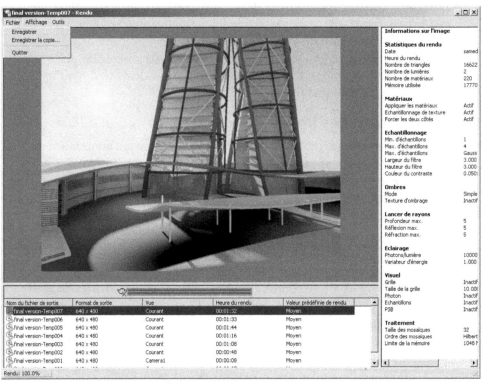

Fig.12.44

Pour enregistrer une image rendue dans la fenêtre de rendu, la procédure est la suivante (fig.12.44) :

1. Sélectionnez une entrée d'historique dans la fenêtre du rendu.

2. Cliquez sur le menu **Fichier** (Files) puis **Enregistrer** (Save).

3. Dans la boîte de dialogue **Fichier de sortie du rendu** (Render Output File), choisissez un format de fichier et entrez un emplacement de stockage et un nom de fichier. Cliquez sur **Enregistrer** (Save).

L'image est enregistrée dans le format de fichier sélectionné.

Exemple : Paramétrage d'un rendu intérieur en éclairage naturel

Le local à éclairer est composé de quatre parois, d'un plancher, d'un plafond, d'une fenêtre, de deux divans et d'une table, l'ensemble est réalisé à l'aide de la fonction Boîte solide 3D. Le sol est habillé d'un parquet en bois et les murs sont peints en blanc mat (fig.12.45). L'unité du dessin est le centimètre.

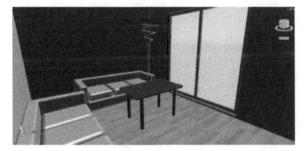

Fig.12.45

Fig.12.46

L'éclairement est de type soleil plus ciel. La position du soleil est déterminée par l'emplacement du projet, la date et l'heure. Un premier rendu donne un résultat sombre et peu intéressant (fig.12.46).

Pour rendre le résultat plus réaliste et attrayant, il convient de modifier le paramétrage du rendu en activant l'illumination globale et le regroupement final (Final Gathering) pour tenir compte des effets indirects de la lumière et des détails dans les parties sombres. La procédure est la suivante :

1. Cliquez sur la flèche en bas à droite du groupe de fonctions **Rendu** (Render) afin d'ouvrir la palette **Paramètres avancés du rendu** (Advanced Render Settings).

2 Sélectionnez en haut de la palette, la qualité du rendu souhaité. Par exemple : **Moyen** (Medium).

3 Cliquez sur l'ampoule située à droite du titre **Illumination globale** (Global Illumination) pour l'activer.

4 Activez l'option **Utiliser le rayon** (Use radius) et entrez **90** comme valeur dans le champ **Rayon** (Radius).

5 Dans la section **Final Gathering**, sélectionnez Auto pour le champ **Mode**.

6 Entrez 1 dans le champ **Variateur d'énergie** (Energy Multiplier).

7 Effectuez un rendu.

8 Si le résultat est encore trop sombre, augmentez la valeur du variateur d'énergie jusqu'à l'obtention du résultat souhaité (fig.12.47).

Fig.12.47

CHAPITRE 13

L'EXPORTATION DES MODÈLES 3D

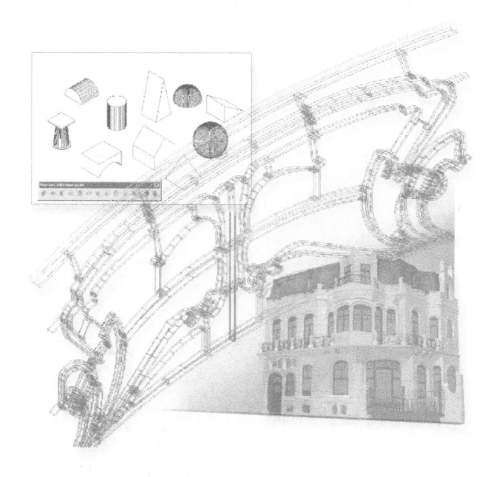

Outre la visualisation directe dans AutoCAD ou l'impression sur papier, il existe une série d'autres options permettant de communiquer son modèle ou projet 3D. Il s'agit de :

▶ L'exportation au format DWF(x) pour une visualisation avec Autodesk Design Review

▶ L'exportation vers Autodesk Impression pour une présentation graphique du projet

▶ L'exportation vers 3ds max pour la réalisation de rendus de qualité et l'animation

▶ L'impression 3D pour la réalisation d'une maquette physique

L'exportation au format DWF(x) 3D

Principe

Vous pouvez créer et publier des fichiers DWF ou DWFx de vos modèles 3D et les visualiser avec Autodesk Design Review.

Si vous avez attribué des matériaux de textures à vos objets 3D, il est possible de les publier avec le fichier DWF ou DWFx 3D. L'orientation et l'échelle de la texture simple définies dans l'éditeur de dessin sont conservées dans le fichier DWF ou DWFx 3D publié.

Il existe certaines limites à la publication de matériaux.

▶ Le canal Texture diffuse est la seule association publiée. Si vous utilisez les textures Opacité, Réflexion ou Relief dans votre matériau, elles ne sont pas publiées.

▶ Les matériaux procéduraux, comme Bois ou Marbre, ne sont pas non plus publiés.

Le lissage des modèles DWF ou DWFx 3D peut être amélioré en changeant la valeur de la variable système 3DDWFPREC. Cette variable peut être définie par une valeur comprise entre 1 et 6. Une valeur élevée améliore sensiblement l'aspect des objets dans DWF Viewer.

Il convient néanmoins de souligner que 3DDWFPREC est un paramètre global qui a des répercussions sur l'ensemble des objets du modèle 3D. Par conséquent, des valeurs élevées peuvent produire des fichiers de très grande taille.

Procédure

[1] Cliquez sur l'onglet **Sortie** (Output), puis sur la fonction DWF 3D (3D DWF) du groupe de fonctions **Exporter au format DWF/PDF** (Export to DWF/PDF). Vous pouvez aussi entrer **DWF3D** sur la ligne de commande (fig.13.1).

[2] Dans la boîte de dialogue **Exporter les données** (Export 3D DWF), spécifiez le nom et l'emplacement du fichier DWF. Cliquez sur **Enregistrer** (Save).

Par défaut, tous les objets de l'espace objet sont publiés dans le fichier DWF 3D et, si votre dessin contient des xréfs, l'option Regrouper par hiérarchie de xréf est active.

[3] Cliquez éventuellement sur **Oui** (Yes) pour ouvrir Autodesk Design Review et visualiser le fichier DWF 3D publié (fig.13.2).

[4] Vous pouvez déplacer et pivoter le modèle ou encore créer une section (fig.13.3).

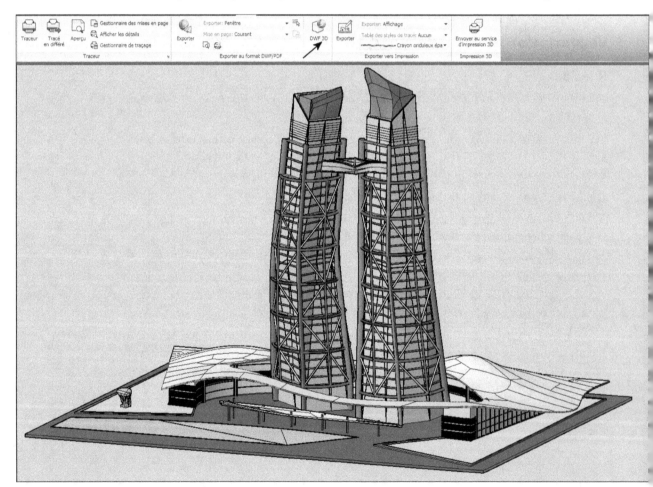

Fig.13.1 (Doc. Autodesk)

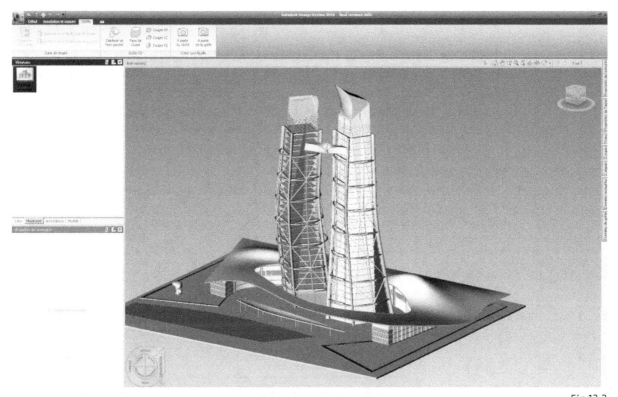

Fig.13.2
(Doc. Autodesk)

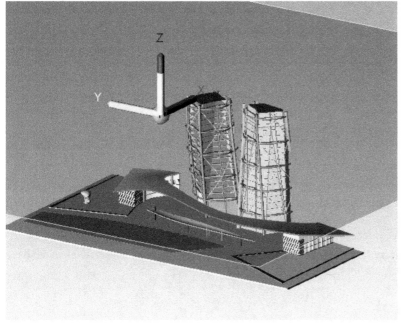

Fig.13.3 (Doc. Autodesk)

L'exportation vers Autodesk Impression

Principe

Autodesk Impression 3, est un logiciel de présentation graphique compatible avec les données issues des logiciels de CAO aux formats DWG et DWF. Autodesk Impression comprend de multiples styles prédéfinis comme les crayons de couleur, les marqueurs et les lavis à l'aquarelle. Il comprend aussi des bibliothèques de blocs permettant d'ajouter des éléments d'environnement comme des voitures, des arbres et des personnages.

Pour information, Autodesk Impression 3 est disponible gratuitement pour les utilisateurs abonnés des produits suivants : AutoCAD, AutoCAD Architecture, AutoCAD Civil 3D, AutoCAD Inventor Suite, AutoCAD Map 3D, AutoCAD Mechanical, AutoCAD MEP, AutoCAD Revit Architecture Suite, AutoCAD Revit MEP Suite, AutoCAD Revit Structure Suite, Revit Architecture, Revit MEP et Revit Structure.

Procédure

L'exportation s'effectue à partir du groupe de fonctions **Exporter vers Impression** (Export to Impression) de l'onglet **Sortie** (Output). Il est utile de définir d'abord les options d'exportation afin de spécifier les vues et les styles de tracé à exporter pour le rendu dans Autodesk Impression. Les options sont les suivantes (fig.13.4) :

Fig.13.4

▶ **Exporter** (Export) : indique la partie du dessin à exporter. Les options disponibles sont les suivantes :

■ **Affichage** (Display) : exporte la vue courante.

■ **Etendue** (Extents) : exporte toute la géométrie de la vue courante, y compris celle qui n'est pas actuellement affichée dans la zone de dessin.

■ **Fenêtre** (Window) : exporte la partie de la zone de dessin que vous spécifiez. Pour définir la fenêtre, cliquez sur le bouton Fenêtre. Pointez ensuite deux points pour définir la limite de la fenêtre. Le paramètre de fenêtre est conservé jusqu'à ce que vous le modifiiez.

■ **Présentations** (Layouts) : exporte toutes les fenêtres et la géométrie affichée dans la présentation sélectionnée.

- ▶ **Table des styles de tracé** (Plot style table) : attribue une table de styles de tracé à exporter dans Autodesk Impression. Vous pouvez faire votre choix parmi les options suivantes :
  - ▪ **Fichier CTB ou STB** (CTB or STB File) : conserve les paramètres de couleur, d'épaisseur de ligne et de type de ligne utilisés dans les tables de styles de tracé.
  - ▪ **Aucune** (None) : conserve l'épaisseur de ligne et le type de ligne de chaque calque exporté ou utilise le paramètre de type de trait.
- ▶ **Type de trait** (Stoke type) : applique le trait sélectionné à toute la géométrie exportée vers Impression. Si vous choisissez à la fois un trait et un style de tracé, l'illustration Impression reflète la combinaison suivante :
  - ▪ l'épaisseur de ligne et le type de ligne du style de tracé,
  - ▪ la couleur du trait et le type (par exemple, crayon ou marqueur) que vous spécifiez sous Type de trait.

Si d'autres paramètres se chevauchent, celui du style de tracé est prioritaire.

Pour exporter ensuite le modèle, il suffit de cliquer sur la fonction **Exporter** (Export), qui ouvre le logiciel Impression. Il reste à habiller le modèle avec les options disponibles dans Impression (fig.13.5).

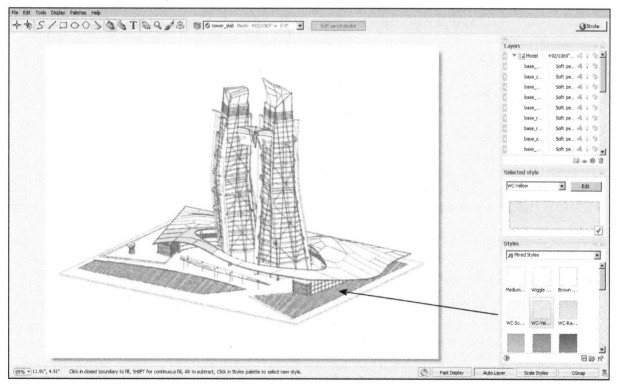

Fig.13.5

L'exportation vers 3ds max

L'échange des données entre AutoCAD 2010 et 3ds max Design 2010 peut se faire par importation ou par liaison de fichier DWG. En général, lorsque vous utilisez les mêmes données dans les deux logiciels, il est préférable d'utiliser le **Gestionnaire de liaison de fichier** pour établir une liaison avec les données de base et de conserver un lien actif entre les deux applications. Cependant, vous pouvez également utiliser la commande **Importer** pour établir un lien avec le fichier dessin immédiatement. Dans les deux cas, vous pouvez spécifier dans 3ds max, la méthode de création des objets : par calque, par couleur, par entité, etc. Il est donc important de structurer l'information dans AutoCAD avant d'effectuer l'exportation.

La liaison des données

Le principe

La liaison des données permet d'assurer une synchronisation de données entre les fichiers de dessin créés avec AutoCAD et 3ds Max.

Vous pouvez établir, recharger et détacher des liaisons vers un nombre quelconque de fichiers liés. Vous pouvez également ignorer des informations superflues à l'aide de couches et de filtres. Le Gestionnaire de liaisons de fichier détermine les formes géométriques à inclure dans la scène à partir du fichier lié, l'organisation de ces formes géométriques et le moment où elles sont régénérées. Les objets provenant de fichiers liés ont un comportement identique à celui de tout autre objet créé dans 3ds max. Il est possible de les mettre à l'échelle, de les faire pivoter, de les déplacer et de leur affecter des modificateurs et des matériaux.

La liaison de données repose sur quelques principes simples :

- ▶ Les modifications effectuées dans AutoCAD peuvent avoir une incidence sur les données affichées dans 3ds Max, mais les modifications apportées dans 3ds max n'ont aucun impact sur les données dans AutoCAD.
- ▶ Les modifications apportées dans AutoCAD ne sont pas reflétées automatiquement dans 3ds max. Vous devez utiliser l'option **Recharger** du Gestionnaire de liaison de fichier pour les activer.
- ▶ Vous pouvez appliquer une transformation (déplacement, rotation ou mise à l'échelle) à des objets et blocs AutoCAD qui apparaissent dans 3ds max. Ces types de modifications ne sont pas perdus lors du rechargement. Si vous avez déplacé, fait pivoter ou mis à l'échelle des objets liés et si vous souhaitez que ces objets reprennent l'échelle et la position auxquelles ils correspondent dans le fichier de dessin d'origine, utilisez la fonction **Réinitialiser position**.

▶ 3ds max intègre aux données liées AutoCAD d'autres données non graphiques, comme les éclairages et les caméras.

L'utilisation des calques (couches)

3ds max possède son propre système de couches se présentant et fonctionnant comme une version simplifiée du système auquel vous êtes habitué dans AutoCAD. Tout comme dans AutoCAD, vous pouvez masquer et afficher des couches, les geler et les dégeler et changer la couleur d'affichage de tous les objets d'une couche. Les opérations de couches sont accessibles par l'intermédiaire des outils de la barre d'outils **Couches**, ainsi que sur des objets individuels à l'aide du menu **quadr**.

L'utilisation des couches repose aussi sur quelques principes simples :

▶ Les objets non liés, tels que les objets 3ds max ou les formes géométriques liés à la scène à l'aide de la commande Lier, peuvent être affectés à toute couche de votre choix, y compris les couches créées par le Gestionnaire de liaison de fichier.

▶ Les objets liés à partir d'AutoCAD, à quelques exceptions près, seront affectés aux mêmes couches que celles qu'ils occupent dans AutoCAD. Cependant, toute modification apportée aux paramètres de couches de 3ds max (masquées/affichées, gelées/dégelées, couleur d'affichage) a une incidence sur les objets liés tout comme sur les objets non liés. Par ailleurs, les modifications apportées aux couches ne sont pas réinitialisées lorsque vous rechargez le dessin.

▶ Vous ne pouvez pas renommer les couches créées par le Gestionnaire de liaison de fichier. Lors du rechargement suivant, une couche renommée n'est pas affectée par le Gestionnaire de liaison de fichier. Les objets de la couche renommée sont mis à jour mais demeurent toutefois sur la même couche. La couche d'origine est uniquement recréée lorsqu'un nouvel objet a été généré dans le fichier DWG. Les nouveaux objets ne sont jamais placés sur la couche renommée. Vous pouvez également supprimer les couches importées par le Gestionnaire de liaison de fichier, mais uniquement si elles ne contiennent aucun objet.

▶ Vous pouvez déplacer des objets à liaison active entre les couches de 3ds max. Lors du rechargement suivant, les objets sont mis à jour mais ils ne sont toutefois pas replacés sur leur couche d'origine. Vous pouvez également placer des objets non liés, tels que des objets 3ds max ou des formes géométriques de dessins liées à une scène, sur n'importe quelle couche importée.

▶ Les objets se trouvant sur des couches gelées dans AutoCAD ne sont pas liés à 3ds max. Les objets qui étaient liés à l'origine à 3ds max sont supprimés si leur couche est gelée dans AutoCAD et le lien est rechargé. Néanmoins, ils sont de nouveau ajoutés, au rechargement, une fois la couche dégelée dans le programme avec lequel le dessin a été créé.

La procédure de liaison

1 Dans le menu d'application **M**, sélectionnez **Références** (References) et ensuite **Gestionnaire de liaison de fichier** (File link manager).

2 Activez l'onglet **Attacher** (Attach) dans la boîte de dialogue **Gestionnaire de liaison de fichier** (File link manager) et cliquez sur **Fichier** (File) pour sélectionner le fichier à lier.

3 Dans l'onglet **Valeurs prédéfinies** (Presets), cliquez sur **Nouveau** (New) et entrez un nom. Par exemple : Par calque. Cliquez sur **OK**.

4 Sélectionnez le nouveau nom et cliquez sur **Modifier** (Modify).

5 Cliquez sur l'onglet **Avancé** (Advanced) et dans la liste **Dériver primitives AutoCAD par :** (Derive AutoCAD Primitives by), sélectionnez le tri souhaité. Par exemple **Couche** (Layer), pour convertir chaque calque AutoCAD en objet 3ds max.

6 Cliquez sur **Enregistrer** (Save).

7 Sélectionnez à nouveau l'onglet **Attacher** (Attach) et dans le champ **Valeur prédéfinie** (Presets), sélectionnez la configuration créée dans l'onglet **Valeurs prédéfinies** (Presets), à savoir **Par calque**.

8 Cliquez sur **Redimensionner** (Rescale) et entrez l'unité du dessin AutoCAD. Par exemple **Millimètres**.

9 Cliquez sur le bouton **Joindre ce fichier** (Attach this file), puis fermez la boîte. Le fichier s'affiche à l'écran. Les différents calques d'AutoCAD sont intégrés dans 3ds max et les différentes vues sauvegardées dans AutoCAD sont transformées en caméras.

Le comportement particulier des objets AutoCAD dans 3ds max

La liaison de fichier

Votre scène dans 3ds max repose sur la géométrie des objets, blocs et autres entités transférés via la fonction de liaison de fichier. Dans de nombreux cas, ces objets se comportent de la même manière que les maillages et splines éditables que vous créez dans 3ds max.

Dans le cas des blocs liés provenant d'AutoCAD, vous constaterez que ces derniers se présentent sous la forme de groupes d'objets apparentés dans 3ds max. Ces groupes sont organisés de façon hiérarchique sous un bloc 3ds max. Les blocs 3ds max sont un type particulier d'objets créés par la fonction de liaison de fichier et destinés à contenir d'autres objets liés à des fichiers sous forme de groupe. Les blocs 3ds max ne contiennent pas directement de géométrie ; il est donc inutile, par exemple, de leur appliquer des modificateurs. Cependant, ils référencent les composants situés sous eux, si bien que les transformations (rotation, déplacement...) appliquées à un bloc seront appliquées à tous les objets qu'il contient.

Les modifications

Vous pouvez déplacer, faire pivoter ou mettre à l'échelle les objets AutoCAD liés dans 3ds max. Ces transformations sont conservées même si le dessin AutoCAD lié a été rechargé. Vous pouvez cependant choisir de supprimer ces transformations objet par objet au moyen de la fonction **Réinitialiser position** du panneau **Modifier**.

Vous pouvez copier des objets avec liaison active dans 3ds max. Ces copies sont automatiquement converties en objets maillage éditable. Si votre sélection contient plusieurs objets qui instancient un autre objet, les copies résultantes instancient également le même objet.

De nombreuses opérations autorisées sur les objets maillage, spline ou forme dans 3ds max sont interdites sur les formes géométriques AutoCAD liées, et d'autres opérations se comportent différemment. Les opérations suivantes ne sont pas autorisées sur des formes géométriques liées :

▸ Suppression

▸ Modification de la hiérarchie parent-enfant

▸ Rétraction de la géométrie liée dans un maillage ou une spline éditable

Si vous devez effectuer l'une de ces opérations, faites-le dans AutoCAD ou liez les données du dessin à 3ds Max, ce qui rompt le lien de retour vers AutoCAD.

Vous pouvez appliquer des modificateurs à une géométrie liée AutoCAD ; ceux-ci seront conservés lors du rechargement de cette géométrie. Cette caractéristique permet de mieux gérer vos conceptions, mais elle peut également produire des résultats inattendus, surtout lors de l'utilisation de modificateurs dépendant de la topologie.

L'importation des données

Si les liaisons de données actives vous importent peu, la fonctionnalité d'importation DWG/DXF traite les dessins exportés d'AutoCAD de la même manière que le Gestionnaire de liaison de fichier. Vous ne bénéficiez alors pas des liaisons de données actives.

La procédure d'importation est la suivante :

1 Dans le menu d'application **M**, choisissez **Importer** (Import), puis à nouveau **Importer** (Import).

2 Choisissez **Dessin AutoCAD** (∗.dwg, ∗.dxf) dans la liste des types de fichiers.

3 Spécifiez le fichier à importer et cliquez sur **Ouvrir** (Open).

4 Définissez les options de la boîte de dialogue **Options d'importation DWG/DXF AutoCAD** (AutoCAD DWG/DXF Import options). Par exemple : **Dériver primitives**

AutoCAD par : Couche (Derive AutoCAD Primitives by Layer) – **Inclure** (Include) **Lumières** (Lights), **Soleil et Ciel** (Sun and sky), **Vues et caméras** (Views and Cameras).

5 Cliquez sur **OK** pour exécuter l'importation. Le fichier s'affiche à l'écran (fig.13.6).

6 Vous pouvez ensuite compléter la scène à l'aide de matériaux, lumières, etc., afin d'effectuer un rendu de qualité (fig.13.7, 13.8).

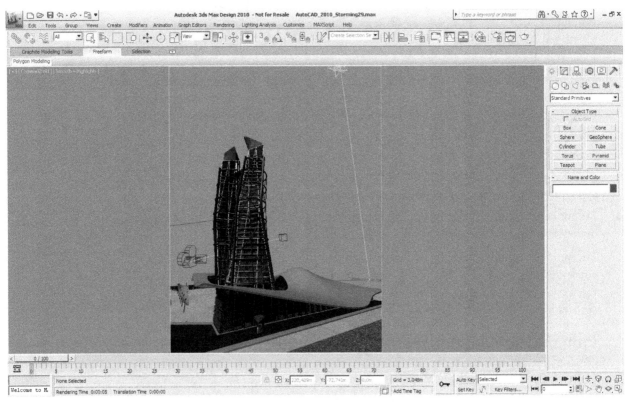

Fig.13.6   (Projet Guillermo Melantoni - Autodesk)

Fig.13.7 (Rendu Keith Chamberlain - Autodesk)

Fig.13.8 (Rendu Keith Chamberlain - Autodesk)

L'impression 3D

Principe

Vous pouvez exporter des modèles solides 3D au format STL compatible avec la stéréolithographie ou l'impression 3D, afin de créer une maquette physique.

Les données STL permettent de créer un objet en déposant une succession de calques fins constitués de plastiques, métaux ou matériaux composés (fig.13.9). Les pièces et modèles obtenus sont généralement utilisés dans les cas suivants :

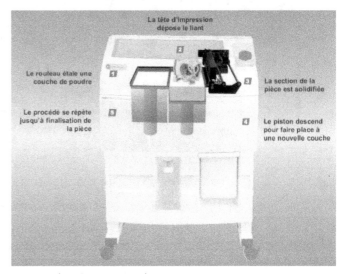

Fig.13.9 (© Bibus - France)

Fig.13.10 (© Bibus - France)

- ▸ Visualiser les conceptions
- ▸ Créer des représentations des produits, des modèles architecturaux (fig.13.10) et des modèles de terrain
- ▸ Tester la forme, l'ajustement et la fonction
- ▸ Identifier les problèmes de conception
- ▸ Créer des modèles de référence pour les applications de moules positifs
- ▸ Créer des outils de marketing

Les données des solides 3D sont converties en une représentation maillée à facettes constituée d'un ensemble de triangles et enregistrée au format STL. La variable système FACETRES permet d'ajuster la densité des facettes à un niveau de détail approprié. Néanmoins, si vous choisissez une résolution trop élevée, le processus de fabrication sera ralenti sans pour autant améliorer la qualité du résultat de l'appareil de stéréolithographie.

Procédure

Pour envoyer un modèle à un service d'impression 3D, la procédure est la suivante :

1. Ouvrez le fichier DWG qui contient le modèle 3D que vous souhaitez imprimer.

2. Cliquez sur l'onglet **Sortie** (Output), puis dans le groupe de fonctions **Impression 3D** (3D Print), cliquez sur **Envoyer au service d'impression 3D** (Send to 3D Print Service).

3. Dans la boîte de dialogue **Impression 3D – Préparer le modèle pour l'impression** (3D Printing – Prepare Model for Printing), cliquez sur **En savoir plus sur la préparation des modèles 3D à imprimer** (Learn about preparing a 3D model for printing) afin de tenir compte des remarques pour optimiser votre modèle.

4 Cliquez ensuite à nouveau sur **Envoyer au service d'impression 3D** (Send to 3D Print Service).

5 Dans la boîte de dialogue **Impression 3D – Préparer le modèle pour l'impression** (3D Printing – Prepare Model for Printing), cliquez sur **Continuer** (Continue) (fig.13.11).

6 Dans le dessin, sélectionnez les solides ou objets maillés hermétiques à imprimer. Appuyez sur **Entrée**.

7 Dans la boîte de dialogue **Envoyer à un service d'impression 3D** (Send to 3D Print Service), sous **Aperçu de sortie** (Output preview), les solides et objets maillés hermétiques sélectionnés s'affichent (fig.13.12).

8 Sous **Cotes de sortie** (Output dimensions), indiquez les dimensions de sortie : l'échelle, la longueur, la largeur et la hauteur de la zone de contour.

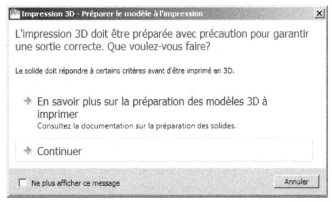

Fig.13.11

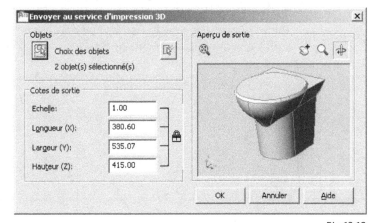

Fig.13.12

9 Cliquez sur **OK** et entrez le nom du fichier STL.

Détails sur les objets à imprimer et les cotes de sortie

Dans le cadre du processus d'impression 3D, les objets 3D et les maillages hermétiques sélectionnés à l'intérieur d'une zone de délimitation sont enregistrés dans un fichier STL. Ce fichier peut être utilisé par un service d'impression 3D pour générer un modèle physique.

Vous pouvez sélectionner des blocs ou des références externes (xréfs) qui contiennent des solides 3D et des maillages hermétiques. Toutefois, seuls les solides 3D et les maillages hermétiques à l'intérieur des blocs et xréfs sélectionnés sont inclus dans le fichier STL. Les autres objets ne sont pas inclus à l'enregistrement du fichier STL.

Il est possible de modifier les dimensions de la zone de délimitation et de préciser l'échelle des solides 3D et des maillages hermétiques à l'intérieur de celle-ci. La modification de cette option n'a aucune incidence sur les proportions de ces objets.

Vous avez la possibilité de modifier les options suivantes :

▸ **Echelle** (Scale) : spécifie l'échelle des objets 3D sélectionnés dans la zone de contour.

▸ **Longueur X** (Length X) : spécifie la cote X de la zone de délimitation.

▸ **Largeur Y** (Width Y) : spécifie la cote Y de la zone de délimitation.

▸ **Hauteur Z** (Height Z) : spécifie la cote Z de la zone de délimitation.

Toutes ces options sont basées les unes sur les autres. Si vous modifiez l'une d'elles, les autres sont automatiquement ajustées.

PARTIE 3

APPLICATIONS PRATIQUES

CHAPITRE 14

UNE SALLE DE RÉUNION

Le but de cet exercice est de modéliser rapidement une salle de réunion puis d'aborder en détail les aspects de matériaux, d'éclairage et de rendu. Pour démarrer il est utile de définir une structure de calques. Cela permettra par exemple d'assigner plus facilement des matériaux aux catégories d'objets. Les calques suivants seront ainsi utilisés : sol, murs, plafond-structure, plafond-panneaux, luminaire, lampe, chaise-pieds, chaise-dossier, table, table-pieds, armoire, éclairage-ponctuel, éclairage-spot.

La modélisation de la salle de réunion

Dans le cas de la présentation d'un aménagement d'intérieur, vous pouvez très rapidement modéliser les parois à l'aide de simples lignes extrudées et de régions. C'est la technique utilisée dans cet exercice.

Création des murs et du sol

1. Activez le calque Murs.

2. Tracez une polyligne ouverte (ABCD) de dimension 914, 482, 914 cm (fig.14.1).

3. Dans le groupe de fonctions **Modélisation** (Modeling) de l'onglet **Début** (Home) cliquez sur l'icône **Extrusion** (Extrude).

4. Sélectionnez la polyligne et entrez 275 comme valeur d'extrusion. Trois parois du local sont ainsi créées.

5. Activez le calque Sol.

6. Tracez le rectangle ABCD et transformez-le en région par la commande Région (Region) du groupe de fonctions **Dessin** (Draw). Le sol est ainsi modélisé.

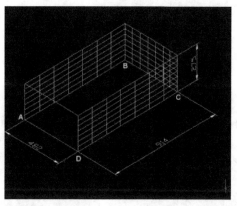

Fig.14.1

Création du plafond

1. Activez le calque Plafond-structure.

2. Tracez un rectangle de 480 x 912 cm comme aide pour construire le plafond. Par facilité, vous pouvez placer ce rectangle à côté du dessin précédent.

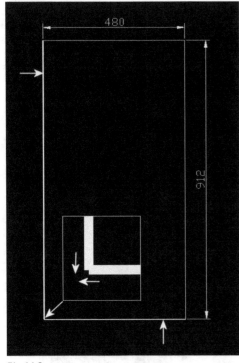

Fig.14.2

3. Tracez une polyligne d'épaisseur 2cm le long du côté inférieur du rectangle.

4. Tracez une polyligne d'épaisseur 2cm le long du côté gauche du rectangle.

5. Prolongez chaque extrémité de 1 cm (fig.14.2).

6. A l'aide de la fonction **Réseau** (Array), copiez la polyligne horizontale 7 fois vers le haut avec une distance entre les rangées de 152 cm.

7. A l'aide de la fonction **Réseau** (Array), copiez la polyligne verticale 16 fois vers la droite avec une distance entre les colonnes de 32 cm.

8. On obtient ainsi la structure portante du plafond avec une dimension extérieure de 482 x 914 cm (fig.14.3).

9. Activez le calque Plafond-panneaux.

10. Tracez à l'intérieur de la première cellule de la structure du plafond, un rectangle de 30 x 150 cm (fig.14.4).

11. Transformez ce rectangle en région.

12. A l'aide de la fonction **Réseau** (Array), copiez cette région avec les paramètres suivants : Rangées : 6, Colonnes : 15, Décalage de rangées : 152, Décalage de colonne : 32 (fig.14.5). Le plafond est ainsi créé.

Fig.14.3

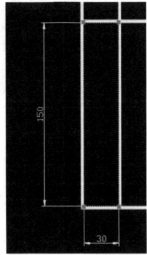

Fig.14.4

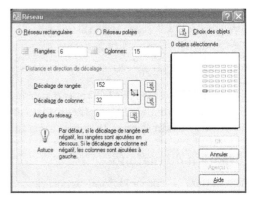

Fig.14.5

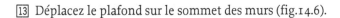

13 Déplacez le plafond sur le sommet des murs (fig.14.6).

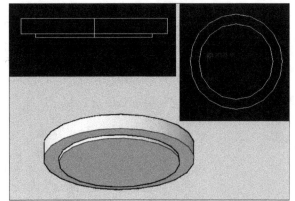

Fig.14.7

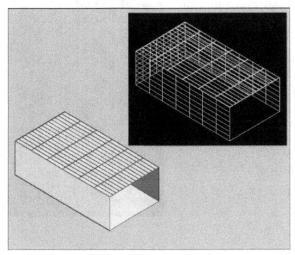

Fig.14.6

Création des luminaires

1 Activez le calque Luminaire.

2 Tracez un cercle de rayon 5 cm.

3 Extrudez le cercle d'une valeur de 1 cm.

4 Activez le calque Lampe.

5 Tracez un cercle de rayon 4 cm.

6 Extrudez le cercle d'une valeur de 0.25 cm.

7 Alignez les deux solides ainsi créés (fig.14.7).

8 Placez le luminaire ainsi créé, dans le second panneau du plafond à une distance de 38 cm du bord inférieur et un autre à 38 cm du bord supérieur (fig.14.8).

9 Déplacez les deux luminaires vers le haut avec un débordement au-dessus du plafond (fig.14.9).

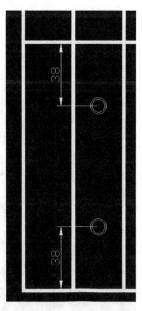

Fig.14.8

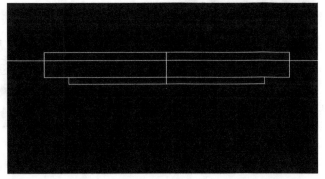

Fig.14.9

10 Par la fonction **Réseau** (Array), copiez le luminaire : 6 rangées et 2 colonnes. Distance entre les rangées : 152. Distance entre les colonnes : 384.

11 Placez deux autres rangées de luminaires au centre du local (fig.14.10).

Création de la table

1 Activez le calque Table.

2 Tracez le contour de la table avec la fonction rectangle d'une dimension de 150 x 400 cm et un raccord de 22 cm pour les coins.

3 Utilisez la fonction Extrusion (Extrude) pour créer le volume de la table. La valeur d'extrusion est de 2 cm.

4 Activez le calque « Table-pieds » pour tracer les pieds de la table.

5 La dimension au sol du pied est de 10 x 5cm. Utilisez la fonction rectangle à cet effet.

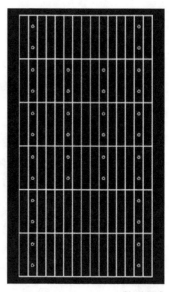

Fig.14.10

6 Utilisez la fonction Extrusion (Extrude) pour créer le volume du pied. La valeur d'extrusion est de 75 cm de hauteur.

7 Placez les pieds sous la table comme indiqué à la figure 14.11.

8 Placez la table dans le local (fig.14.12).

Fig.14.11

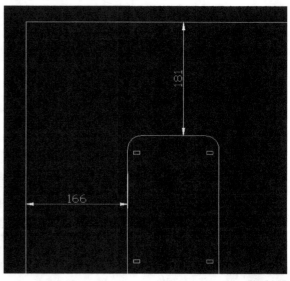

Fig.14.12

Création de la chaise

1. La création de la chaise peut se faire dans un premier temps en mettant les choses en place en 2D : quatre cercles pour les pieds, le contour du siège et du dossier. Ces données sont représentées à la figure 14.13. Le contour du siège est composé de trois lignes de dimensions 20, 40 et 20 et d'un demi-cercle de rayon 20. Le dossier est composé d'une partie d'un cercle tangent aux deux petits cercles arrière et à l'arc de cercle du siège. Il est limité de part et d'autre par des droites dont la prolongation passe par le centre. Le décalage de l'arc est de 3 cm.

2. Pour le siège, transformez le contour en polyligne et extrudez ensuite cette dernière de 3 cm. Déplacez le volume ainsi créé de 44 cm vers le haut.

3. Extrudez les deux cercles avant de 47 cm et les deux cercles arrière de 80 cm.

4. Transformez le contour du dossier en polyligne et extrudez ensuite cette dernière de 30 cm. Déplacez le volume de 60 cm vers le haut. Le résultat est illustré à la figure 14.14.

5. Pour arrondir le dossier, une solution parmi d'autres est de couper le volume par une surface courbe. Pour tracer celle-ci, placez le SCU verticalement avec l'axe des X passant par les extrémités A et B du dossier. Tracez une ligne de 2 cm de part et d'autre du dossier puis un arc de cercle passant par ces deux points et un angle de 180° (fig.14.15). Transformez l'ensemble en polyligne.

6. Extrudez la polyligne vers l'arrière afin de créer une surface de coupe (fig.14.16).

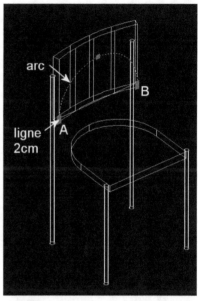

Fig.14.15

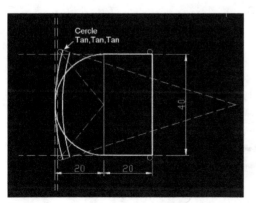

Fig.14.13

Fig.14.14

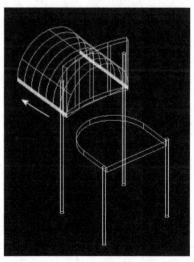

Fig.14.16

Fig.14.17

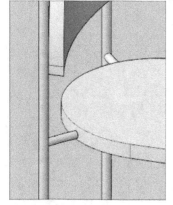

Fig.14.18

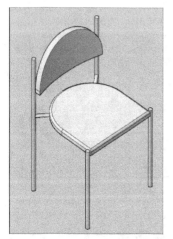

Fig.14.19

7. Pour couper le volume du dossier, utilisez la fonction **Section** (Slice) du groupe de fonctions **Edition de solides** (Solid Editing) et ensuite l'option **Surface**.

8. Sélectionnez la surface courbe comme frontière de coupe et indiquez la partie basse du volume comme partie à conserver (fig.14.17).

9. La jonction du siège et des pieds arrière peut se faire par deux petits cylindres de rayon 0.8 cm que vous pouvez joindre aux pieds par une opération booléenne d'addition (fig.14.18).

10. Pour terminer vous pouvez arrondir le bord de la chaise par un raccord de 1 cm (fig.14.19).

Création des supports de tableaux et du meuble

1. Les supports des tableaux sont constitués de 2 boîtes de 135 cm de côté et de 2cm d'épaisseur.

2. Pour terminer le mobilier, un meuble constitué de deux planches horizontales (260 x 45 x 6) séparées par deux petites planches verticales (36 x 20 x 6) est accroché au mur (fig.14.20). Le résultat final est illustré à la figure 14.21.

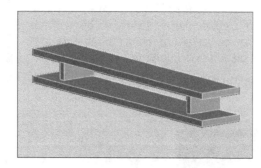

Fig.14.20

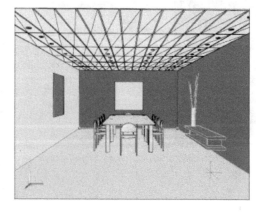

Fig.14.21

Fig.14.22

Fig.14.23

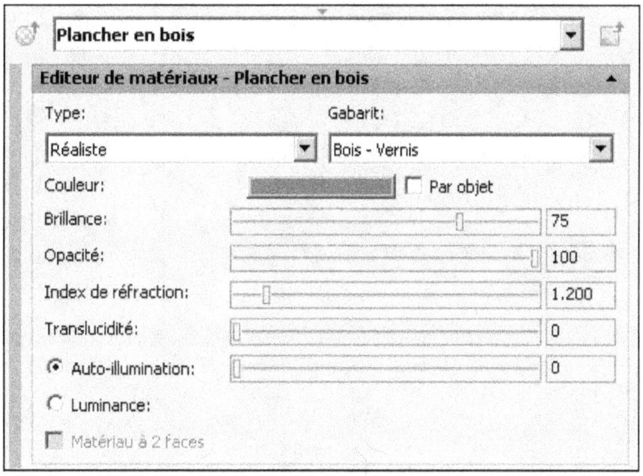

Fig.14.24

La définition des matériaux

Dans cette partie nous allons définir les matériaux pour chaque élément du projet. Il est important dès le départ de bien définir l'unité du dessin pour l'insertion des matériaux. Cette opération s'effectue via la fonction **Unités** (Units) (fig.14.22). Dans le cas présent, il s'agit de centimètres.

Création du matériau de sol

1. Dans le groupe de fonctions **Matériaux** (Materials) de l'onglet **Rendu** (Render), cliquez sur la flèche en bas à droite **Matériaux** (Materials).

2. Dans la palette **Matériaux** (Materials), cliquez sur le bouton **Créer un matériau** (Create New Material) et entrez un nouveau nom. Par exemple **Plancher en bois** (fig.14.23). Cliquez sur OK.

3. Dans la liste **Gabarit** (Template) sélectionnez **Bois-Vernis** (Wood Varnished) Cela permet de définir automatiquement les propriétés de surface du matériau bois (fig.14.24).

4. Pour définir l'aspect du bois, il convient de choisir une texture qui représente au mieux le revêtement du sol. Activez le champ **Texture diffuse** (Diffuse Map) et sélectionnez **Texture simple** dans la liste.

5. Cliquez sur **Sélec. image** pour choisir le fichier graphique. Par exemple : Finishes. Flooring.Wood.Plank. Beech.jpg qui se trouve dans le répertoire Texture d'AutoCAD.

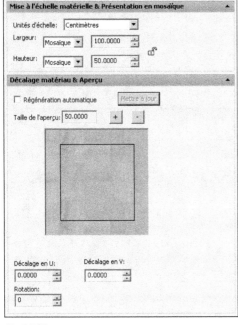

Fig.14.25

6 Activez la section **Mise à l'échelle matérielle et Présentation en mosaïque** (Material Scaling and Tiling) pour définir la taille de l'image. Entrez les paramètres suivants (fig.14.25) :

- Sélectionnez **Centimètres** (Centimeters) dans **Unités** (Units).
- Entrez 50 dans **Largeur** (Width). Cela signifie que l'image représente en largeur 50 cm de parquet.
- Entrez 100 dans **Hauteur** (Height).
- Entrez 50 dans taille de l'aperçu.

7 Fermez le panneau.

Procédez de manière identique pour les autres matériaux en suivant les données du tableau. La colonne de gauche reprend le nom de chaque matériau et des paramètres à prendre en compte. La colonne de droite reprend les valeurs des paramètres.

Murs	
Texture diffuse	Finishes.Gypsum Board.Painted.White.jpg
Texture en relief	Finishes.Gypsum Board.Painted.White.bump.jpg
Gabarit	Peinture-Mat (Paint Flat)
Largeur x Hauteur	120 x 120
Plafond panneaux	
Texture diffuse	Finishes.Plaster.Stucco.Troweled.White.jpg
Texture en relief	Finishes.Plaster.Stucco.Medium.White.bump.jpg
Gabarit	Pierre (Stone)
Largeur x Hauteur	90 x 90
Plafond support	
Couleur diffuse	128, 128, 128
Gabarit	Métal-Brossé (Metal Brushed)
Table en verre	
Gabarit	Verre-Transparent (Glas – Clear)
Couleur diffuse	255, 255, 255
Opacité	0 %
Pieds de table	
Gabarit	Métal-Brossé (Metal – Brushed)
Texture diffuse	Doors - Windows.Door Hardware.Chrome.Satin.jpg
Largeur x Hauteur	2 x 2

Luminaire	
Gabarit	Métal-Brossé (Metal – Brushed)
Lampe	
Gabarit	Peinture-Brillante (Paint – Gloss)
Couleur diffuse	255, 255, 255
Auto-Illumination	100
Peinture 1 (fig.14.26)	
Gabarit	Papier (Paper)
Texture diffuse	Peinture1.jpg
Ajustement à l'objet	Mosaïque en U : 1 en V : 1
Peinture 2	
Gabarit	Papier (Paper)
Texture diffuse	Peinture2.jpg
Ajustement à l'objet	Mosaïque en U : 1 en V : 1
Meuble	
Gabarit	Bois-Brut (Wood – Unfinished)
Texture diffuse	Woods - Plastics.Finish Carpentry.Wood.Redwood.jpg
Largeur x Hauteur	20 x 20
Chaise	
Gabarit	Diffusion idéale (Ideal Diffuse)
Couleur diffuse	22, 45, 248
Pied de chaise	
Gabarit	Métal-Poli (Metal - Polished)

8 Pour appliquer les matériaux aux objets, le moyen le plus simple est de le faire via les calques. Pour cela, cliquez sur l'icône **Attacher par calques** (Attach by layer) du groupe de fonctions Matériaux (Materials).

9 Dans la boîte de dialogue **Options d'association des matériaux** (Material Attachment Options), faites glisser chaque matériau de la colonne de gauche sur un calque de la colonne de droite (fig.14.27). Cliquez sur OK pour terminer.

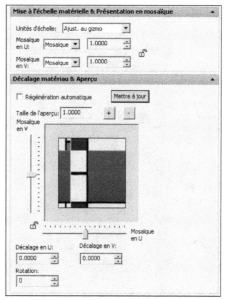

Fig.14.26

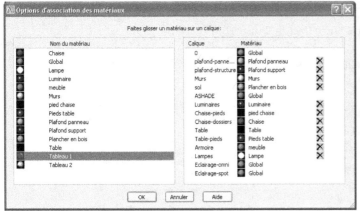

Fig.14.27

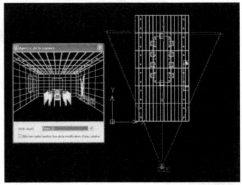

Fig.14.28

Pour visualiser le résultat, placez d'abord une caméra devant la paroi ouverte du local (fig.14.28), puis sélectionnez la vue caméra, via le groupe de fonctions Vues (Views), pour l'afficher plein écran (fig.14.29).

La définition des éclairages

L'éclairage est certainement la composante essentielle dans la réalisation d'une image de qualité. Dans cet exercice nous allons exploiter les possibilités d'éclairage standard (lighting units = 0) et photométrique (lighting units = 1). Plusieurs méthodes d'éclairage sont cependant possibles :

▸ **L'éclairage direct :** chaque objet est éclairé uniquement et directement par les lumières de la scène. Il n'y a donc pas d'éclairage indirect en provenance de la réflexion ou de la diffusion de la lumière sur les autres objets.

▸ **L'éclairage indirect :** chaque objet est éclairé par les lumières et par la diffusion de la lumière à partir des autres objets.

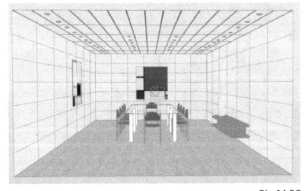

Fig.14.29

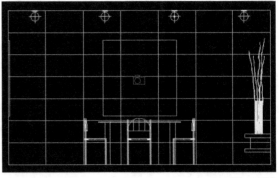

Fig.14.30

L'éclairage standard direct

Dans le cas d'un éclairage standard direct plusieurs manières de faire sont possibles. Vous pouvez placer uniquement les lumières nécessaires et à leur place respective. Dans ce cas, le résultat risque cependant de ne pas être très concluant car les lumières ne représentent pas ce qui se passe dans la réalité. Il faudra donc ajouter des lumières supplémentaires pour arriver à un résultat correct.

1. Placez des sources ponctuelles au-dessous de chacun des luminaires à une distance de 10 cm. Utilisez les fonctions classiques COPIER ou RESEAU pour distribuer les différentes lumières (fig.14.30).

2. Effectuez le calcul du rendu. Le résultat est assez désastreux comme signalé plus haut. La lumière est trop intense (fig.14.31). Un premier remède est d'activer l'atténuation automatique via l'option **Atténuation** et **type** des propriétés de la lumière. Un second remède est de définir les limites d'action de la lumière. Nous allons explorer cette méthode.

3. Dans le groupe de fonctions **Lumières** (Lights), cliquez sur la flèche **Lumières dans le modèle** (Lights in Model).

4. Sélectionnez toutes les lumières, effectuez un clic droit et cliquez sur **Propriétés** (Properties) (fig.14.32).

5. Dans la section **Atténuation** (Attenuation), sélectionnez **Oui** (Yes) pour le champ **Utiliser les limites** (Use Limits) et entrez les valeurs 10 et 120 pour les limites de décalage de début et de fin (fig.14.33).

6. Effectuez un rendu. Le résultat est déjà meilleur, du moins dans la partie supérieure de la pièce (fig.14.34).

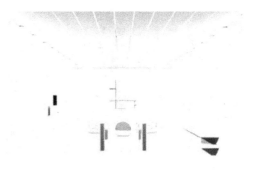

Fig.14.31

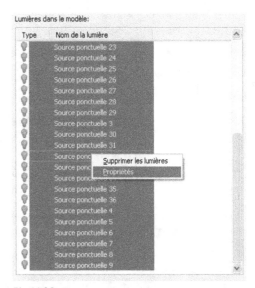

Fig.14.32

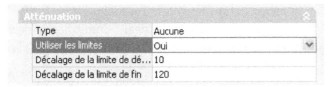

Fig.14.33

Fig.14.34

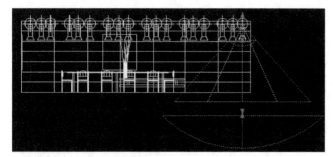

Fig.14.35

Atténuation	
Type	Aucune
Utiliser les limites	Oui
Décalage de la limite de dé...	60
Décalage de la limite de fin	350

Fig.14.36

Fig.14.37

Fig.14.38

[7] Pour simuler l'éclairage vers le bas nous allons utiliser simplement des spots. Activez à cet effet la vue de gauche.

[8] Cliquez sur le bouton **Source dirigée** (Spotlight) dans le groupe de fonctions **Lumières** (Lights).

[9] Pointez la position de la source (environ 15 cm sous le plafond) puis celle de la cible perpendiculairement vers le bas (fig.14.35).

[10] Comme pour la lumière ponctuelle, il convient de limiter l'effet de la source dirigée. A cet effet, cliquez deux fois sur la source pour ouvrir la palette Propriétés (Properties). Dans la section **Atténuation** (Attenuation), sélectionnez **Oui** (Yes) dans le champ **Utiliser les limites** (Use Limits), puis entrez 60 et 350 dans les champs **Décalage de la limite de départ** (Start Limit) et **Décalage de la limite de fin** (End Limit) (fig.14.36).

[11] Effectuez un nouveau rendu pour afficher le résultat (fig.14.37-14.38).

L'éclairage standard indirect

Dans ce cas il n'est pas nécessaire d'ajouter des lumières supplémentaires. Nous allons donc utiliser uniquement les lumières dirigées. Comme l'éclairage va rebondir sur les différents objets de la scène, le plafond sera également éclairé.

1. Dans le groupe de fonctions **Lumière** (Lights), cliquez sur la flèche **Lumières dans le modèle** (Lights in Model).

2. Sélectionnez et supprimez toutes les lumières ponctuelles (fig.14.39).

3. Dans le groupe de fonctions **Rendu**, cliquez sur la flèche **Paramètres avancés du rendu** (Advanced render preferences).

4. Dans la section **Illumination indirecte** (Indirect Illumination), cliquez sur l'ampoule de lumière située à droite de **Illumination globale** (Global Illumination), afin d'activer la prise en compte de l'éclairage indirect. Les paramètres par défaut peuvent être conservés (fig.14.40).

5. Effectuez un nouveau calcul de rendu (fig.14.41-14.42).

L'éclairage photométrique

Dans le cas d'un éclairage photométrique, disponible à partir d'AutoCAD 2008, la variable Lightingunits doit avoir la valeur 1. Plusieurs types de lumières sont disponibles, dont la lumière Toile (Web), que nous allons utiliser dans le cadre de l'exercice.

1. Dans le groupe de fonctions **Lumières** (Lights), cliquez sur la flèche **Lumières dans le modèle** (Lights in Model).

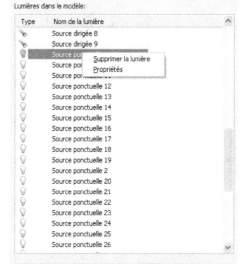

Fig.14.39

Fig.14.40

Fig.14.41

Fig.14.42

2 Sélectionnez toutes les lumières et effectuez un clic droit.

3 Sélectionnez **Propriétés** (Properties) dans le menu.

4 Dans le champ **Fichier toile** (Web file) de la section Toile photométrique (Photometric Web), sélectionnez le fichier **Point_recessed_medium_75w.ies** (répertoire Webfiles) qui correspond à une lampe encastrée de 75W (fig.14.43). Tous les spots sont remplacés par la lampe encastrée (fig.14.44).

5 Effectuez un nouveau calcul de rendu (fig.14.45).

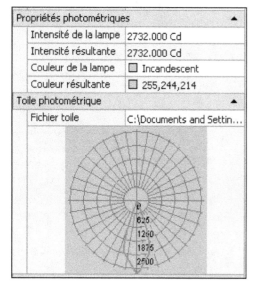

Fig.14.43

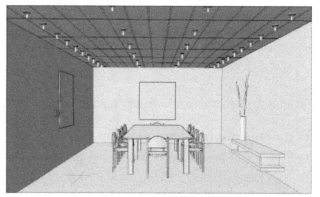

Fig.14.44

Fig.14.45

CHAPITRE 15
UN ESCALIER HÉLICOÏDAL

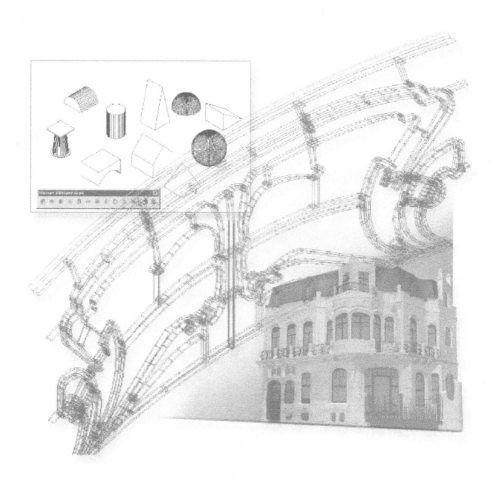

Le but de cet exercice est de réaliser un escalier hélicoïdal à l'aide des fonctions Hélice et Balayage et d'une façon plus précise à l'aide d'une routine en Lisp.

Le dessin d'une marche d'escalier

1. Dessinez un cercle de rayon 7.5 cm et un autre de rayon 110 cm.

2. Tracez une ligne verticale du centre au quadrant inférieur.

3. Effectuez une rotation copie de cette ligne de 10 puis une rotation de -10 (fig.15.1).

4. Générez à l'intérieur du dessin de la marche une polyligne par la fonction Contour (Boundary).

5. Extruder cette polyligne d'une hauteur de 5 cm pour créer une marche en 3D.

6. Tracez un cylindre dans le coin inférieur gauche de la marche, d'un rayon de 2 cm et d'une hauteur de 90 cm (fig.15.2).

7. Pour habiller ces deux éléments, cliquez sur la flèche **Matériaux** (Materials) dans le groupe de fonctions **Matériaux** de l'onglet Rendu.

8. Dans la palette **Matériaux** (Materials), cliquez sur le bouton **Créer un matériau** (Create New Material) et entrez un nouveau nom. Par exemple Marche. Cliquez sur OK.

9. Dans la liste **Gabarit** (Template), sélectionnez **Bois-Brut** (Wood Unfinished). Cela permet de définir automatiquement les propriétés de surface du matériau bois.

10. Pour définir l'aspect du bois, il convient de choisir une texture qui représente au mieux la texture du bois. Activez le champ **Texture diffuse** (Diffuse texture) et sélectionnez **Texture simple** dans la liste.

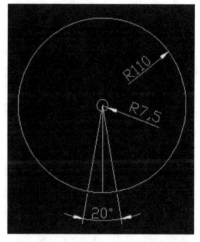

Fig.15.1

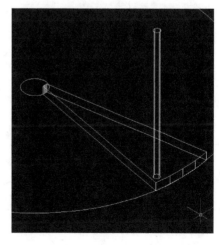

Fig.15.2

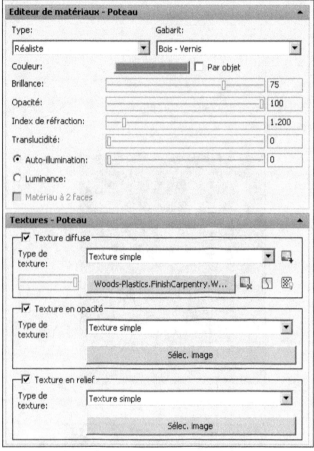

Fig.15.3

11. Cliquez sur **Sélec. image** pour choisir le fichier graphique. Par exemple : Woods-Plastics.FinishCarpentry. Siding.Board - Batten.jpg qui se trouve dans le répertoire Texture d'AutoCAD.

12. Faites de même pour le poteau avec le gabarit Bois-Vernis (Wood Varnished) et le fichier Woods-Plastics.FinishCarpentry. Wood.Ironwood.jpg comme texture (fig.15.3).

13. Créez un bloc Marche-poteau qui comprend la marche et le poteau. Le point de base est le centre des deux arcs de cercle et l'unité est le centimètre (fig.15.4).

La génération de l'escalier

Plusieurs méthodes sont possibles pour générer l'escalier. La première consiste à copier la marche par la fonction Réseau Polaire puis à déplacer chaque marche au bon niveau. Une autre consiste à tracer une hélice puis à diviser celle-ci à l'aide du bloc Marche-poteau et de la fonction Diviser (Divide), mais la distribution n'est pas parfaitement exacte. Il s'agit plus d'une solution visuelle. Une troisième

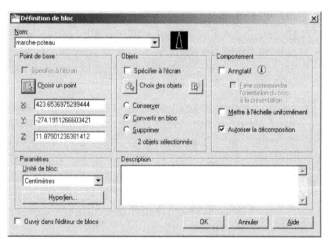

Fig.15.4

méthode consiste à utiliser une routine Lisp pour générer l'escalier à partir d'un bloc. La suite illustre la méthode avec la fonction Diviser et la méthode basée sur l'utilisation de la routine Lisp.

1. Cliquez sur la fonction **Hélice** (Helix) du groupe de fonctions Dessin (Draw).

2. Pointez le centre du cercle comme centre de l'hélice.

3. Entrez les valeurs suivantes : Rayon 7.5 - Tours 1 - Hauteur de l'hélice 270 (fig.15.5).

4. Dans le groupe de fonctions **Dessin** (Draw), sélectionnez l'option **Point** puis **Diviser** (Divide).

5. Sélectionnez l'hélice.

6. Activez l'option **Bloc**(k) et entrez Marche-poteau comme nom.

7. Répondez Oui (Yes) pour **Aligner** (Align).

8. Entrez 17 comme Nombre de segments (Number of segments) (fig.15.6).

9. Extrudez le petit cercle d'une hauteur de 270 cm pour créer la colonne centrale.

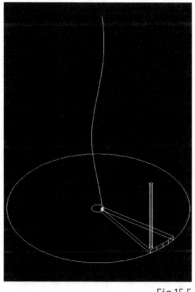

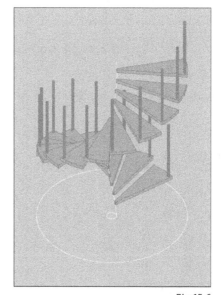

Fig.15.5   Fig.15.6

Pour générer rapidement un escalier hélicoïdal, vous pouvez trouver facilement des utilitaires sur Internet. Le programme qui suit est une adaptation d'une routine transmise par Allen Johnson. Vous pouvez recopier la routine dans le Bloc-notes et sauver le fichier sous le nom Escalier.lsp.

Routine de création d'un escalier hélicoïdal (escalier.lsp) :

```
(defun c :esca (/ name insp rot rise ntrd c trd ent dtr echg)
(defun dtr (a);Conversion des degrés en radians
(* pi (/ a 180.0))
)

(defun echg (ent fld val)
(setq ent (subst (cons fld val) (assoc fld ent) ent))
(entmod ent)
)

(setq name (getstring "Nom du bloc :")
inspt (getpoint "Point de base :")
rot (dtr (getreal "Angle de Rotation par marche :"))
rise (getdist "Hauteur des marches :")
ntrd (getint "Nombre de marches :")
c 0
)
(command "_insert" name inspt 1 1 0)
(setq trd (entlast))
(repeat (1- ntrd)
(setq c (1+ c))
(entmake (entget trd))
(setq ent (entget (entlast)))
(setq ent (echg ent 50 (* rot c)))
(setq ent (echg ent 10 (list (car inspt) (cadr inspt) (* rise c))))

)
)
```

L'utilisation de la routine s'effectue de la manière suivante :

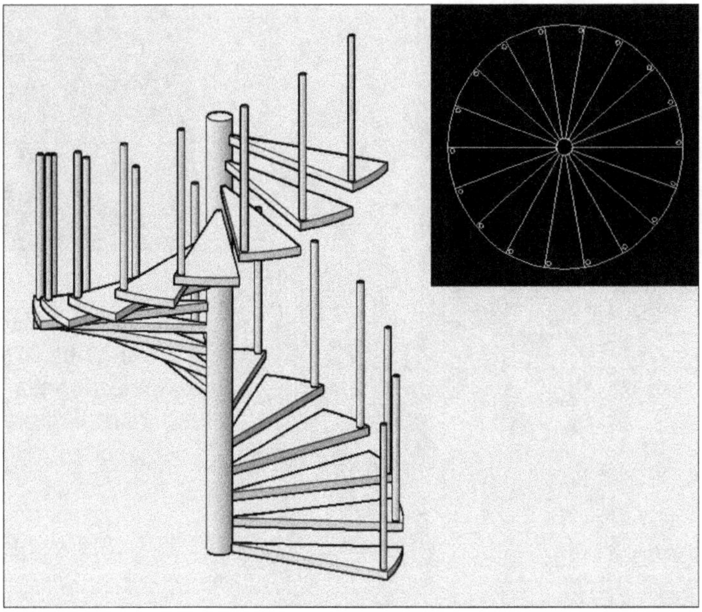

1. Ouvrez le fichier contenant le bloc Marche-poteau.

2. Dans le groupe de fonctions **Applications** de l'onglet **Gérer** (Manage) cliquez sur **Charger une application** (Load application).

3. Sélectionnez le fichier lisp Escalier.lsp et cliquez sur **Charger** (Load).

4. Cliquez sur **Fermer** (Close).

5. Sur la ligne de commande entrez **Esca** puis répondez aux questions :
   - Nom du bloc : marche-poteau
   - Point de base : pointez le milieu de la colonne
   - Angle de Rotation par marche : 20
   - Hauteur des marches : 15
   - Nombre de marches : 18

6. L'escalier est créé (fig.15.7).

Fig.15.7

La construction de la rampe

1. Tracez une hélice avec les valeurs suivantes : Rayon 106.12 – Tours 1 – Hauteur de l'hélice 270 (fig.15.8).

2. Faites tourner l'hélice pour faire correspondre son origine avec le début de la première marche. Dans notre exemple : -27°.

3. Déplacez l'hélice de 93 cm vers le haut pour la placer au niveau supérieur des poteaux (fig.15.9).

4. Tracez le profil de la rampe à l'aide d'une ellipse et de lignes (fig.15.10).

5. A l'aide de la fonction **Contour** (Boundary) transformez le contour en région.

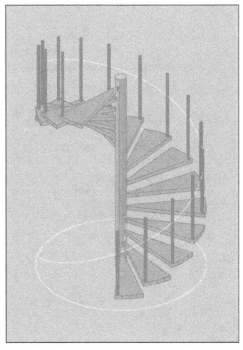

Fig.15.8

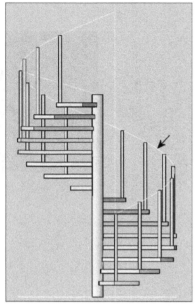

Fig.15.9

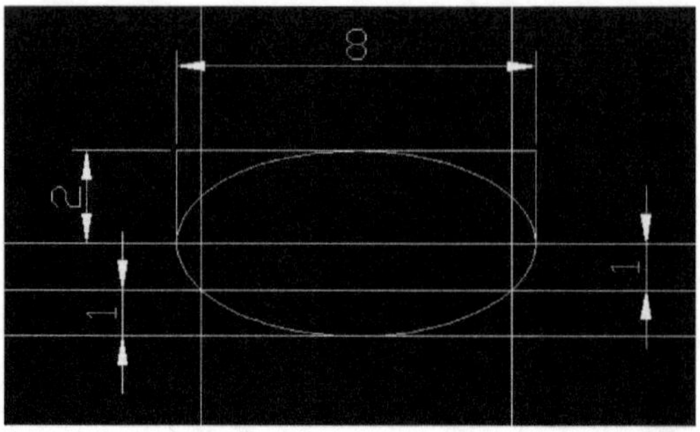

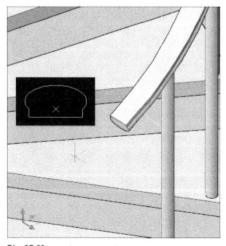

Fig.15.11

Fig.15.10

6 A l'aide de la fonction **Balayage** (Sweep) du groupe de fonctions **Modélisation** (Modeling), créez la rampe. Sélectionnez le contour puis entrez B pour définir le point de base puis cliquez sur la trajectoire à savoir l'hélice. Le volume de la rampe est généré (fig.15.11).

7 Si le volume est inversé, cliquez deux fois sur la rampe, puis dans la section **Géométrie** (Geometry) de la palette **Propriétés** (Properties), entrez 180 dans le champ **Rotation du profil** (Profile rotation). La rampe est ainsi terminée. Il reste à définir un matériau pour la rampe. Par exemple, le même que celui des poteaux (fig.15.12).

Fig.15.12

8. Avant d'effectuer le rendu, placez trois sources ponctuelles (fig.15.13) autour de l'escalier avec les paramètres suivants :

- Source 1 (à gauche) : hauteur 600, Intensité 0.75, Ombres Actif.
- Source 2 (à l'avant) : hauteur 400, Intensité 0.4, Ombres Inactif.
- Source 3 (à l'arrière) : hauteur 300, Intensité 0.3, Ombres Inactif.

9. Effectuez un rendu (fig.15.14).

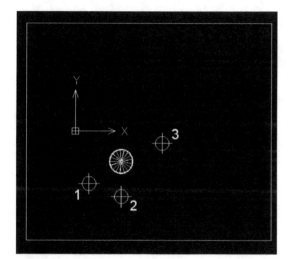

Fig.15.13

Fig.15.14

10. Modifiez éventuellement l'exposition à l'aide de la fonction **Ajuster l'exposition** (Adjust Exposure) du groupe de fonctions **Rendu** (Render) (fig.15.15).

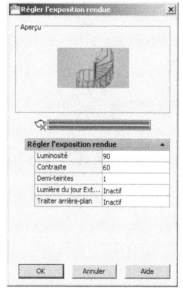

Fig.15.15

CHAPITRE 16
UN BOÎTIER POUR POMPE

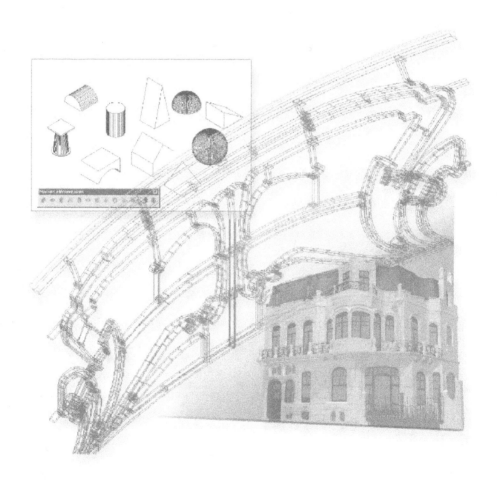

Dans cet exercice nous allons réaliser un boîtier pour pompe.

Création de la partie centrale

1. Dessinez un cercle de rayon 40 cm et par le centre une droite de construction verticale et une horizontale.

2. Décalez la droite horizontale de 48 cm vers le haut et ensuite de 38 cm vers le bas.

3. Décalez la droite verticale de 24 cm vers la gauche et vers la droite (fig.16.1).

4. Ajustez le cercle et les droites et transformez l'ensemble en polyligne (fig.16.2).

5. Décalez la polyligne de 8 cm vers l'intérieur.

6. Décomposez la copie intérieure, supprimez les 3 lignes et refermez l'arc de cercle par la fonction Joindre (Join).

7. Transformez l'ensemble en une polyligne (fig.16.3).

8. Extrudez la forme extérieure de 84 cm et la forme intérieure de 54 cm (fig.16.4).

9. Tracez un cylindre de rayon 25 cm et d'une hauteur de 78 cm, à l'intérieur de la figure (fig.16.5).

10. Activez le mode ortho et déplacez la forme intérieure de 12 cm vers le haut.

11. Effectuez une opération booléenne de soustraction entre la forme extérieure et la forme intérieure.

12. Effectuez une opération booléenne de soustraction entre le résultat et le cylindre.

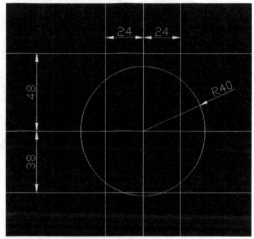

Fig.16.1

Fig.16.2

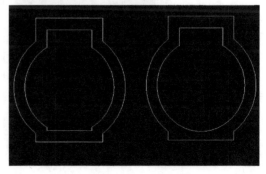

Fig.16.3

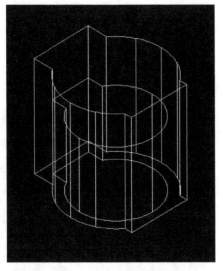

Fig.16.4

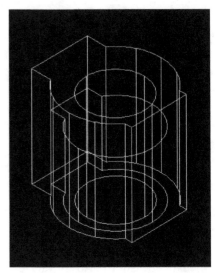

Fig.16.5

13. Effectuez une rotation 3D de 90° du résultat pour placer la pièce sur le plan horizontal.

14. Utilisez l'orbite pour visualiser le résultat (fig.16.6).

15. Tracez un cercle de rayon 32 cm sur la face avant du boîtier (fig.16.7)

16. Tracez un cylindre de rayon 2.5 cm et d'une hauteur de 12 cm centré sur le quadrant droit du cercle.

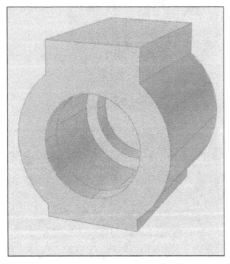

Fig.16.6

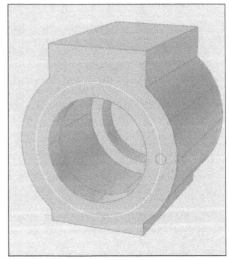

Fig.16.7

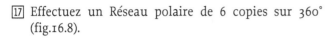

17 Effectuez un Réseau polaire de 6 copies sur 360°
(fig.16.8).

Création des pieds

1 Tracez une polyligne avec 3 segments droits de dimensions 24.5 - 25 - 24.5 cm et un arc de rayon 12.5 cm.

2 Extrudez la polyligne d'une hauteur de 10 cm.

3 Créez un cylindre de rayon 10 cm et d'une hauteur de 3 cm sur la face supérieure du pied.

4 Effectuez une opération booléenne d'Union entre les deux parties.

5 Effectuez un raccord (fillet) d'un rayon de 1.75 cm entre les deux parties.

6 Tracez un cylindre de rayon 4 et de hauteur -13 cm.

7 Effectuez une soustraction booléenne entre le pied et le cylindre (fig.16.9).

8 Placez les pieds sous la pompe selon la position illustrée à la figure 16.10 Utilisez les fonctions Copier (Copy) et Miroir (Mirror) pour placer les pieds (fig.16.11).

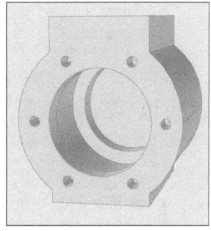

Fig.16.8

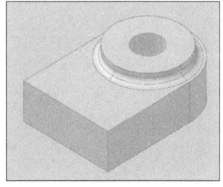

Fig.16.9

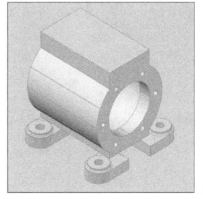

Fig.16.11

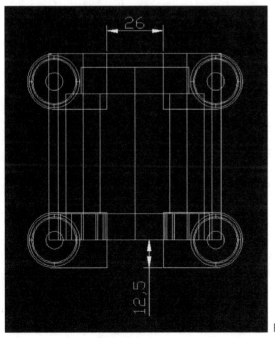

Fig.16.10

Création de la partie supérieure

☐1 Sur la face supérieure tracez deux lignes de construction horizontale et verticale passant par le milieu de chaque côté.

☐2 Décalez l'horizontale de 15 cm de part et d'autre et la verticale de 12.5 cm de part et d'autre.

☐3 Tracez deux cercles centrés sur les droites horizontales (fig.16.12).

☐4 Ajustez les droites et les cercles et transformez le contour ainsi formé en polyligne.

☐5 Extrudez la polyligne d'une hauteur de 49 cm (fig.16.13).

☐6 Sur la face arrière, tracez un cylindre de rayon 12 et d'une hauteur de 95 cm au milieu de l'arrête supérieure.

☐7 Déplacez le cylindre de 22 cm vers le haut (fig.16.14).

☐8 Les percements de la partie supérieure s'effectuent à l'aide de deux solides de révolution (fig.16.15) construit à partir des polylignes dont les dimensions sont spécifiées à la figure 16.16.

☐9 Effectuez une Rotation 3D de 90° du solide de gauche afin d'avoir le petit cylindre vers le haut.

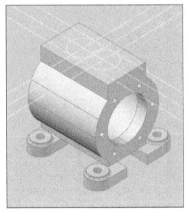

Fig.16.12

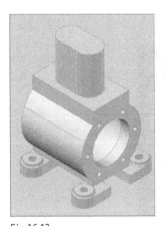

Fig.16.13

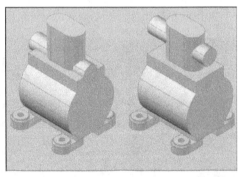

Fig.16.14

☐10 Placez la pièce ainsi tournée sur la partie supérieure du support comme indiquée à la figure 16.17. Copiez la pièce à une distance de 25 cm. Placez l'autre pièce dans le cylindre horizontal à gauche et à droite.

11 Effectuez une union booléenne entre le cylindre horizontal et la partie verticale puis une soustraction booléenne entre le résultat et les 4 solides de révolution.

12 Effectuez une union entre la partie supérieure du support et la partie centrale (fig.16.18).

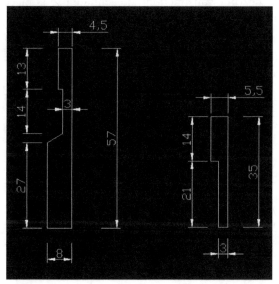

Fig.16.15

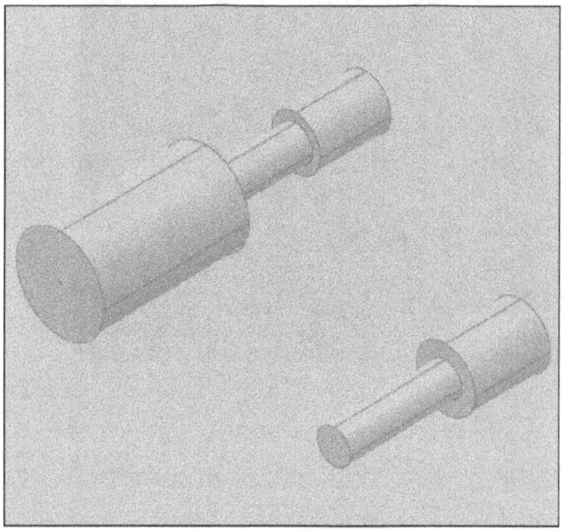

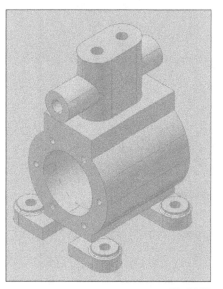

Fig.16.16

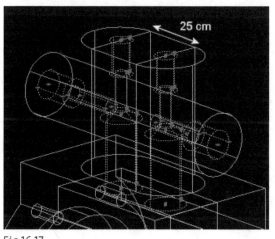

Fig.16.17

Fig.16.18

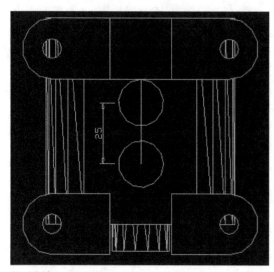

Fig.16.19

Finalisation

1. Affichez la pièce depuis le bas et tracez deux cylindres de diamètres 19 cm et d'une hauteur de 20 cm (fig.16.19).

2. Effectuez une soustraction booléenne entre la pièce complète et les deux cylindres (fig.16.20).

3. Pour finaliser l'ensemble effectuez des raccords aux différentes jointures (fig.16.21 et 16.22) avec un rayon de 1.75 cm.

4. Pour terminer le projet vous pouvez créer des coupes et des élévations. Pour créer une coupe dynamique, cliquez sur l'icône **Plan de coupe** (Section plane) du groupe de fonctions **Coupe** (Section). Puis sélectionnez l'option **Dessiner coupe** (Draw section).

5. Pointez deux points à travers l'objet. Appuyez sur Entrée et pointez la direction de vision (fig.16.23).

6. Pour créer une élévation, affichez la vue de face de l'objet, puis cliquez sur l'option **Aplanir la géométrie** (Flatshot) du groupe de fonctions Coupe (Section).

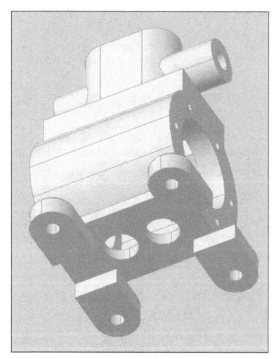

Fig.16.20

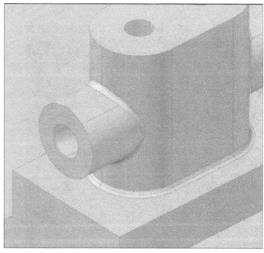

Fig.16.21

7 Dans la boîte de dialogue **Aplanir la géométrie** (Flatshot), cochez le champ **Insérer en tant que nouveau bloc** (Insert as new block). Cochez le champ **Afficher** (Show) dans la section **Lignes foncées** (Obscured lines) et sélectionnez **Cache** (Hidden) en regard de **Type de ligne** (Linetype). Cliquez sur **Créer** (Create) (fig.16.24).

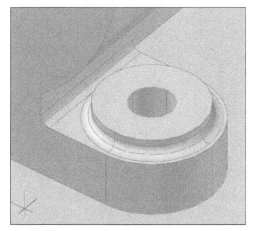

Fig.16.22

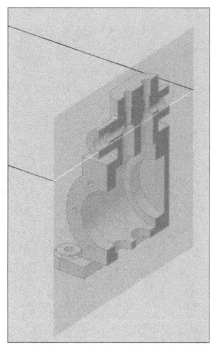

Fig.16.23

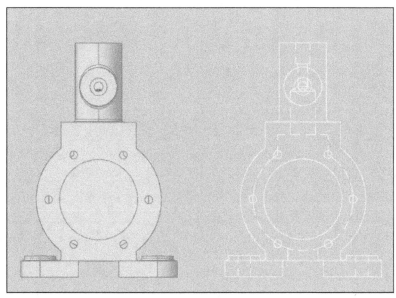

Fig.16.24

CHAPITRE 17
UN SIÈGE

Le siège modélisé dans cet exercice est basé sur le modèle réalisé par l'architecte Marcel Breuer pour le compte de Wassily Kandinsky (fig.17.1). Les dimensions utilisées dans cet exercice ne sont qu'une approximation des mesures réelles.

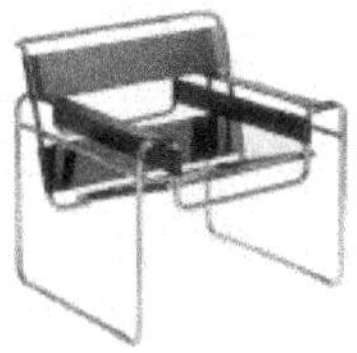
Fig.17.1

Création de la structure principale de la chaise

1 Pour structurer l'information et rendre l'application des matériaux plus facile, nous allons créer deux calques : structure et toile.

2 Activez le calque structure.

3 Tracez la trajectoire pour la structure avant du siège, selon les dimensions de la figure 17.2. Tous les raccords ont le même rayon. L'ensemble doit former une polyligne.

4 Pour créer la structure en 3D, utilisez la fonction **Balayage** (Sweep) du groupe de fonctions Modélisation (Modeling). L'objet à balayer est le cercle, le point de base est le centre du cercle et la trajectoire est la polyligne (fig.17.3).

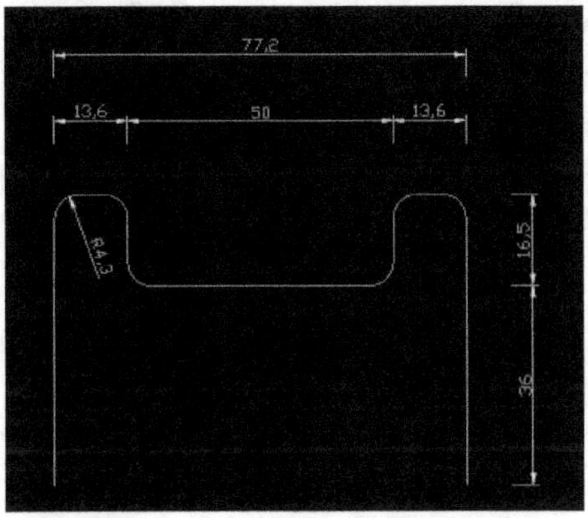

Fig.17.2

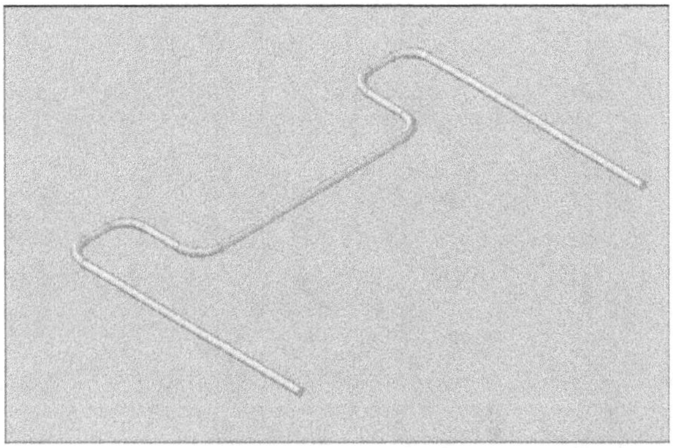
Fig.17.3

5 Tracez la trajectoire pour la structure gauche du siège, selon les dimensions de la figure 17.4.

6 Pour créer la structure en 3D, utilisez à nouveau la fonction **Balayage** (Sweep). L'objet à balayer est le cercle, le point de base est le centre du cercle et la trajectoire est la polyligne.

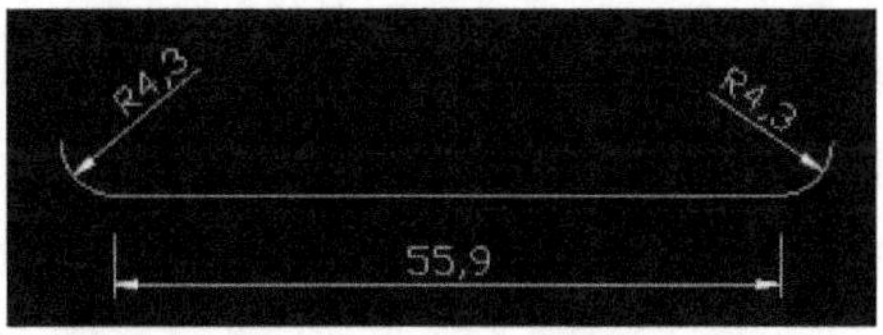

Fig.17.4

7. Copiez les deux solides ainsi créés et assemblez l'ensemble (fig.17.5).

Création des accoudoirs en cuir

1. Activez le calque Toile.

2. Tracez une droite de 64.5 cm de long et à chaque extrémité un cercle de rayon 0.8.

3. Décalez le cercle de 0.3 cm vers l'extérieur et la droite de 0.15 cm de part et d'autre.

4. Ajustez l'ensemble (fig.17.6) et transformez le contour en polyligne.

5. Extrudez les deux cercles et la polyligne d'une valeur de 5 cm.

6. Effectuez une soustraction booléenne du contour moins les deux cylindres (fig.17.7).

7. Intégrez le solide ainsi créé sur la structure comme indiquée à la figure 17.8.

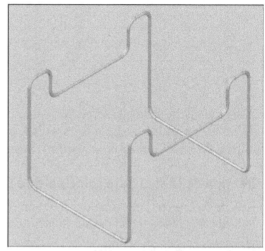

Fig.17.5

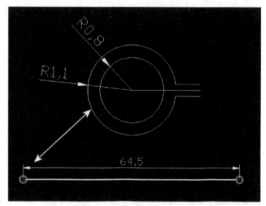

Fig.17.6

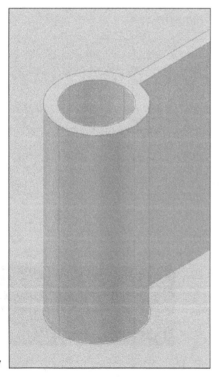

Fig.17.7

Fig.17.8

Création du fond du siège

1. Activez le calque Structure.

2. Tracez deux cercles de rayon 0.8 cm comme indiqué à la figure 17.9.

3. Extrudez les deux cercles d'une hauteur de 66.1 cm (fig.17.10).

4. Activez le calque Toile.

5. Pour créer le fond du siège, tracez une ligne de 53.2 cm de long et à chaque extrémité un cercle de rayon 0.8 cm.

6. Décalez le cercle de 0.3 cm vers l'extérieur et la ligne de 0.15 cm de part et d'autre.

7. Transformez le contour extérieur en polyligne (fig.17.11).

8. Extrudez l'ensemble de 42.9 cm.

9. Effectuez une soustraction booléenne entre le contour extérieur et les deux cercles extrudés.

10. Activez le calque structure.

11. Tracez un cylindre de rayon 0.8 cm et d'une hauteur de 48.1 cm centré dans l'ouverture de gauche. Copiez ce cylindre dans la partie de droite (fig.17.12).

12. Tournez le fond du siège de 22.4° dans le sens trigonométrique et placez-le dans la structure du siège comme indiqué dans les figures 17.13 et 17.14.

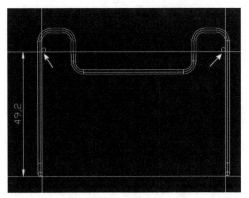

Fig.17.9

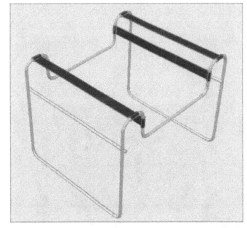

Fig.17.10

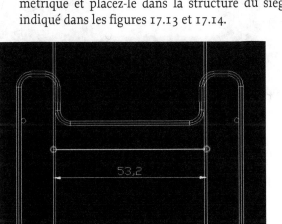

Fig.17.11

Fig.17.12

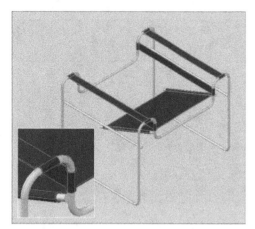

Fig.17.13

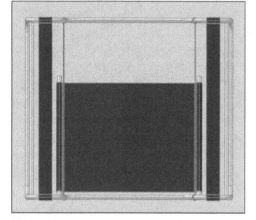

Fig.17.14

Fig.17.16

Création du dossier

1. Activez le calque structure.

2. Tracez deux polylignes selon les dimensions de la figure 17.15 et deux cercles de rayon 0.8 cm. La partie droite a une hauteur de 43.8 cm.

3. Créez la structure 3D du dossier en utilisant la fonction **Balayage** (Sweep) du groupe de fonctions **Modélisation** (Modeling). L'objet à balayer est le cercle, le point de base est le centre du cercle et la trajectoire est la polyligne.

4. Créez les deux morceaux en cuir centré sur la structure du dossier. La largeur est de 12.7 cm. L'épaisseur et les rayons sont identiques aux autres parties en cuir (fig.17.16).

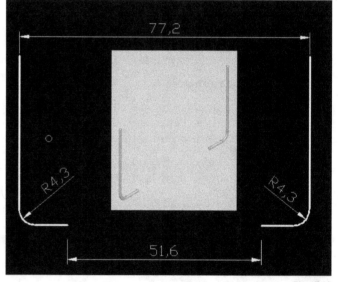

Fig.17.15

5. Inclinez le dossier de 22.4° par rapport à l'axe vertical (fig.17.17).

6. Créez le raccord supérieur à l'aide d'un arc de cercle de rayon 2.5 cm selon la construction de la figure 17.18.

7. Créez la structure 3D du raccord en utilisant la fonction **Balayage** (Sweep) du groupe de fonctions **Modélisation** (Modeling). L'objet à balayer est le cercle, le point de base est le centre du cercle et la trajectoire est l'arc (fig.17.19).

8. Pour la partie supérieure du dossier, tracez une polyligne selon les dimensions de la figure 17.20 et un cercle de rayon 0.8.

9. Créez la structure 3D de la partie supérieure en utilisant à nouveau la fonction **Balayage** (Sweep). L'objet à balayer est le cercle, le point de base est le centre du cercle et la trajectoire est la polyligne (fig.17.21).

10. Assemblez l'ensemble par une opération booléenne d'addition et placez le dossier dans la structure d'ensemble (fig.17.22-17.23).

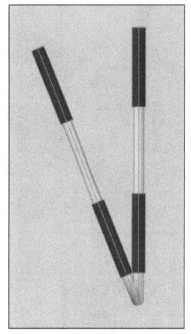

Fig.17.17

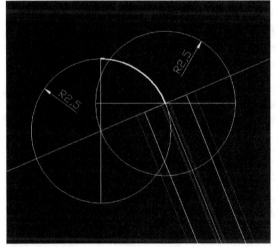

Fig.17.18

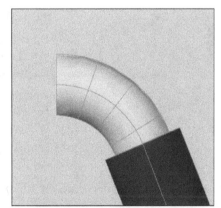

Fig.17.19

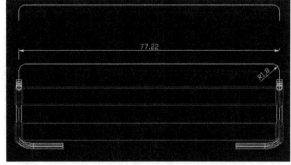

Fig.17.20

Fig.17.21

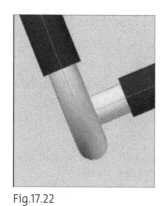

Fig.17.22

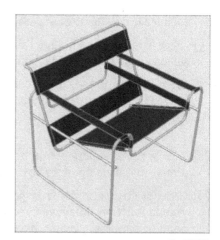

Fig.17.23

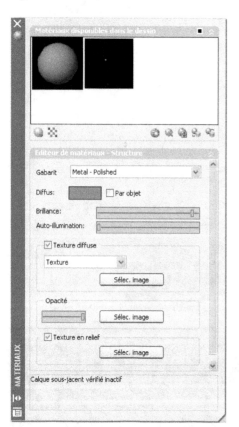

Fig.17.24

Habillage et rendu

1. Pour habiller le siège, cliquez sur la flèche Matériaux (Materials) du groupe de fonctions Matériaux (Materials).

2. Dans la palette **Matériaux** (Materials), cliquez sur le bouton **Créer un matériau** (Create New Material) et entrez un nouveau nom. Par exemple Armature. Cliquez sur OK.

3. Dans la liste **Gabarit** (Template), sélectionnez **Métal-Poli** (Metal Polished). Cela permet de définir automatiquement les propriétés de surface de l'armature de la chaise.

4. Pour définir l'aspect du métal, activez le champ **Texture diffuse** (Diffuse texture) et sélectionnez **Texture** simple dans la liste.

5. Cliquez sur **Sélec. image** pour choisir le fichier graphique. Par exemple : Doors – Windows.Metal Doors – Frames.Steel. Galvanized.jpg qui se trouve dans le répertoire Texture d'AutoCAD.

6. Faites de même pour le cuir avec le type **Réaliste** et la couleur noire comme couleur diffuse (fig.17.24).

7. Pour appliquer-les matériaux aux objets, le moyen le plus simple est de le faire via les calques. Pour cela, cliquez sur l'icône **Attacher par calques** (Attach by layer) dans le groupe de fonctions **Matériaux** (Materials).

8. Dans la boîte de dialogue **Options d'association des matériaux** (Material Attachment Options), faites glisser les matériaux de la colonne de gauche sur un calque de la colonne de droite. Cliquez sur OK pour terminer.

9. Afin de pouvoir simuler plus correctement l'effet de l'éclairage, créez quelques parois autour du siège : 4 murs, un sol et un plafond (fig.17.25) et habillez les parois avec des matériaux.

10. Dans le groupe de fonctions Lumière, activez l'unité d'éclairage générique ou internationale. Sélectionnez ensuite le bouton **Point** (Create a point light) et placez les lumières standards suivantes (fig.17.26) :

  ▪ Source 1 (à gauche) : hauteur 270, Intensité 0.7, Ombres Actif.
  ▪ Source 2 (à l'avant) : hauteur 220, Intensité 0.5, Ombres Inactif.
  ▪ Source 3 (à l'arrière) : hauteur 115, Intensité 0.3, Ombres Inactif.

  Dans le cas de l'utilisation des mêmes lumières avec l'unité d'éclairage internationale il convient d'augmenter la valeur de luminosité (Brightness) via l'option Ajuster l'exposition (Adjust Exposure) du groupe de fonctions Rendu (Render).

11. Placez une caméra avec la cible au niveau du siège et affichez la vue caméra.

12. Effectuez le calcul du rendu (fig.17.27-17.28).

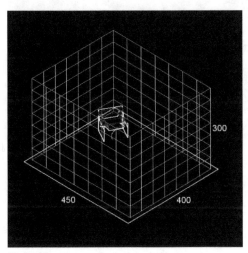

Fig.17.25

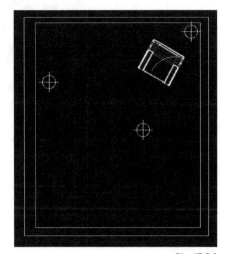

Fig.17.26

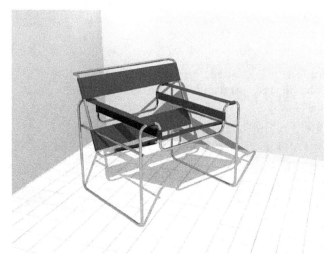

Fig.17.27

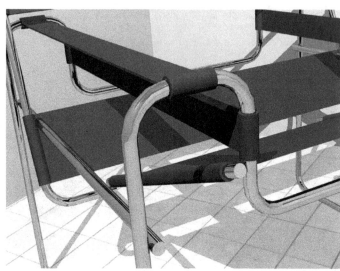

Fig.17.28

CHAPITRE 18
UN ÉVIER DE CUISINE

Le but de cet exercice est de créer une tôle représentant un évier de cuisine.

1. Dessinez en 2D les différentes composantes de l'évier selon les données des figures 18.1 et 18.2. Le décalage entre les rectangles est de 2 cm.

2. Extrudez le contour extérieur de -2 cm et le contour intérieur de -1.5 cm.

3. Effectuez une soustraction booléenne entre les deux solides.

4. Pour arrondir les arêtes, utilisez la fonction **Raccord** (fillet).

5. Sélectionnez l'arête extérieure du solide.

6. Entrez 1 comme valeur de rayon.

7. Sélectionnez l'option **Chaîne** (Chain) et pointez une seconde arête du contour. Cela permet de sélectionner le contour au complet. Appuyez sur Entrée.

8. Faites de même pour le contour intérieur avec un rayon de 0.5 cm (fig.18.3).

9. Pour la partie séchage de l'évier, extrudez le contour extérieur de 0.3 cm. Déplacez le solide ainsi créé de 1.5 cm vers le bas.

10. Extrudez le contour intérieur et les rainures de 0.3 cm.

11. Effectuez une soustraction booléenne entre les deux parties.

12. Déplacez le solide résultant de 1.2 cm vers le bas.

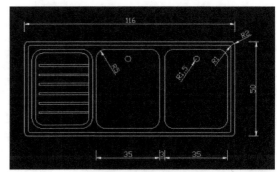

Fig.18.1

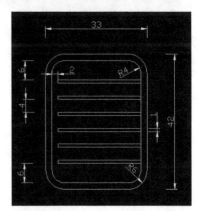

Fig.18.2

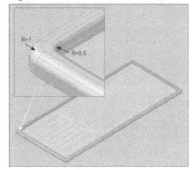

Fig.18.3

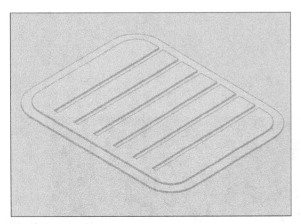

Fig.18.4

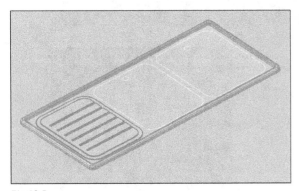

Fig.18.5

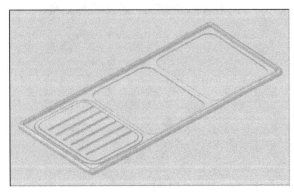

Fig.18.5

13 Effectuez une addition booléenne entre les deux solides du séchoir (fig.18.4).

14 Effectuez une addition booléenne entre le séchoir et le reste de l'évier (fig.18.5).

15 Faites une copie, pour un usage ultérieur, des 2 contours représentant les bacs de l'évier. Extrudez les deux contours vers le bas.

16 Effectuez une soustraction booléenne entre l'évier et les deux solides afin de percer celui-ci (fig.18.6).

17 Afin de donner une épaisseur à la tôle, utilisez la fonction **Gaine** (Shell), du groupe de fonctions **Edition de solides** (Solid Editing).

18 Sélectionnez l'évier puis sélectionnez la face située au-dessous de l'évier afin de la désélectionner. Appuyez sur Entrée.

19 Entrez 0.1 comme épaisseur pour la gaine.

20 Effectuez éventuellement une coupe dynamique dans l'évier afin de contrôler l'opération précédente (fig.18.7).

21 Il convient à présent de couper la partie inférieure de l'évier qui n'est pas présente en réalité. Pour cela, placez le SCU 0.3 cm plus haut que le fond de l'évier.

22 Pour couper le fond de l'évier, utilisez la fonction **Section** (Slice) du groupe de fonctions **Edition de solides** (Solid Editing).

23 Sélectionnez l'option XY et confirmez ‹0,0,0› comme point du plan de coupe.

24 Pointez la partie supérieure de l'évier comme partie à conserver. La structure interne est à présent visible en regardant la pièce à partir du bas (fig.18.8).

25 Extrudez les deux copies des contours des bacs de l'évier de 18 cm.

26 Effectuez un raccord de 3 cm sur les arêtes du fond des bacs.

27. Afin de donner également une épaisseur à la tôle des bacs, utilisez la fonction **Gaine** (Shell) du groupe de fonctions **Edition de solides** (Solid Editing).

28. Sélectionnez le bac puis sélectionnez la face supérieure afin de la désélectionner. Appuyez sur Entrée.

29. Entrez 0.1 comme épaisseur pour la tôle (fig.18.9).

30. Placez les deux bacs dans l'évier et faites une addition booléenne (fig.18.10).

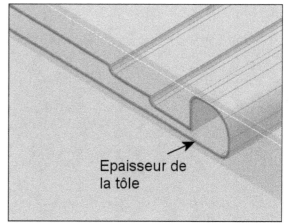

Epaisseur de la tôle

Fig.18.7

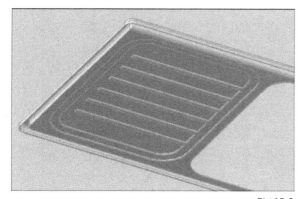

Fig.18.8

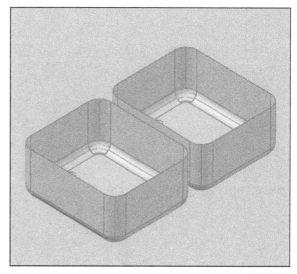

Fig.18.9

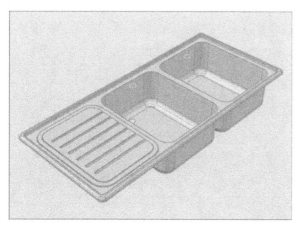

Fig.18.10

CHAPITRE 19
UNE POULIE DE GRUE

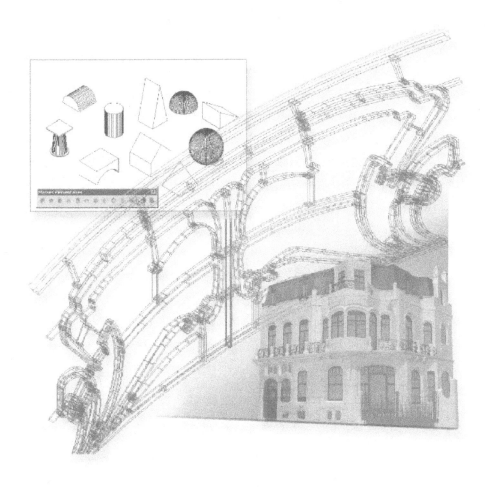

La poulie de grue se compose de 4 parties : le crochet, le support, l'écrou et la roue.

Réalisation du crochet

1. Dans la vue en plan, tracez un axe vertical et un axe horizontal comme centre du crochet.

2. A l'aide de la fonction **Décaler** (Offset), copiez les lignes comme indiquées à la figure 19.1. Ces lignes serviront à définir le centre des cercles.

3. Par les points A, B, C, tracez respectivement les cercles de rayons 16, 30, 35 et 3 cm. Puis tracez les cercles de rayons 21 et 3 cm se terminant en D et E. Enfin tracez les cercles TTR de 19 et 38 cm à l'extrémité droite du crochet (fig.19.2).

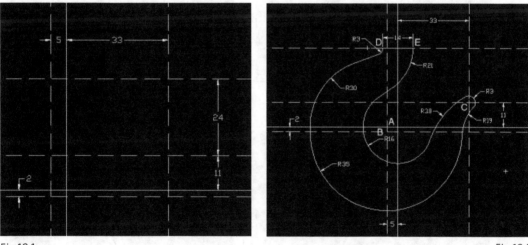

Fig.19.1

Fig.19.2
(Doc. Autodesk)

4. Dans la partie gauche, reliez les cercles de rayons 21 et 3 cm par une tangente et faites de même pour les cercles de rayons 16 et 21 cm.

5. A l'aide de la fonction **Ajuster** (Trim), coupez les parties superflues des cercles.

6. Reliez les arcs de la partie gauche en une polyligne. Faites de même pour les arcs de la partie droite (fig.19.3).

7 Tracez en plan les coupes verticales dans le crochet (fig.19.4).

8 Tournez les coupes de 90° (fig.19.5).

9 Créez le solide à l'aide de la fonction Lissage (loft).

10 Sélectionnez les 3 coupes, puis activez l'option **Guidages** (Guide) et sélectionnez les deux polylignes.

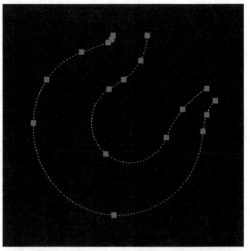

Fig.19.3

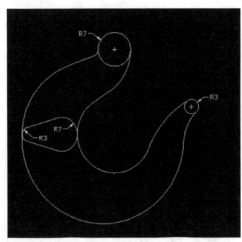

Fig.19.4

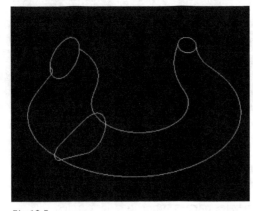

Fig.19.5

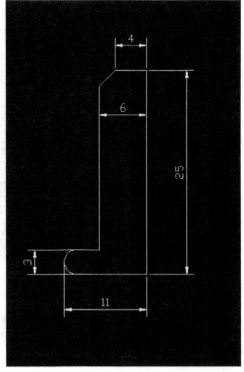

Fig.19.6

11. Terminez l'extrémité droite en ajoutant une sphère de rayon 3 cm et l'extrémité supérieure en ajoutant un solide de révolution (fig.19.6).

12. Effectuez un calcul de rendu pour voir le résultat (fig.19.7).

Réalisation du support

1. Créez le contour du support à l'aide d'une polyligne (fig.19.8).

2. Extrudez le contour de 25 cm.

3. Sur la face de gauche tracez un cercle et un arc pour profiler le solide (fig.19.9).

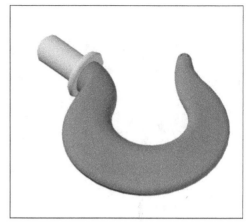

Fig.19.7

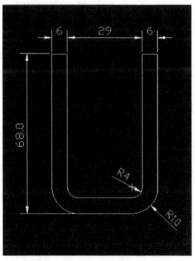

Fig.19.8

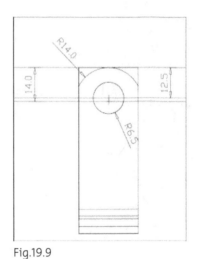

Fig.19.9

Fig.19.10

4. Extrudez le cercle et l'arc (fig.19.10).

5. Effectuez une opération booléenne de soustraction pour percer le solide et une section (slice) avec l'option Surface pour profiler le dessus (fig.19.11).

6. Percez la partie inférieure à l'aide d'un cylindre de rayon 6 cm (fig.19.12).

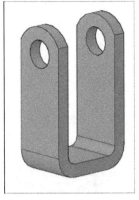

Fig.19.11

Fig.19.12

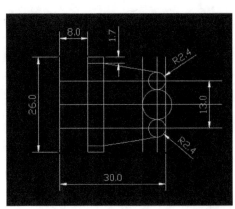

Fig.19.13

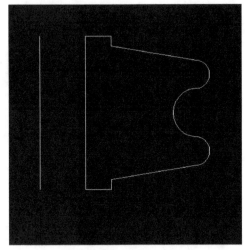

Fig.19.14

Réalisation de la roue

1. Tracez le contour sous la forme d'une polyligne (fig.19.13-19.14).

2. Créez un solide de révolution à l'aide de la fonction **Révolution** (Revolve) du groupe de fonctions **Modélisation** (Modeling) (fig.19.15).

3. Assemblez le tout et effectuez un calcul de rendu (fig.19.16).

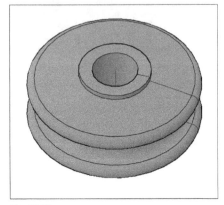

Fig.19.15

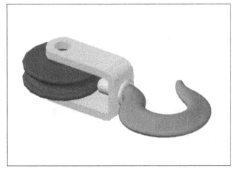

Fig.19.16

Réalisation de l'axe de la roue

1. Tracez le contour de l'axe à l'aide d'une polyligne (fig.19.17).

2. Créez un solide de révolution à l'aide de la fonction **Révolution** (Revolve) du groupe de fonctions **Modélisation** (Modeling).

3. Percez la partie supérieure à l'aide d'un cylindre de rayon

4. Tracez le contour du guide intérieur et extrudez-le de 26 cm (fig.19.18).

5. Tracez à l'aide d'une polyligne la trajectoire de la goupille puis à l'aide d'un demi-cercle la forme de la goupille (fig.19.19).

6. Créez la goupille en 3D à l'aide de la fonction **Balayage** (Sweep).

7. Placez le guide autour de l'axe, puis l'axe dans la roue (fig.19.20).

Fig.19.17

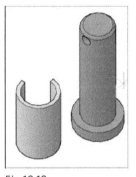

Fig.19.18

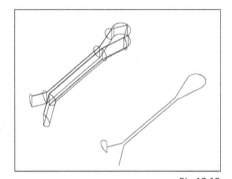

Fig.19.19

Réalisation de l'écrou

1. Tracez un polygone de 6 côtés avec une longueur de côté de 12 cm (fig.19.21).

2. Tracez un cercle au centre du polygone de rayon 6 cm.

3. Extrudez les deux objets d'une hauteur de 12 cm.

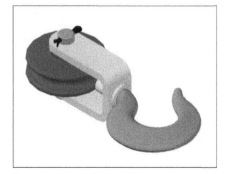

Fig.19.20

4 Effectuez une opération booléenne de soustraction entre le polygone et le cercle (fig.19.22).

5 Placez l'écrou dans la poulie et effectuez un calcul de rendu pour afficher le résultat (fig.19.23).

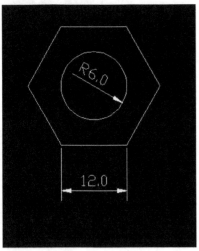

Fig.19.21

Fig.19.22

Fig.19.23

CHAPITRE 20
UNE RÉSIDENCE

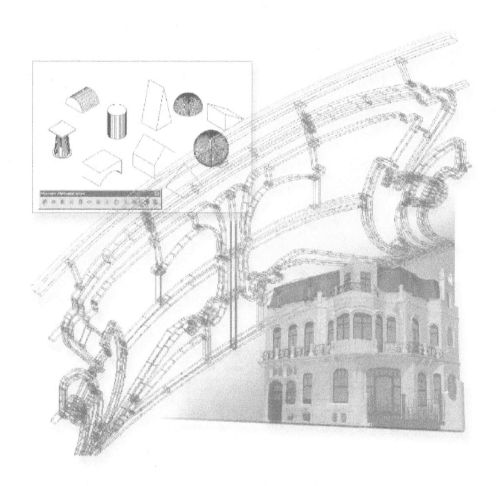

Cette résidence sera élaborée à partir d'une esquisse en deux dimensions. Elle comprend des murs, un mur-rideau, des portes et fenêtres, un escalier et une balustrade, des planchers et une toiture. Le dessin est en mètres.

Conception des murs à partir d'une esquisse

1. Créez un calque Esquisse.

2. Dessinez l'esquisse en 2D selon les dimensions de la figure 20.1.

3. Dans le groupe de fonctions **Modelisation** (Modeling) sélectionnez la fonction **Polysolide** (Polysolid).

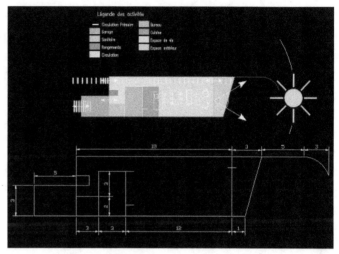

Fig.20.1
(Doc. Autodesk)

4. Sélectionnez l'option **Largeur** (Width) et entrez la valeur 200.

5. Sélectionnez l'option **Hauteur** (Height) et entrez la valeur 7000.

6. Appuyez sur Entrée.

7. Sélectionnez la polyligne du contour principal et les lignes des parois à droite.

Fig.20.2

8. Modifiez la hauteur à 3.5 et sélectionnez la polyligne du garage et du muret extérieur (fig.20.2).

9. Tracez les murs intérieurs avec la fonction Polysolide (Polysolid) définis avec une hauteur de 2.7 m et une largeur de 0.15 m (fig.20.3).

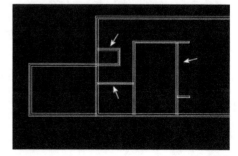

Fig.20.3

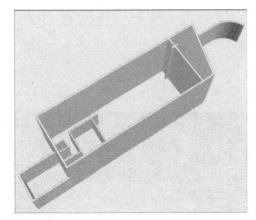

Fig.20.4

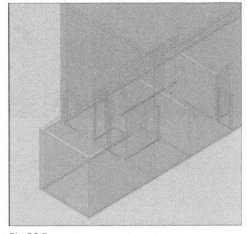

Fig.20.5

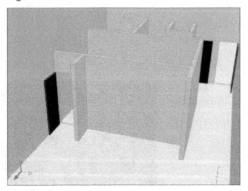

Fig.20.6

10. Effectuez une opération booléenne d'addition pour joindre l'ensemble des murs (fig.20.4).

11. Créez un calque Murs et transférez les murs sur ce calque.

Placement des portes et des fenêtres

1. Créez un calque Porte-Fenêtre pour y placer les portes et les fenêtres.

2. Effectuez le percement des murs pour les portes : largeur 0.8 m et hauteur 2 m. Pour cela plusieurs méthodes sont possibles :

   ■ Tracez un volume de cette dimension et effectuez une soustraction booléenne (fig.20.5).

   ■ Tracez un rectangle et utiliser la fonction Appuyer/Tirer (Presspull).

3. Tracez la feuille de porte (0.8 x 0.04 x 2) et placez-la aux différents endroits (fig.20.6).

4. Ajoutez trois fenêtres au garage. Pour cela, tracez trois rectangles de 1x1.5 m espacés de 0.15 cm et situés à 1.5 m du sol (fig.20.7).

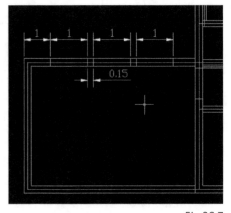

Fig.20.7

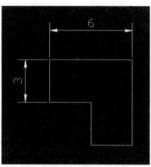

Fig.20.8

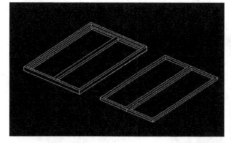
Fig.20.9

5 Créez de manière simplifiée le cadre dormant et l'ouvrant (3 x 3 cm) de la fenêtre. Pour le dormant utilisez la fonction balayage et balayez un coin de 6 x 3 x 6 cm le long du contour de la fenêtre (fig.20.8-20.9).

6 Créez un calque vitrage et tracez une surface plane à l'intérieur des ouvrants pour représenter le vitrage (fig.20.10).

7 Ajoutez une porte de garage 2 x 2.4 m.

Création d'un mur-rideau et d'une ouverture voûtée

1 A l'arrière de la résidence créez une ouverture voûtée à partir d'une polyligne de 5 x 4.5 m (fig.20.11).

2 Extrudez la polyligne et effectuez une soustraction booléenne entre le mur arrière et le solide que vous venez de créer (fig.20.12).

3 Pour le mur-rideau, tracez un rectangle de 5 x 7 m pour le contour extérieur et un carré de 90 x 90 cm pour les carreaux du grillage (fig.20.13).

Fig.20.10

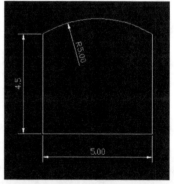
Fig.20.11

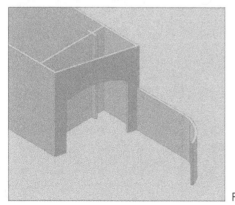
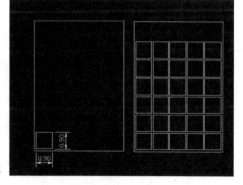
Fig.20.12   Fig.20.13

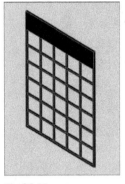
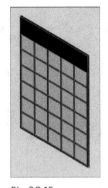
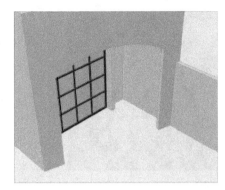

Fig.20.14   Fig.20.15   Fig.20.16

④ Placez le carreau à une distance de 10 cm du côté gauche et 11 cm du côté inférieur.

⑤ Extrudez les deux rectangles de 12 cm.

⑥ Effectuez une copie en réseau de 6 rangées et 5 colonnes avec une distance entre rangée de 98 cm et une distance entre colonnes de 97.5 cm.

⑦ Effectuez une opération booléenne de soustraction entre le cadre extérieur et les volumes intérieurs (fig.20.14).

⑧ Tracez une surface dans l'axe du premier carré pour représenter le vitrage et effectuez une copie en réseau (fig.20.15).

⑨ Supprimez le mur de droite et placez le mur-rideau (fig.20.16).

Création des dalles

① Tracez trois polylignes pour définir les contours des dalles :

- le contour de l'habitation
- le contour de la cour arrière
- le contour du plancher supérieur (6.2 x 9 m)

② Extrudez les contours de respective-ment 30, 20 et 20 cm (fig.20.17).

③ Placez le plancher de l'étage à une hauteur de 270 cm.

Création des toitures

① Sur la face avant du bâtiment tracez une ligne de construction au sommet du mur.

② Décalez la ligne de 1 mètre vers le bas dans le plan du mur.

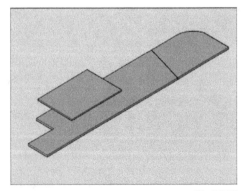

Fig.20.17

3 Tracez un arc passant par trois points.

4 Extrudez l'arc par la fonction Extrusion (Extrude). On obtient une surface courbe, qui va nous servir de frontière de coupe pour la toiture (fig.20.18).

5 Dans le groupe de fonctions **Edition de solides** (Solid Editing), sélectionnez la fonction **Section** (Slice) et sélectionnez les objets à couper, à savoir les murs extérieurs de la résidence.

6 Appuyez sur Entrée et sélectionnez l'option Surface.

7 Cliquez sur la surface et sélectionnez la partie à conserver.

8 Pour donner une épaisseur à la toiture, cliquez sur la fonction Epaissir la surface (Thicken Surface) et sélectionnez la surface courbe.

9 Entrez une épaisseur (fig.20.19).

10 Pour couper la toiture à l'arrière, placez le repère SCU dans la face arrière par l'option SCU 3 points.

11 Dans le groupe de fonctions **Edition de solides** (Solid Editing), sélectionnez la fonction **Section** (Slice) et sélectionnez la toiture.

12 Appuyez sur Entrée et sélectionnez l'option XY.

13 Pour spécifier un point sur le plan XY, appuyez sur Entrée pour accepter le point <0,0,0> par défaut.

14 Spécifiez un point sur le côté désiré (fig.20.20). La toiture est ainsi coupée.

15 Effectuez la même procédure pour la toiture du garage (fig.20.21).

Fig.20.18

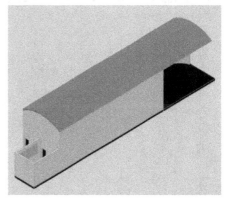

Fig.20.19

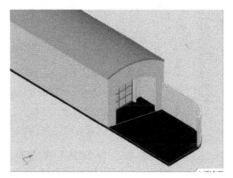

Fig.20.20

Fig.20.21

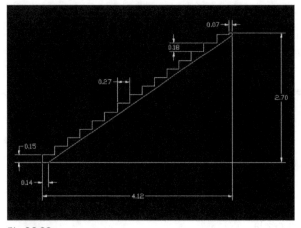

Fig.20.22

Création de l'escalier intérieur

Pour relier le niveau intérieur, nous allons créer un escalier à limon central.

1. Tracez sous la forme d'une polyligne 2D le limon central selon les dimensions de la figure 20.22.

2. Extrudez le contour en solide d'une épaisseur de 12 cm (fig.20.23).

3. Pour modéliser la marche, créez une boîte de 5 x 30 cm et une hauteur de 1 m.

4. Placez la marche au début de l'escalier et copiez-la dans les différentes encoches (fig.20.24).

5. Placez l'ensemble de l'escalier le long du mur gauche (fig.20.25).

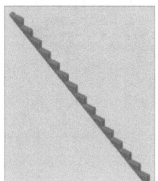

Fig.20.23

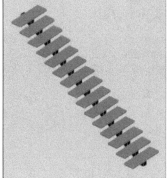

Fig.20.24

Fig.20.25

Rendu avec éclairage artificiel

Avant de réaliser le calcul du rendu, il peut être utile d'habiller la scène visible avec des matériaux puis de placer les éclairages.

1. Dans l'éditeur de matériaux, créez trois nouveaux matériaux utilisant les textures suivantes (fig.20.26) :

- Mona Lisa pour le cadre
- Masonry.Unit Masonry.Brick.Modular.Running.jpg pour le mur en face de l'escalier.
- Masonry.Stone.Marble.Square.Stacked.Polished.White-Brown-Black.jpg pour le sol.

2 Activez l'éclairage photométrique (lightingunits = 1) et placez trois sources dirigées au-dessus de la peinture ainsi que onze sources de type Toile (fichier IES : linear_pendant.ies) (fig.20.27).

3 Activez la vue caméra adéquate.

4 Activez l'illumination globale en cliquant d'abord sur la flèche **Paramètres avancés du rendu** (Advanced Render Settings) du groupe de fonctions **Rendu** (Render) puis en activant l'ampoule située à droite de **Illumination globale** (Global Illumination).

5 Effectuez le rendu.

6 Si la scène est trop sombre, vous pouvez modifier le système d'éclairage ou modifiez l'exposition en cliquant sur le bouton **Ajuster l'exposition** (Adjust Exposure) du groupe de fonctions **Rendu** (Render) (fig.20.28).

7 Effectuez à nouveau le calcul du rendu (fig.20.29).

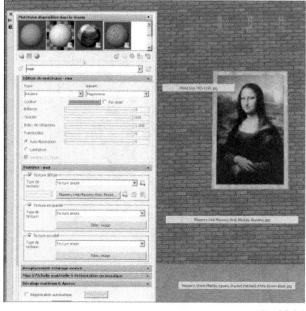

Fig.20.26

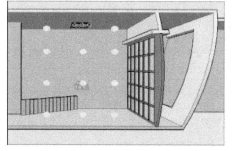

Fig.20.27

Fig.20.28

Fig.20.29

Rendu avec éclairage naturel

Pour l'éclairage naturel, effectuez les opérations suivantes :

1. Placez une caméra face au vitrage afin de visualiser l'extérieur (fig.20.30).

Fig.20.30

2. Activez le soleil et le ciel via le groupe de fonctions **Soleil et emplacement** (Sun & Location).

3. Modifiez la direction du Nord (à gauche), ainsi que l'emplacement (Paris), la date (19/10/2009) et l'heure (12h) pour avoir le soleil face à la fenêtre.

4. Activez l'illumination globale en cliquant d'abord sur la flèche **Paramètres avancés du rendu** (Advanced Render Settings) du groupe de fonctions **Rendu** (Render) puis en activant l'ampoule située à droite de **Illumination globale** (Global Illumination).

5. Effectuez le calcul du rendu (fig.20.31).

6. Si la scène est trop sombre, vous pouvez modifier le paramètre **Variateur d'énergie** (Energy multiplier) du panneau **Paramètres avancés du rendu** (Advanced Render Settings).

Fig.20.31

CHAPITRE 21
UN KIOSQUE À LA MER

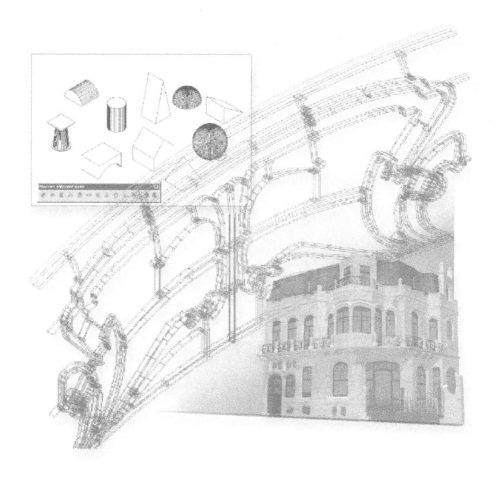

L'objectif de cet exercice est de créer un kiosque à la plage en utilisant les nouvelles fonctionnalités des maillages 3D. La procédure est la suivante :

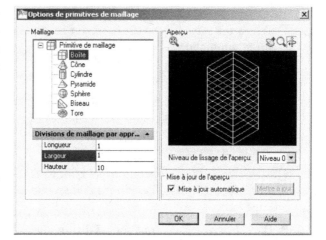

1. Créez une boîte solide de 1 000 x 700 x 20 cm.

2. Cliquez sur la flèche en bas à droite du groupe de fonctions **Primitives** afin d'ouvrir la boîte de dialogue **Options de primitives de maillage** (Mesh Primitive Options).

Fig.21.1

3. Entrez 1,1,10 pour les divisions (fig.21.1).

4. Dans le groupe de fonctions **Primitives**, sélectionnez **Boîte maillée** (Mesh Box) et tracez une boîte de 40 x 40 x 150 cm (fig.21.2).

5. Dans le groupe de fonctions **Edition des maillages** (Mesh Edit), sélectionnez **Scinder la face maillée** (Split Mesh Face) et scindez la face supérieure de la boîte en deux parties. Recommencez la même procédure afin d'avoir quatre faces sur la partie supérieure (fig.21.3).

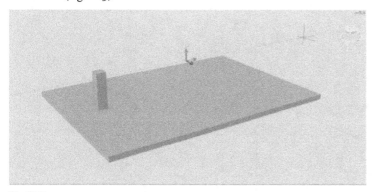

Fig.21.2

Fig.21.3

6 Dans le groupe de fonctions **Edition des maillages** (Mesh Edit), sélectionnez **Extruder la face** (Extrude Face), appuyez sur Ctrl et sélectionnez une des quatre faces. Tirez la face légèrement vers le haut. Procédez ensuite de manière identique pour les autres faces (fig.21.4).

7 Tracez un cercle de 90 cm de rayon centré sur le sommet de la boîte. Déplacez le cercle de 150 cm vers le haut. Ce cercle va servir de guide pour la suite.

8 Appuyez sur la touche Ctrl et sélectionnez une des quatre faces créées. Tirez la face vers le haut et accrochez le point à l'un des quadrants du cercle servant de guide (fig.21.5).

9 Effectuez la même opération pour les trois autres faces (fig.21.6). La colonne arbre prend ainsi forme.

10 Dans le groupe de fonctions **Edition des maillages** (Mesh Edit), sélectionnez **Extruder la face** (Extrude Face), appuyez sur Ctrl et sélectionnez une des quatre faces. Tirez la face légèrement vers le haut. Procédez ensuite de manière identique pour les autres faces (fig.21.7).

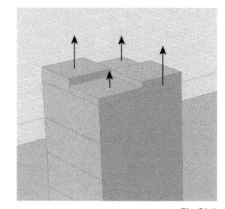

Fig.21.4

Fig.21.5

Fig.21.6

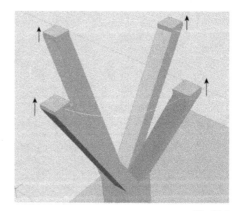

Fig.21.7

11 Dans le groupe de fonctions **Sous-objet** (Subobject), sélectionnez **Gizmo Echelle** (Scale Gizmo) pour changer l'échelle des faces.

12 Appuyez sur la touche Ctrl et sélectionnez une des quatre faces supérieures. Effectuez un clic droit et sélectionnez **Définir la contrainte** (Define constraint) puis **XY** (fig.21.8).

13 Déplacez la souris pour changer l'échelle. Procédez ensuite de manière identique pour les autres faces (fig.21.9).

14 Dans le groupe de fonctions **Maille** (Mesh), cliquez sur **Lisser plus** (Smooth More) pour lisser la forme. Effectuez cette opération deux à trois fois. La colonne arbre est ainsi terminée (fig.21.10).

15 Copiez les colonnes-arbres sur la dalle de sol afin de créer le support pour la toiture (fig.21.11).

16 Dans le groupe de fonctions **Modélisation** (Modeling), sélectionnez **Polysolide** (Polysolid) et entrez les valeurs 20 et 250 pour la largeur et la hauteur.

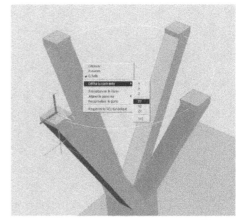

Fig.21.8

Fig.21.9

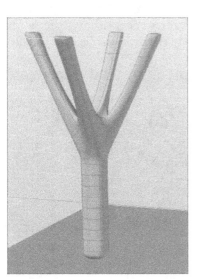

Fig.21.10

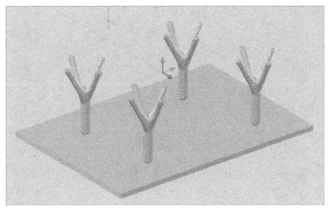

Fig.21.11

Fig.21.12

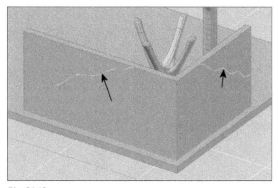

Fig.21.13

17 Tracez le polysolide de longueurs 360 et 490 dans le coin supérieur gauche (fig.21.12).

18 Tournez le projet vers l'arrière et tracez une spline sur la face de gauche et une autre sur la face de droite du polysolide (fig.21.13).

19 Dans le groupe de fonctions **Modélisation** (Modeling), sélectionnez **Extrusion** (Extrude) et extrudez les deux splines vers l'intérieur du kiosque afin de créer deux surfaces qui vont servir à découper le polysolide (fig.21.14).

20 Dans le groupe de fonctions **Edition de solides** (Solid Editing), sélectionnez la fonction **Section** (Slice), puis sélectionnez le polysolide à découper.

21 Sélectionnez l'option **Surface** et sélectionnez la surface générée à partir de la spline.

22 Sélectionnez la partie à conserver. Procédez de manière identique pour l'autre côté (fig.21.15).

23 Dans la vue de **Devant** (Front), sélectionnez les colonnes-arbres et déplacez-les vers le bas afin d'intégrer la partie arrondie dans la dalle.

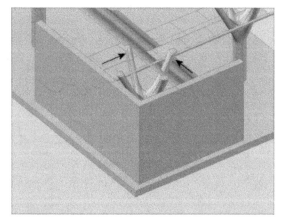

Fig.21.14

Fig.21.15

24 Copiez la dalle vers le haut d'une distance de 310 cm.

25 Convertissez les colonnes-arbres en solides à l'aide de la fonction **Convertir en solide** (Convert to Solid) du groupe de fonctions **Convertir le maillage** (Convert Mesh).

26 Effectuez une union des colonnes et des deux dalles à l'aide de la fonction **Union** du groupe de fonctions **Edition de solides** (Mesh Edit).

27 Effectuez un raccord de 5 cm de rayon des pieds de colonnes à l'aide de la fonction **Raccord** (Fillet) (fig.21.16).

28 Ajoutez un comptoir courbe à l'aide du dessin d'un arc, puis de la conversion de cet arc en polysolide (fig.21.17).

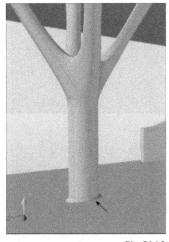

Fig.21.16

29 Pour simuler les dunes, nous allons créer une polyligne autour du kiosque, puis extruder la polyligne en solide et ensuite transformer le solide en maillage.

30 Une fois la polyligne extrudée en solide, cliquez sur la flèche en bas à droite du groupe de fonctions **Primitives** afin d'ouvrir la boîte de dialogue **Options de primitives de maillage** (Mesh Primitive Options).

31 Entrez 30, 20, 3 pour les divisions (fig.21.18).

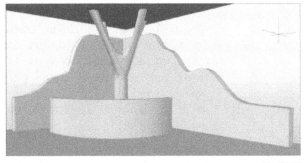

Fig.21.17

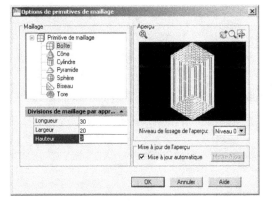

Fig.21.18

Fig.21.19

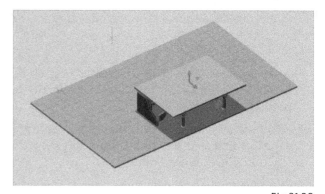

Fig.21.20

32 Cliquez sur la flèche en bas à droite du groupe de fonctions **Maille** (Mesh) afin d'ouvrir la boîte de dialogue **Options de maillage par approximation** (Mesh Tessellation Options). Entrez 200 dans le champ **Longueur maximale des arêtes** (Maximum edge length), désactivez l'option **Lisser après maillage par approximation** (Apply smoothness after tessellation) et cliquez sur **Choix des objets** (Select object to tessellate) pour sélectionner le solide (fig.21.19). Le résultat est un solide maillé (fig.21.20).

Fig.21.22

33 Pour lisser le maillage, cliquez sur l'option **Lisser plus** (Smooth More) du groupe de fonctions **Maille** (Mesh) et sélectionnez le maillage.

34 Appuyez sur la touche **Ctrl** et sélectionnez une maille du maillage. Tirez ensuite la maille vers le haut afin de créer un relief arrondi. Effectuez la même procédure pour d'autres mailles (fig.21.21).

35 Après la phase de modélisation, il convient d'habiller les différentes parties avec les matériaux suivants (fig.21.22) :

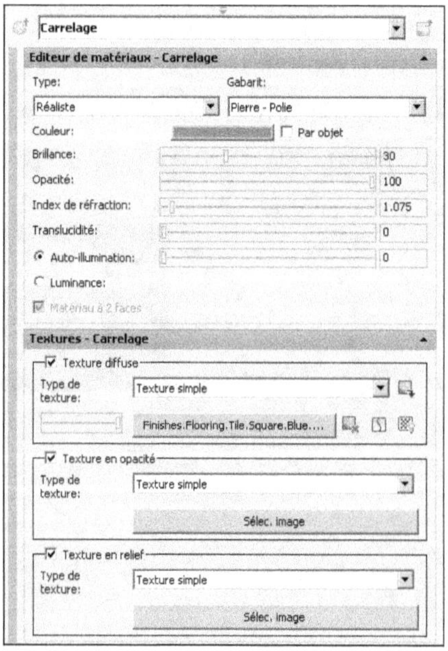

Fig.21.21

- **Les colonnes et la toiture** : Type : réaliste – Gabarit : peinture semi-brillante blanche.
- **Le mur du fond** : Type : réaliste – Gabarit : peinture semi-brillante bleue.
- **Le comptoir** : Type : réaliste – Gabarit : peinture semi-brillante rouge.
- **Le sol** : Type : réaliste – Gabarit : pierre polie – Texture : Finishes.Flooring.Tile.square.blue.jpg.
- **Le sable** : Type : réaliste – Gabarit : diffusion idéale – Texture : sable.jpg.

36 Pour l'éclairage de la scène, il convient d'activer le soleil, l'arrière-plan et illumination dans le groupe de fonctions **Soleil et emplacement** (Sun & Location).

37 Avant d'effectuer le rendu, il convient d'activer l'illumination globale en cliquant sur la flèche **Paramètres avancés du rendu** (Advanced Render settings) située en bas à droite du groupe de fonctions **Rendu** (Render) (fig.21.23).

38 Effectuez le rendu en modifiant l'heure de la journée (fig.21.24–21.25–21.26).

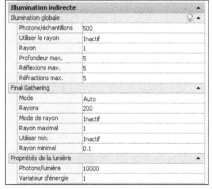

Fig.21.23

Fig.21.24

Fig.21.25

Fig.21.26

INDEX
TABLE DES MATIÈRES

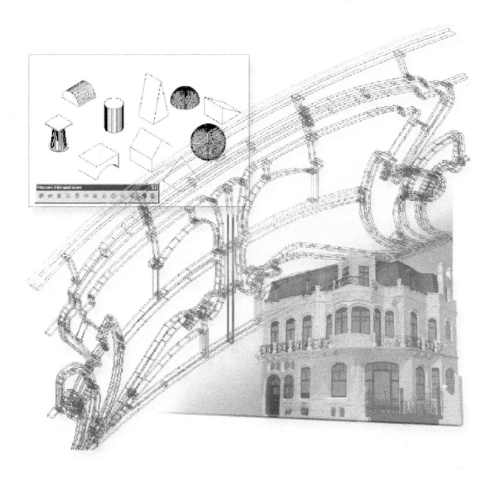

Index

Table des matières

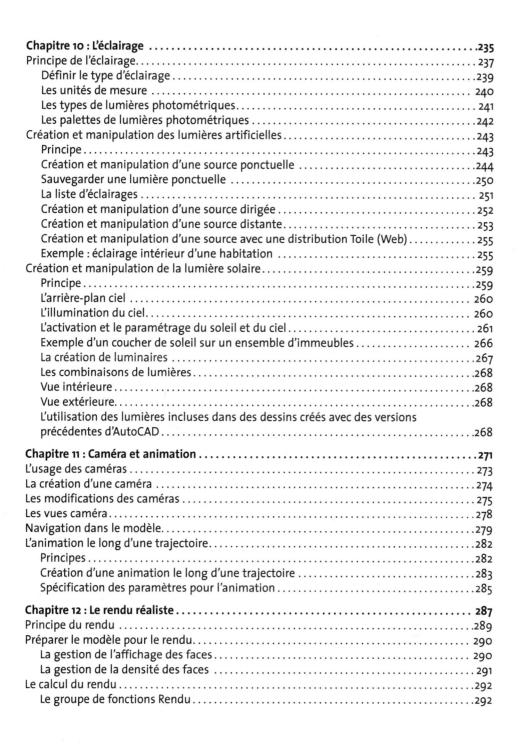

www.ingramcontent.com/pod-product-compliance
Lightning Source LLC
LaVergne TN
LVHW062301060326
832902LV00013B/1995